最凶狠的股市获利学

读懂涨停炒短线

曹明成 谭文 ◎ 著

图书在版编目（CIP）数据

读懂涨停炒短线/曹明成，谭文著.--上海：立信会计出版社，2016.12（2021.6重印）

（擒住大牛）

ISBN 978-7-5429-5319-3

Ⅰ.①读… Ⅱ.①曹… ②谭… Ⅲ.①股票交易—基本知识 Ⅳ.①F830.91

中国版本图书馆CIP数据核字(2016)第314880号

责任编辑　蔡伟莉
封面设计　久品轩

读懂涨停炒短线

DUDONG ZHANGTING CHAO DUANXIAN

出版发行	立信会计出版社		
地　　址	上海市中山西路2230号	邮政编码	200235
电　　话	（021）64411389	传　真	（021）64411325
网　　址	www.lixinaph.com	电子邮箱	lxaph@sh163.net
网上书店	www.shlx.net	电　话	（021）64411071
经　　销	各地新华书店		
印　　刷	北京柯蓝博泰印务有限公司		
开　　本	787毫米×1092毫米　1/16		
印　　张	14	插　页	1
字　　数	212千字		
版　　次	2016年12月第1版		
印　　次	2021年6月第3次		
书　　号	ISBN 978-7-5429-5319-3/F		
定　　价	42.00元		

如有印订差错，请与本社联系调换

序 一
我为什么不讲价值投资[①]

《理财一周报》记者/林奇

> 在中国的资本市场，我从来不讲价值投资。所谓的价值，不过是给庄家炒作的理由而已。我选股思路是跟庄，操作理论讲究趋势为先。
>
> ——曹明成

私募大鳄曹明成是私募圈内资深的操盘手，曾在多家咨询公司及投资机构任职，直接参与过多次大资金的操盘。

1999年"5·19"行情中，曹明成因成功狙击网络科技股而一战成名。

在互联网行情中，曹明成亲身领教了亿安科技、海虹控股庄家李彪、蔡明等的狠辣操盘手法。

在股海中摸爬滚打十几年的老曹，博客名为"十年股灰"，在东方财富网的财经博客中排名第十四位。

从湘财证券的一名普通经纪人做起，再到操盘手、主操盘手、私募基金经理，曹明成经过十多年的实战，总结出"曹氏八线"，并著有《吃定庄家》《擒庄实战技法》《庄家内幕揭秘》《K线实战技术精要》和《庄股经典出货模式》等书。

"11月还有两本书出版，今年可能还有两本书稿，有出版社约稿了，但还没写完。"曹明成如是介绍。

10月26日，曹明成接受《理财一周报》专访，揭露了许多不为人知的坐庄、跟庄内幕。

[①] 2009年11月7日，《理财一周报》对曹明成先生的人物专访，刊登在"资本大亨"版面。原文标题为："私募大鳄曹明成——坐庄岁月里的那些往事"。

阻击网络股一战成名

《理财一周报》：像许多私募基金经理一样，您也是从经纪人做起的？

曹明成：差不多，早年和李华（第二代操盘手）是一批。最早是在湘财证券，离开湘财证券后，跟老板做操盘手，后来干脆出来单干了。

《理财一周报》：是不是因为做操盘手待遇都不太高？

曹明成：操盘手要看是什么样级别的，资深的主操盘手负责决策，与老板有分成，待遇还可以。

《理财一周报》：当时做操盘手都经历过哪些比较大的战役？

曹明成：最早是狙击网络科技股的那一年了，狙击网络科技股不是自己坐庄，是跟庄。当时发现有大批私募资金成堆地扎入了网络科技概念类的股票，不少同类题材的股票都在底部放量，大资金入驻明显，就开始关注这个题材。

《理财一周报》：发现此类股票后是直接跟进吗？还是后来跟进的？

曹明成：先是试探性跟进，后来科技概念股开始成为当时的热点。与以往的概念炒作不同，这次很意外的是：炒作之后，入驻的庄家资金不见撤退，这在以往的概念炒作中是很少见的。当时经过考虑之后，就把所有的资金全线投入该类题材股。

《理财一周报》：这样追题材股会不会很冒险？

曹明成：这是很大胆的做法，当时遭到其他辅助操盘手的非议。因为这样做风险大，概念股炒作成热点后，一般都开始进入高位，这个时候介入，弄不好就成了庄家出货的牺牲品。

《理财一周报》：那为什么还决定满仓追进，当时是怎么考虑的？

曹明成：当时是依据庄家的操盘手法判断的。大量的庄家资金入驻了该类题材股，而在第一轮炒作之后，还在高位加仓。显而易见，目标不在短期。

《理财一周报》：当时网络股您跟的是哪只？

曹明成：做了很多只，蔡明的海虹控股就是其中的一只。

《理财一周报》：这波互联网炒作海虹控股也是龙头，您觉得这波互联网会不会像当初的互联网一样爆炒起来？

曹明成：这波互联网入驻的庄家资金还远远不够，暂时没有那种可能。但庄家的炒作计划可能会因为行情的变化而变化。就像当年的网络科技股，并不是开始大家都看好的，后来"5·19"井喷，人气被完全带动，大量的私募资金进入了。因此，就出现了炒作一波后，新资金大量入驻的情况，造就了一轮两年的行情。

亲身领教李彪跌停板洗盘法

《理财一周报》：当时最有名的应该是罗成操控下的亿安科技，您跟的是这只吗？

曹明成：网络科技股的行情从1999年5月开始，直到2001年，经历了1年多时间，这轮题材的炒作，只要与网络科技挂边的都被炒作起来了。其中的龙头亿安科技、海虹控股、四川湖山都被炒作到了非理性的高度。亿安科技是第一个百元股，是罗成坐庄，操盘主要是郑伟和李彪负责。海虹控股是蔡明坐庄。去年李彪去世的时候我才知道消息的。

《理财一周报》：李彪总感觉对不起自己的弟弟，知道具体是为什么吗？

曹明成：他弟弟是李彬，当时坐庄亿安科技用的是金易投资公司，郑伟是控制人，法人代表写的是李彬的名字，但李彬是圈外人，后来被扯进去了，被搞得很惨。据说李彪没有办法救无辜的弟弟，导致了李彬的破产，并且差点入狱。

《理财一周报》：李彪是什么样的人？

曹明成：现实中的李彪长得比较斯文，光头戴眼镜，但行事泼辣，脾气有些暴躁。郭庆、李彪、蔡明，这些都算是第一代操盘手，他们比我早一代，我那时候是小字辈。李彪操盘非常凶悍，他当时发明了跌停板洗盘法，鬼神莫测。

《理财一周报》：连续跌停，只要看盘操作无一幸免，当时亿安科技启动前就是连续3个跌停板。

曹明成：这种手法在当时很难判断。

《理财一周报》：为什么很多早年的庄家都不得善终？

曹明成：早年的操盘手生活都不太好，心理压力大，真正功成名就的极少。

一部分人是被查了或逃亡了，另一部分人在后来的4年熊市（2001年至2005年）中又赔进去了。

《理财一周报》：那4年熊市够惨的，2008年也很惨。

曹明成：2008年的大熊市也是套了很多的庄家。

《理财一周报》：当时为什么没有跟进亿安科技？

曹明成：亿安科技不敢跟，开始完全是逼空。强势股就是这样，一开始逼空，散户不跟进，继续逼空，开始震荡，散户眼红了，进去了，再拔高，出货了。亿安科技当年也是被逼上去的，前期的计划肯定没想要炒那么高。拉到40元的时候，没有人敢买了，怎么办，接着拉。亿安科技控盘最后达到90%以上。其实玩到那个时候已经算失败了，最后出货比较艰难。

《理财一周报》：有个庄家跟我讲过，说很多筹码是在跌破100元后卖给了抢反弹的人。

曹明成：平均没有那么高。出货的平均价格，我们那时候判断应该在40元左右。60元左右制造假反弹，结果还是很少有人买。市场信心没有了，下跌趋势形成了。最大的抢反弹成交量在27元左右。平均出货价位在40~50元。

《理财一周报》：庄家要出货一般都要先跌很多吧？

曹明成：一般庄家拉到离谱的位置，出货的价位定在下跌一半的位置，通过做假反弹出货。

信奉自己的操盘理念

《理财一周报》：您信奉价值投资吗？

曹明成：在中国的资本市场，我从来不讲价值投资。所谓的价值，不过是给庄家炒作的理由而已。我选股思路是跟庄，操作理论讲究趋势为先。

《理财一周报》：看来您是趋势派。

曹明成：我自己有一套操盘理念，在趋势形成之后，形势明朗之后才操作。但又不等同于右侧交易，我的买入点在次低点或次次低点，卖出位在次高点或次次高点。

《理财一周报》：那您的这些东西是跟谁学的呢，还是自己悟的？

曹明成：自己悟出来的。早年是受一位老股民的启发，一位比较执著的老股民，他完全依据10日线买卖，获利很稳定。

《理财一周报》：线上持股，线下持币？

曹明成：是的。简单地说，可以用这8个字来概括。

《理财一周报》：这方法最厉害，化繁为简了，但很多人不经过多年的实战永远不理解。可是单独只看一个10日线会不会有点片面？

曹明成：我当时研究这个10日线很长时间，也发现很多弊端。首先，如果不判断趋势，依据10日线买卖会在平衡里不知所措。其次，10日线经常被庄家作为洗盘的工具。实战中操作纪律最重要，比如下降通道就是线下持币，需要放弃所有的诱惑和机会。

《理财一周报》：您现在主要看些什么指标？

曹明成：都是一些我自己的指标，帮我写指标的有一个工作室，我提供我的思路，他们帮我完成。我有个学生叫谭文，他是这方面的高手。现在计算机信息技术太发达了，把传统技术分析与计算机分析相结合，真的是事半功倍。我们原来为了总结一个形态，自己画图，花大量的时间统计，再分析和总结，现在计算机可以在很短的时间内全部做完。

（原文中对当时行情的看法，作了删节。本期采访的电子版地址在：http：//www.licaiyizhou.com/content.jsp？category=00008&id=1074）

序 二
我认识的"小曹"与"老曹"

李 华

近年来，市场上的股票类书籍渐有泛滥之势，且良莠不齐，多有鱼目混珠之作，真正能指导投资者实战应用的作品可谓少之又少。然我最近读了曹明成先生主笔的实战系列丛书，感觉甚好。细读之下，书中不乏作者多年实战的经验心得与"不传之密"，实为"用心之作"，相信读者阅后当有所裨益。

我与曹明成先生相识已久，初识其人，还是1997年在湘财证券的营业部，当时因本人虚长几岁，故称他为"小曹"。其时的"小曹"瘦瘦小小，貌不惊人，书生气十足，亦没有什么名气。

后常有散户打听"曹明成"，发展到不断有大户托我的关系来约"曹先生"吃饭，这才让我刮目相看。再到1999年的狙击网络科技股一战成名，早年的"小曹"已经成为当时湘楚一带赫赫有名的"老曹"。

几年后我们也相继开始了单干，都有了自己的事业，与曹明成先生联系渐少。偶闻他的消息也只是在报纸杂志上见到他的跟庄理论的文章。这次接到他的电话让我为丛书写序，颇感意外。在我的印象中，他身体并不太好，甚至可用"体弱多病"四个字来形容，又常沉溺于股票实战之中，写书这种耗时耗力之事，以他一人之力怎能办到？

见面后我才知道，原来他这几年收了一个得意门生——谭文。谈论间他得意之色溢于言表："已得我九成功力。"

小谭属于新时代的复合型人才，精通计算机编程，自行钻研了传统技术分析与计算机海量数据模拟测试相结合的分析方式，丛书的写作过程就曾大量使用计算机模拟测试，纠正了许多人力所无法克服和发现的错误，使书中的理论更趋于完美，大有"青出于蓝，而胜于蓝"之势！真是后生可畏！"曹氏八线理论"是

曹明成与谭文师徒两人多年实战理论研究的结晶，曾被股民朋友冠以"零风险操作理论"的美誉。该理论我个人觉得至少有两点值得推崇：一是最大限度地回避了风险；二是几乎不会错过任何一波有价值的行情。炒股不是纸上谈兵，能在实战中真正做到稳定获利的理论才是好理论。

我了解曹明成先生的实力，更了解曹明成先生的为人。他不会忽悠人，他主笔的丛书更不会忽悠人！

鉴于此，我愿为此丛书作序，并向全国的广大股民朋友们推荐。

（作者原为湘财证券高层管理人员，现为广东某私募基金总裁）

前　言

　　股票市场是一个众人博弈的市场，也是一个高收益与高风险并存的市场。很多投资者把毕生的积蓄都投入股市，想通过股票投资来实现自己的财富理想；可由于种种原因最终"败走麦城"，亏得一塌糊涂，身心都承受极大的痛苦。

　　投资者想要在股票市场里占得一席之地，不是简单的事情，这需要其经历一个长期的学习与实践过程。股市不是赌场，光靠运气或者偏好去进行投资是不可能成功的。投资者想要获取收益就需要不断地提高对股票市场的认识，形成合理的投资理念，并掌握一定的投资策略与技巧。如此，其才有可能经得起股海的沉浮，进而实现自己的财富梦想。

　　在股票投资当中，股票市场的投资方法纷繁多样，投资者想要在短时间内获取丰厚收益的最佳途径便是擒杀短线涨停股票了。涨跌停板制度源于国外早期的证券市场，是证券市场中为了防止交易价格的暴涨暴跌，抑制过度投机现象，对每只证券当天价格的涨跌幅度予以适当限制的一种交易制度。如果投资者具有精湛的追击涨停技巧和良好的盘口感觉，福运所至连续斩获数个涨停板，短时间使得利润翻倍，也是完全可能的。

　　在俘获涨停板的投资过程中，其核心是如何预先判断该股股价当日会涨停。

为实现这个目标，投资者对涨停个股的研判就显得尤为重要了。

为了解决这个问题，我们编写了这本《读懂涨停炒短线》。本书的目的是告诉投资者如何有效地运用各种技法形态在股票市场上进行投资，以获取收益。

全书总共分为十二章，其内容分别从涨停突破操作技法、涨停支撑操作技法、一根均线涨停技法、量少涨停技法、超跌反弹涨停技法、涨停出货陷阱、利用缺口捕捉涨停、上升趋势中回调涨停技法、多线突破涨停技法、涨停前后假阴线洗盘技法、三重金叉共振技法、金叉涨停技法来讲述捕捉涨停板的技巧方法，以使读者能真正掌握捕捉涨停板的理论内涵。

此外，为了让读者朋友们可以轻松地掌握涨停板定式的策略和技巧，笔者在本书的编写过程中投入了大量精力，经过几次删改，竭力使本书具有：难易适中、容易掌握、内容丰富、实战性强、图文并茂、条理清晰的特点，以期读者能够更加容易地学习和理解涨停板定式的内容，并应用于实践当中。

本书在编撰的过程中借鉴了许多专家、学者的观点和方法，参考了大量的文献和资料，同时也得到了广泛读者朋友们的支持。由于时间仓促，本书难免会有一些错误和纰漏。欢迎读者将宝贵的意见和建议反馈给笔者，以便笔者在以后的写作中借鉴，笔者的邮箱：caomingcheng@yeah.net，QQ：150610568。同时我们也接受大资金的理财合作，欢迎来函交流。

感谢"曹明成股票研究室"的实战专家蔡双喜先生、周宏伟先生参与本书部分章节的编写、校稿和制图工作。感谢立信会计出版社的蔡伟莉、何颖颖女士及出版人赵涛先生为本书编写策划和出版工作付出的辛勤努力！

曹明成
2016年12月

目 录

第一章　涨停突破操作技法 001
　　一、基本原理 002
　　二、实战操作要领 004
　　三、具体运用实例分析 004

第二章　涨停支撑操作技法 027
　　一、基本原理 028
　　二、实战操作要领 029
　　三、具体运用实例分析 029

第三章　一根均线涨停技法 039
　　一、基本原理 040
　　二、实战操作要领 041
　　三、具体运用实例分析 042

第四章　量少涨停技法 053
　　一、基本原理 054
　　二、实战操作要领 055
　　三、具体运用实例分析 058

第五章　超跌反弹涨停技法 067
　　一、基本原理 068
　　二、实战操作要领 069
　　三、具体运用实例分析 070

第六章　涨停出货陷阱 097

- 一、基本原理 098
- 二、实战操作要领 099
- 三、具体运用实例分析 100

第七章　利用缺口捕捉涨停 119

- 一、基本原理 120
- 二、实战操作要领 121
- 三、具体运用实例分析 121

第八章　上升趋势中回调涨停技法 133

- 一、基本原理 134
- 二、实战操作要领 134
- 三、具体运用实例分析 134

第九章　多线突破涨停技法 149

- 一、基本原理 150
- 二、实战操作要领 150
- 三、具体运用实例分析 150

第十章　涨停前后假阴线洗盘技法 167

- 一、基本原理 168
- 二、实战操作要领 169
- 三、具体运用实例分析 170

第十一章　三重金叉共振技法 189

- 一、基本原理 190
- 二、实战操作要领 191
- 三、具体运用实例分析 192

第十二章　金叉涨停技法 199

- 一、基本原理 200
- 二、实战操作要领 202
- 三、具体运用实例分析 202

第一章

涨停突破操作技法

一、基本原理

在股票市场中，经常会出现强者恒强的经典案例，特别是涨停突破前高的品种，更是势不可当，常能发展成为牛股。此类个股在创出阶段新高之后，由于解放过去的套牢筹码，解套盘兑现的压力减轻，有利于主力进行后续的拉升。且突破新高的品种，上档一马平川，无套牢筹码，无明显技术压力区域，所以通常会保持继续上涨创新高的态势，这是本章的技术重点。

炒股需要讲究时间和效率，获利的关键在于及时把握机会，而抓住涨停突破的股票，就是一种高效率的获利手法。

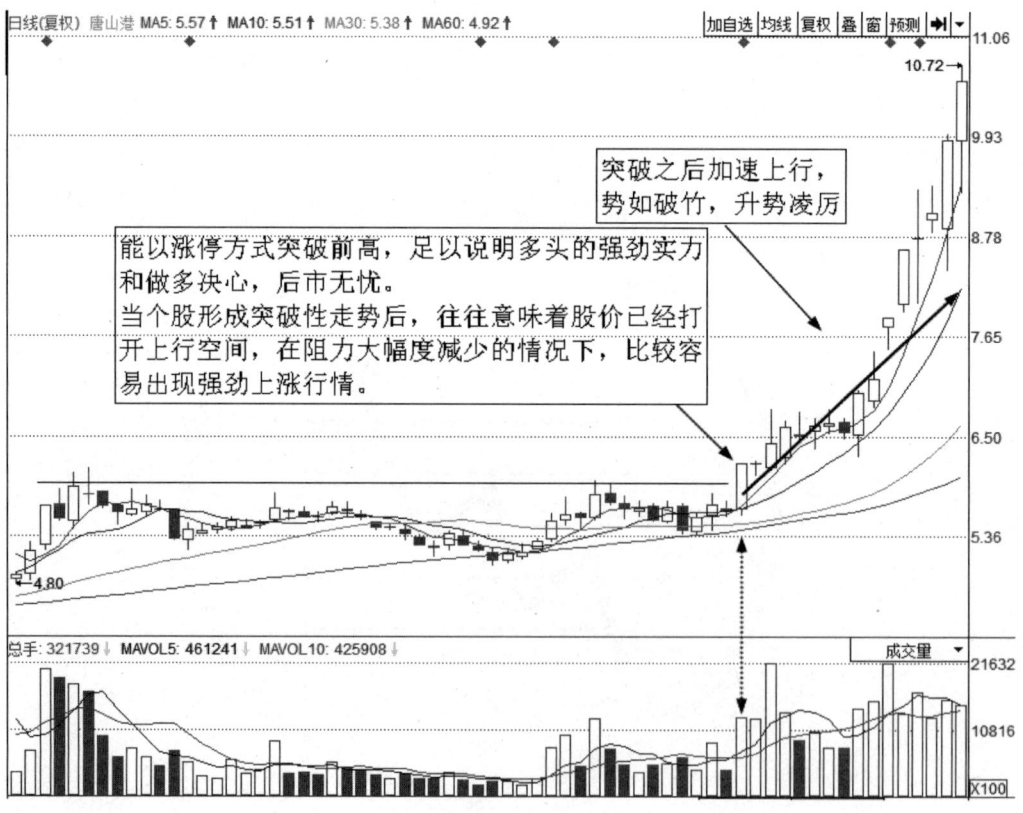

图1-1

当股价在上涨过程中，当日以涨停报收，收盘价突破前期顶部或成交密集区价位，成交量明显放大，不管突破的是前期小头部还是较大的历史成交密集区，次日获利都十拿九稳，其原因在于，主力既然敢于以涨停的方式挑战前一头部，就说明志在必得，上涨已成主旋律。如果大盘不拖后腿，则一轮升势将出现。

图1-1是唐山港（601000）的日K线走势图。该股股价长期蓄势整理，然后在箭头处涨停突破创新高，说明主力蓄势攻关，有备而来。新高之后，上无阻挡，下有平台支撑，安全系数较高。涨停突破前高，这说明前面的套牢盘已经完全解套，上升空间彻底打开，后市应该还有更大涨幅，投资者此时可以积极跟进，等待收获后续赚钱行情。

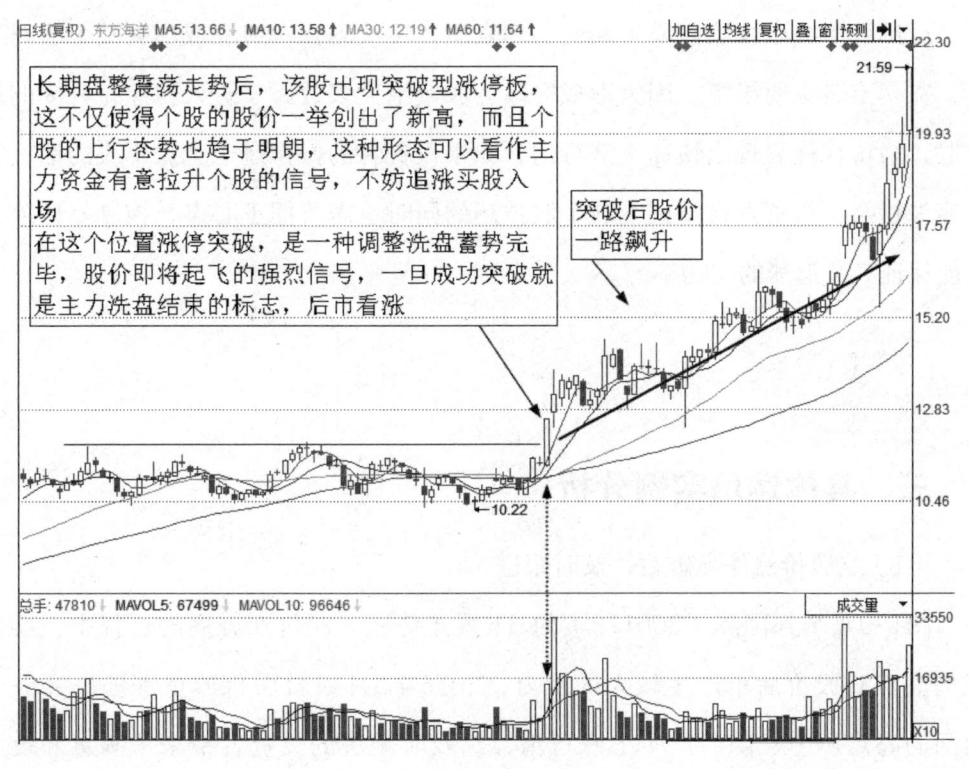

图1-2

图1-2是东方海洋（002086）的日K线图，该股横盘调整时间长达三个多月，时间非常难熬，但整理蓄势洗盘较为充分。调整的时间越长，后市的涨幅会越大，更值得持有。放量突破甚至是涨停突破为股价启动的标志，应果断买入。

二、实战操作要领

1. 在大盘行情较强时，准确率更高

在追涨成功突破个股时，必须注意的是要选择市场整体趋势向好的背景，在大势向好时，追涨的成功概率较大。而在大势疲弱的情况下，即使个股短线形成突破，也会受到大盘的拖累，使得涨幅有限。

2. 成交量的支持

股价向上涨停突破前高阻力位时，成交量必须积极配合，表明有大规模的资金流入市场，这样的突破才能有效和安全。

3. 操作要果断

运用涨停突破技法需要果断的心理素质，不仅需要在追涨成功突破个股时果断，在卖出时更要果断。因为形成突破的股票绝大多数属于进入快速拉升期的强势股，股价往往表现出快速上涨行情，如果投资者的操作过于犹豫不决的话，容易错失机会。投资者在掌握突破个股技巧的同时也需要摆正心态，控制好风险，才能保证突破追涨的成功率。

三、具体运用实例分析

（1）当股价涨停突破时，及时跟进。

图1-3是腾邦国际（300178）的日K线走势图，股价在震荡的过程中，所形成的高点对股价后市产生较大的阻力，2015年5月11日股价放量涨停，突破了前面的高点压力，随后产生上涨行情，给及时跟进的投资者带来了满意的投资回报。

腾邦国际（300178）

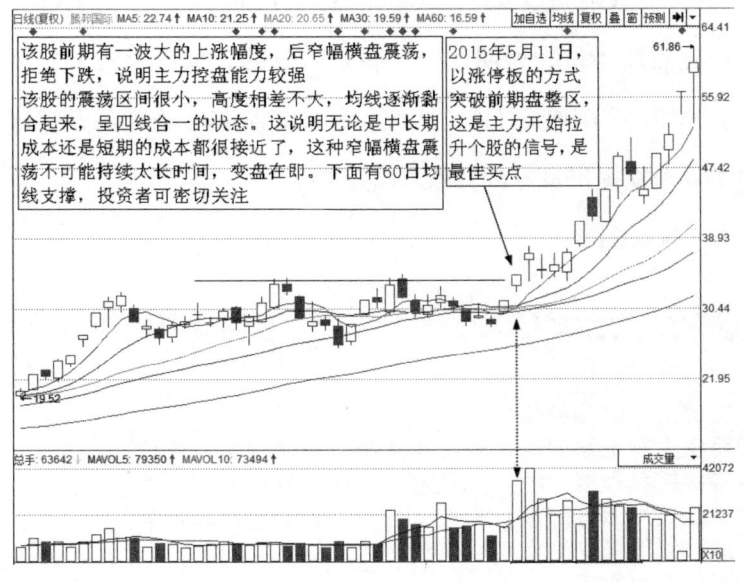

图1-3

苏宁云商（002024）

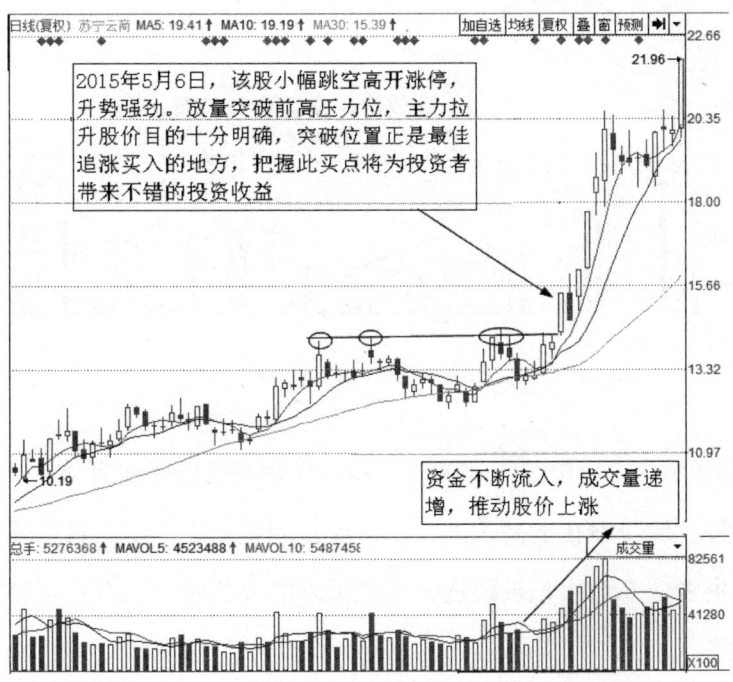

图1-4

图1-4是苏宁云商（002024）的日K线走势图，2015年5月6日，该股小幅高开2.71%开盘，强势突破前高造成的压力位，主力拉升的目的十分明确，已经跃跃欲试。放量涨停突破压力位，说明这个突破是有效的，投资者要果断出击，买入股票，坐享上涨行情。2015年5月份，大盘行情非常火爆，连续展开单边上涨行情，这为个股的强势爆发提供良好的背景环境支持。

上海电力（600021）

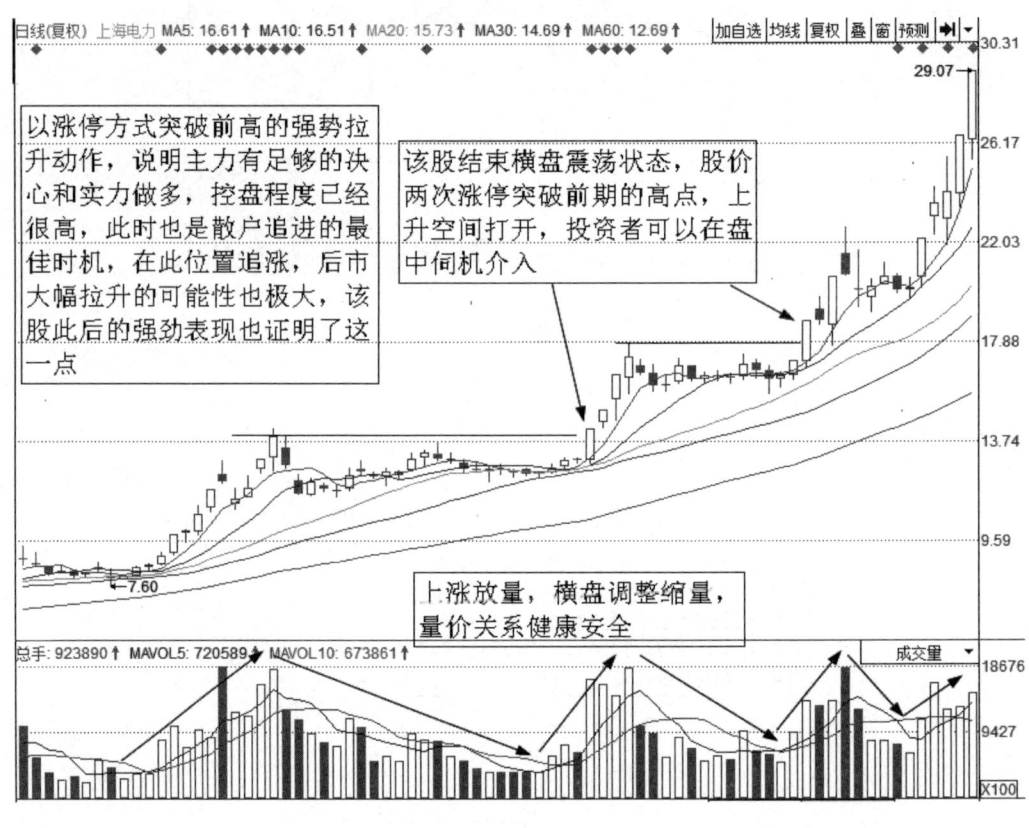

图1-5

如图1-5所示，上海电力（600021）经过横盘震荡后终于启动，于图中两次箭头处放量涨停，股价站在前高之上，说明横盘调整结束，多头再度强势归来，机会难得，投资者应在盘中积极跟进，这是买入的极佳时机，万不可错过，此后该股将快速上涨。

数字政通（300075）

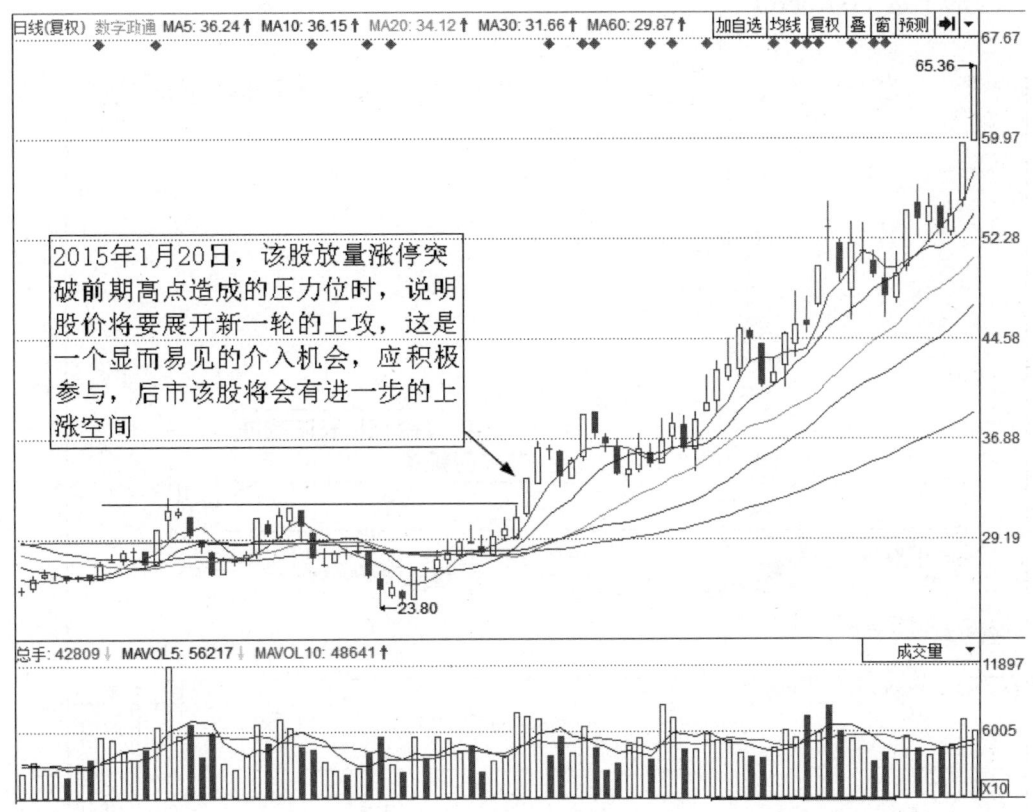

图1-6

图1-6是数字政通（300075）的日K线走势图。2015年1月20日，股价再次临近前期顶部附近，并放量涨停突破此压力位，奠定了新的上升格局，此时投资者介入是不错的选择。随后股价果然加速上行，累计升幅较大，给及时跟进的投资者带来了满意的投资回报。

图1-7是浩宁达（002356）的日K线走势图，该股股价在前期留下了一个高点，这个高点对股价后期的波动产生了压力的作用，持续三个多月都没有突破该价位。2015年3月24日，股价向上涨停突破该高点，意味着主力完全做好了拉升股价的准备，它给了投资者解套的机会。主力怎么会这么好心，将投资者套住后又给投资者解套的机会？理由是主力想要开始赚钱了，如果始终不突破这个高点怎么赚钱呢？攻破这个高点才能有更大的空间去盈利，投资者可以及时跟随入场，

分得一杯羹。该股后市果然爆发一轮大幅上涨行情。

浩宁达（002356）

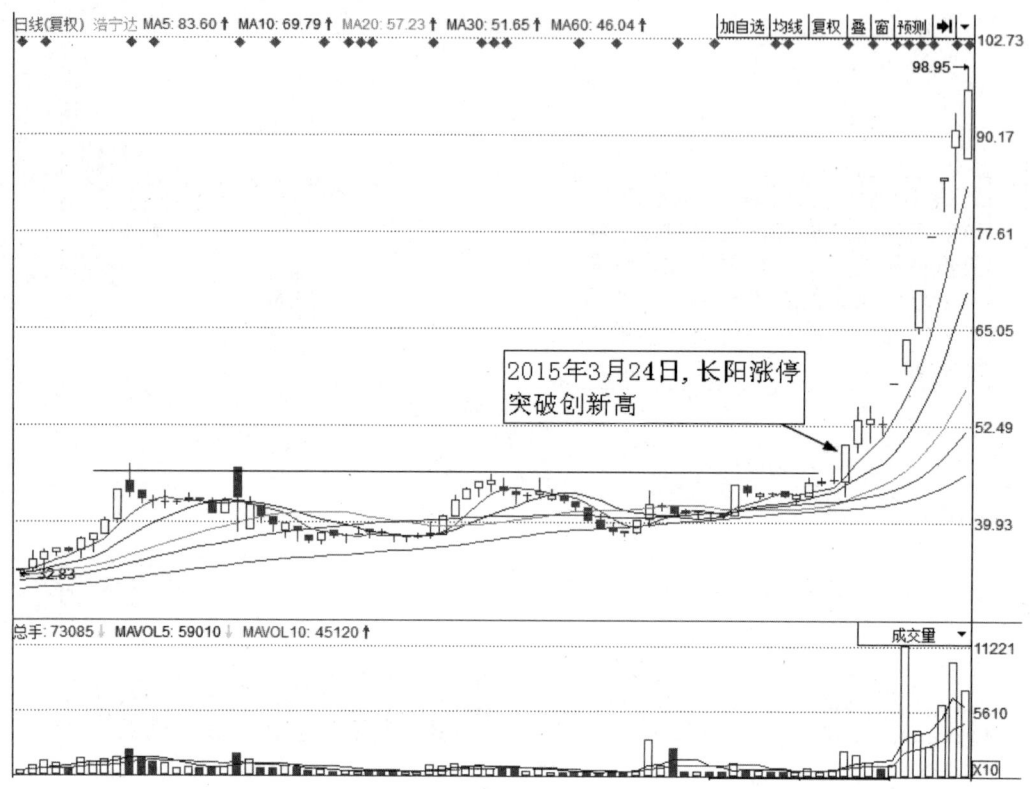

图1-7

股价想要持续性地上涨，必然要进行突破性走势，一只始终突破不了前期高点的股票，是很难给投资者带来大的盈利机会的。

股价在运行的过程中，必然会在各个高点上留下套牢盘，对于被套牢的投资者来说，一旦有了解套的机会，就好像死里逃生一样，不是想着获利，而是想着赶紧平仓出局。而前期高点又通常是套人最厉害的地方，现在主力给这些套牢最严重的投资者以解套的机会。主力是雷锋吗？有这么好心吗？这说明主力志在高远，已经做好了承接套牢盘的准备。

既然主力给了投资者解套的机会，不怕这些套牢盘的涌出，那么投资者也就没必要担心，可以跟随主力在突破前高的情况下，一起入场做多。

山东威达（002026）

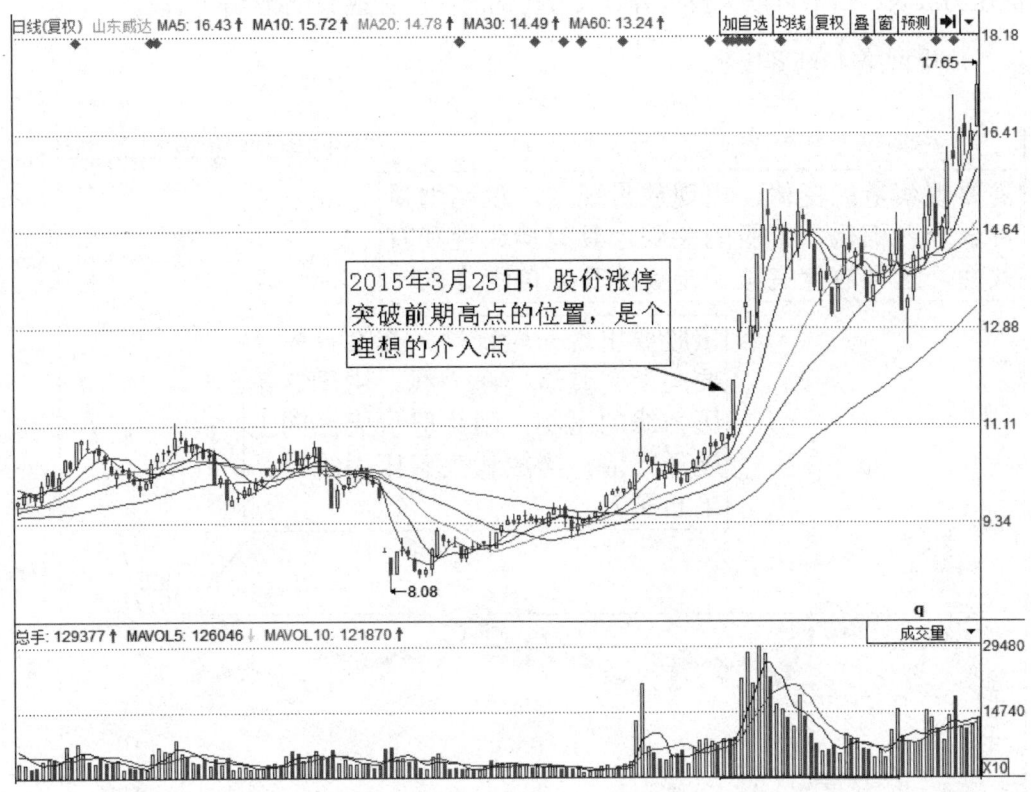

图1-8

图1-8是山东威达（002026）的日K线走势图，该股在2015年3月25日涨停突破了前期高点，既然主力给了投资者解套的机会，就说明主力无视前高点的存在，这通常是行情开始的信号。

（2）注意观察量能的变化，放量突破的成交量越大，突破的真实性越可靠。

前期高点造成的压力位制约了股票的上涨高度，放量突破前期高点才能释放出股票的上涨空间。突破前期高点用来作为买入的依据，这种方法使用得很广泛，因为前期高点，通常是上涨过程中的压力点，一旦向上突破了，后势往往会上涨。

放量突破前高压力买入的最大优点是，可以让投资者直接参与到股价的上涨过程中，节约时间，高效快捷地获取盈利。从心理的角度来说，投资者都期望能尽量抓住市场的机会，所以总希望自己买的股票马上就能涨，而采用放量突破前高压力买入，恰恰可以为投资者省去等待的时间，把握股价起飞的阶段。

广电网络（600831）

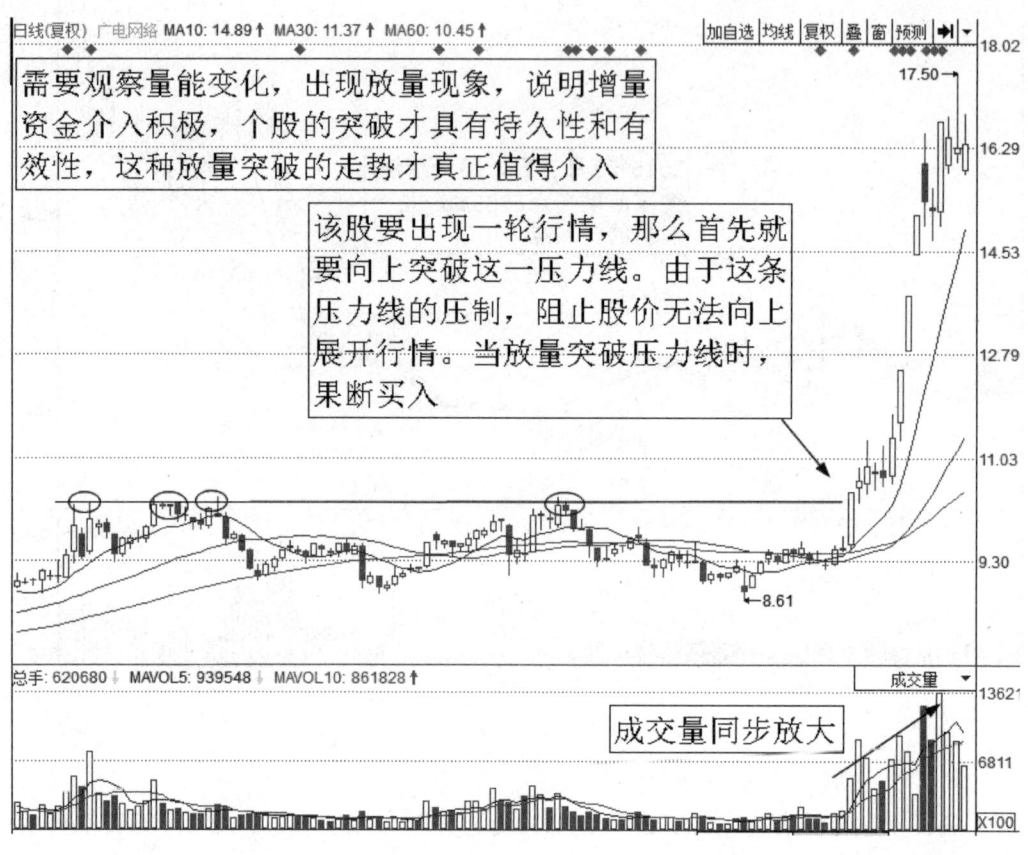

图1-9

图1-9是广电网络（600831）的日K线走势图，该股股价长期受到压力位的压制。在股价没有向上突破前，这条直线表现为横盘盘整时期中最高的价格阻力线。突破此线代表股价长期横盘震荡结束，后市将展开一波行情。图中箭头处放量涨停突破创新高，多头强势上攻，这是介入的契机。

突破前高必须伴随成交量的同步放大，没有量能配合的突破，其可靠性会大打折扣。股市里有一句话叫"后量超前量，前途无限量"，股价向上攻击成功必须有大的成交量配合，否则可能是假突破，不应追涨介入。

放量突破压力线就意味着当前的压力已经消解，后市应该有一段上涨空间，因此放量突破压力线是一个较为简单的买入法。

宏达股份（600331）

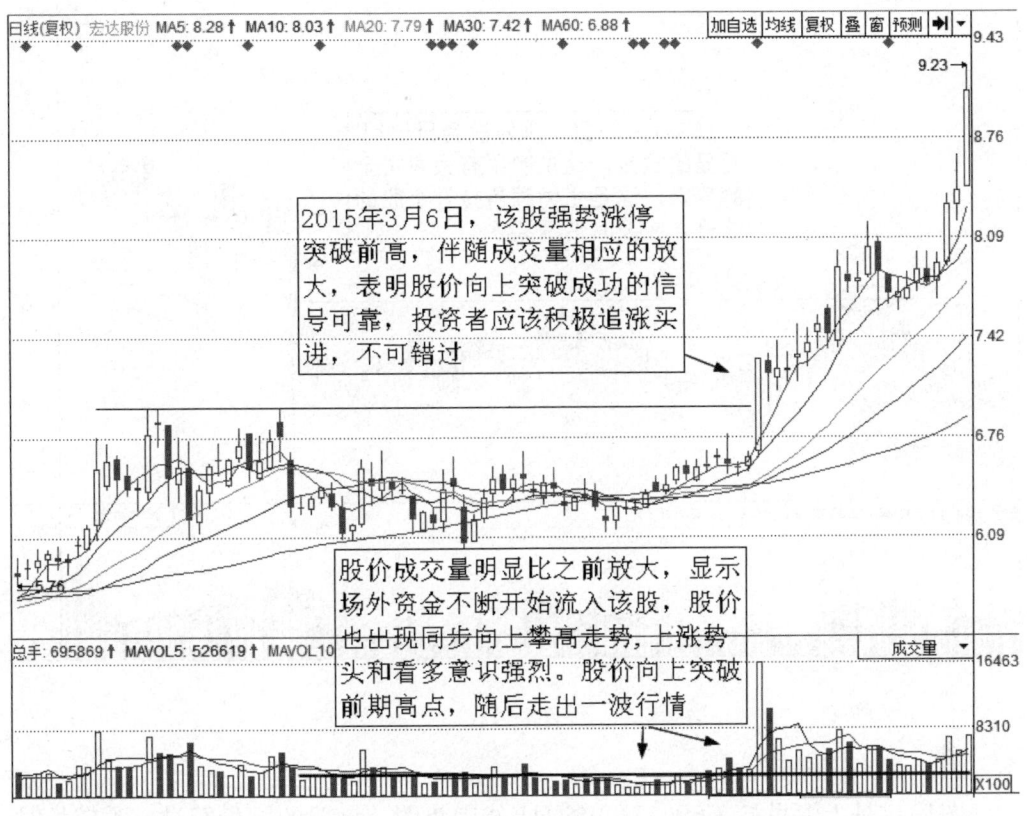

图1-10

图1-10是宏达股份（600331）的日K线走势图，该股进行了多个交易日的横盘震荡整固蓄势，整体上升形态保持良好，此时投资者应该重点关注其突破时机。2015年3月6日该股强势封于涨停，股价放量突破前高，这说明主力已经完成洗盘，涨停突破就是拉升信号。这么长时间的震荡也让主力蓄势充分，一旦突破，必然势如破竹。该股此后果然快速上涨，涨幅不小，让突破抢进的投资者获利颇丰。

当股价在上涨至前期高点附近时，如果能够放量突破，创出新高，说明股价将要在原来高点的基础上，再上一个台阶，此时投资者可以选择突破当天或者第二天股价走强时买入。

上海贝岭（600171）

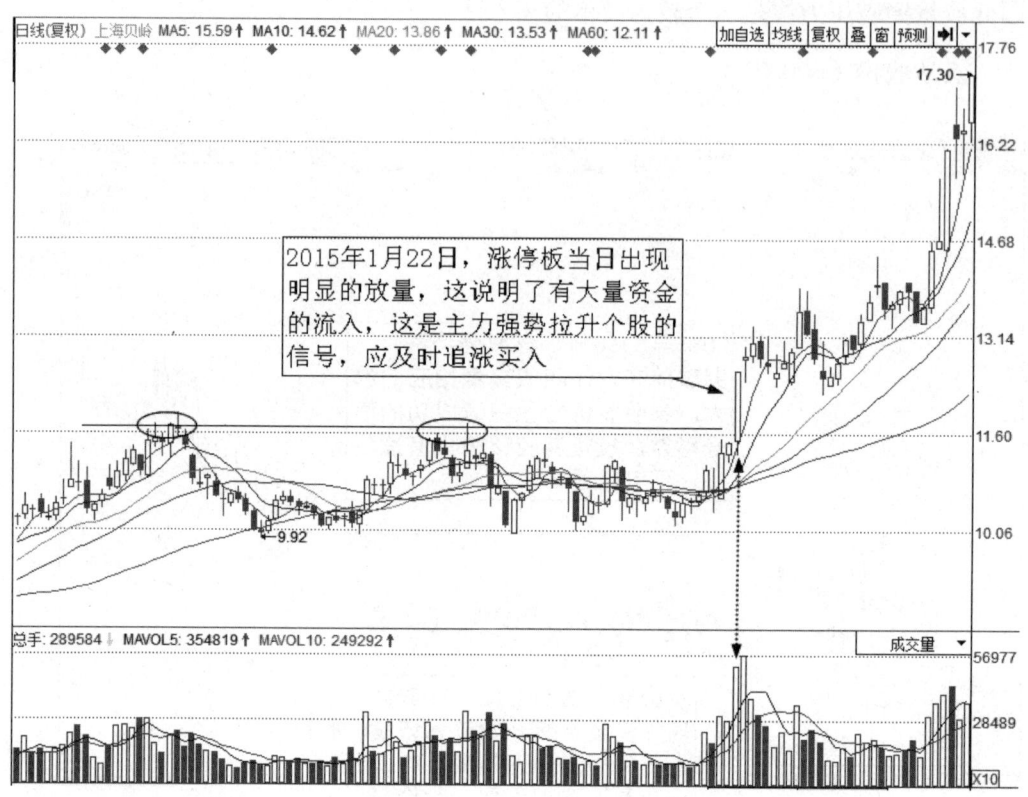

图1-11

图1-11是上海贝岭（600171）的日K线走势图，该股的股价经过一番较长时间的调整之后，在2015年1月22日再度起涨，一个放量涨停板使得该股突破前期形成的高点，这是主力强势拉升个股的信号，它预示着新一轮的上升行情即将展开，是升势仍将延续下去的标志。涨停突破前期的高点，形成突破的走势，既然股价已创新高，投资者也就没有必要再犹豫了，可以积极追涨买入进场。

有高点其实不可怕，可怕的是这个高点一直过不去，该股之前形成高点后，股价出现了几个月的调整，而前期高点区间存在着大量的套牢盘，而现在股价重新回到前高这里，给了这些套牢的投资者以解套的机会，这说明主力志在高远，前期高点不是心目中的价位，所以才会涨停突破前期高点。在上证指数的配合下，此时的突破点通常是最佳的买入点。

中威电子（300270）

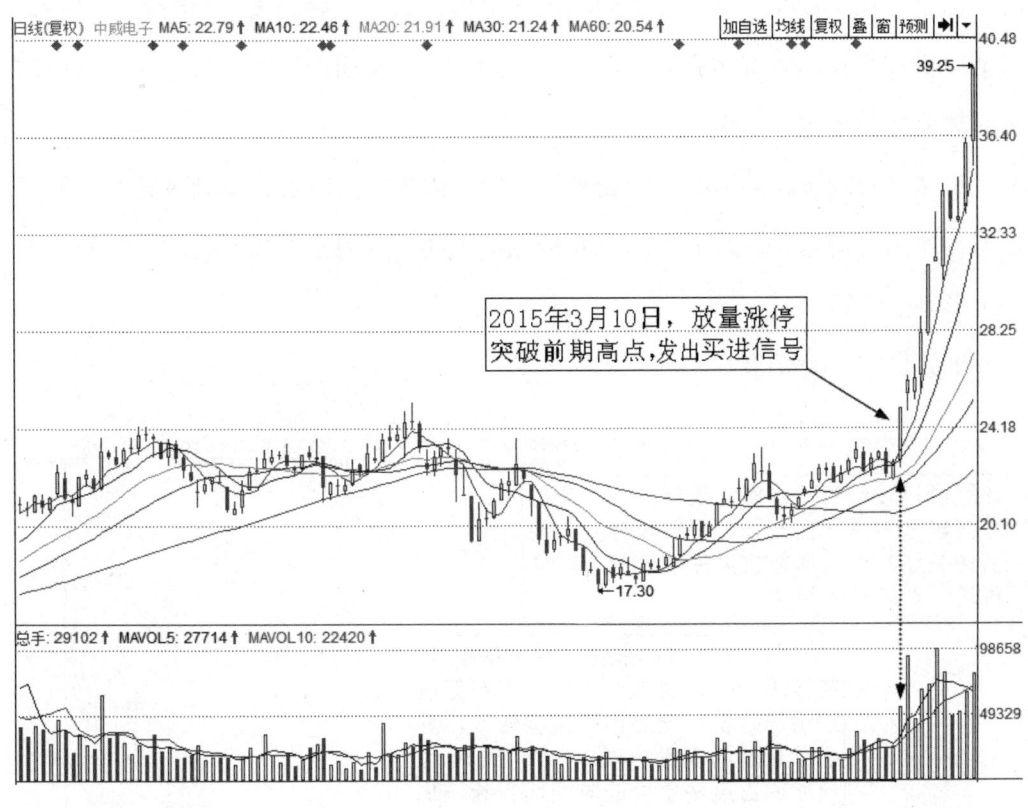

图1-12

图1-12是中威电子（300270）的日K线走势图，该股的股价缓慢上行，逐渐逼近高点，而后在2015年3月10日放量涨停的推动下，顺利地完成了突破的走势，意味着这段时期所有的投资者都开始赚钱了。主力可没这么好心让投资者赚钱，能让投资者赚1元，那主力心中至少想着要赚3元，谁愿意白出力拉高股价给人抬轿呢？该股形成涨停突破走势，后市看好，投资者要果断地入场进行操作。

（3）横盘的时间越长，后市涨幅越大，股市中有句话叫"横有多长，竖有多高"，意指股价蓄势时间越长，其后市爆发力度越强，这是因为在较长时间的横盘震荡中，个股已经达到了充分的换手，筹码已经相当集中，主力获得的筹码就越多，才能志在长远。

突破是技术分析中有效、直接的工具，但是，早已家喻户晓的技术往往会成为主力用来诱骗散户的工具，持续不断的假突破令很多股民对这一方法失去了信心。但是，如果放在一个较长的周期内，突破仍然是较好的买入判断方法之一，所谓"横有多长，竖有多高"。股价长时间在一个空间内积蓄力量，一旦形成向上突破前高，便会一飞冲天。

尽量寻找构筑底部形态时间较长的个股，因为时间越长，基础越扎实。而且形态构筑的时间越长，其形态的有效性也就越高，因为主力是不会用长时间去做一个形态陷阱的。

浙江世宝（002703）

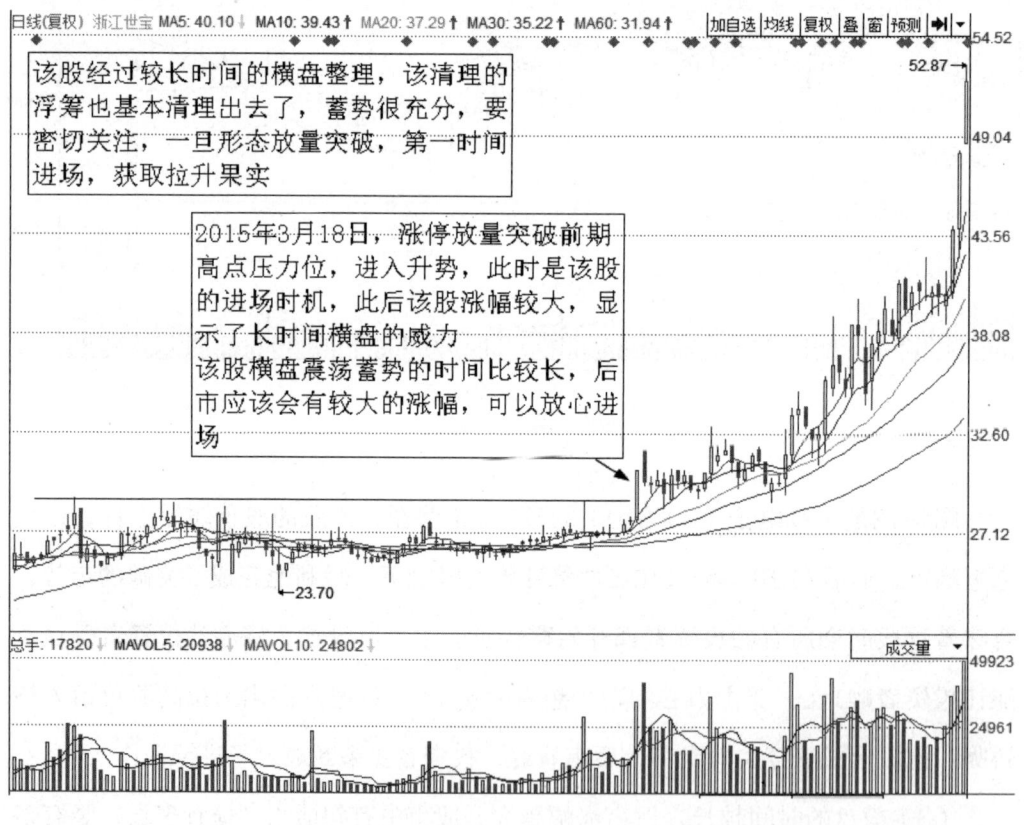

图1-13

图1-13是浙江世宝（002703）的日K线走势图。股价横盘时间越久，一旦突破，向上空间打开，则该股爆发力越强，越值得重点关注，2015年1月16日，该股突然加速上行，当日封于涨停，股价也突破前高，这是一个很好的买点，投资者

可以在盘中积极跟进，此时介入当然是最好的赚快钱的良机。该股此后果然快速上行，涨幅不小，可见涨停突破前高是一个很好的买点，我们不能浪费这样的好机会。本例该股的特点是前期洗盘的动作较大，低位横盘的时间也比较长，蓄势足够充分，此后进入主升浪也是水到渠成的事。

短线投资者没必要提前潜伏，那会耽误时间，准确的买入时机就是突破前高的位置，而以涨停的方式突破也足见主力的实力和决心，更值得我们积极跟进。该股涨停突破是个很好的买入信号，其基础是该股经过长时间的整理，一旦突破，后市涨升空间必定不小。不过我们也经常碰到假突破的现象，因此需要关注突破的具体过程，以避免掉进诱多的陷阱中。让我们再来看2015年1月16日突破当天的分时图走势。

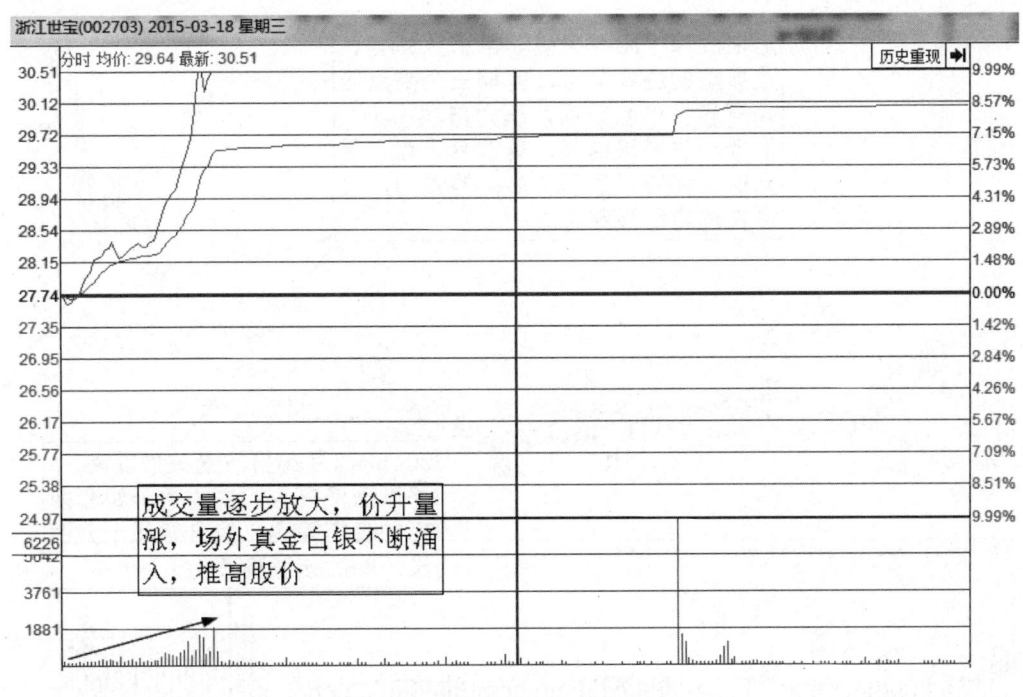

图1-14

从图1-14浙江世宝当日该股的具体走势来看，应该是真正的强势突破。该股当日逐波上行，回调也受到均价线的强劲支撑，同时，该股涨时放量、跌时缩量，量价配合得非常好，而且量能逐步放大，快速封于涨停，足见主力做多意愿之强烈。整个全天的走势主力强势做多，态度坚决，投资者可以伺机积极介入。从成交量上来看，资金源源不断地流入市场，从而确认了信号的有效性。

（4）股票有时候会出现两次或更多次的前期高点，高点越多，造成的压力位越明显，突破的意义越大，股价此后会产生更强劲的上涨行情。

多个高点构成的压力线比单个高点构成的压力线沉重，多次冲击这个位置而不过，显然有很大的压力，而且每次冲击都增加了新的套牢盘，所以这样的压力线不同寻常，一旦突破则是扫清了最大障碍，前途一片光明，成为极佳的进场时机。

苏交科（300284）

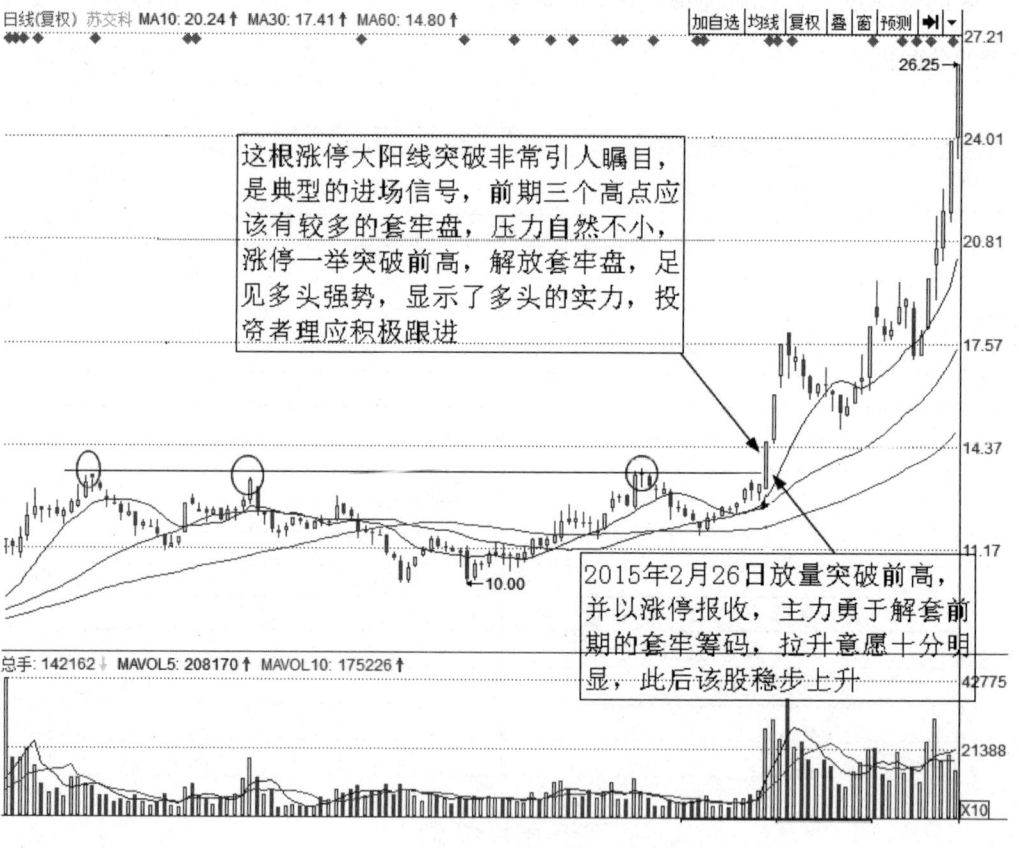

图1-15

图1-15是苏交科（300284）的日K线走势图，该股经过较长时间横盘震荡后再次来到前高之下，2015年2月26日，该股发力上行，当日强势封于涨停，股价也

成功突破前高的压力，这就说明股价开始新一轮的上攻，后期股价将会有进一步的拓展空间，此时是较好的介入机会。该股经过较长时间的震荡整理，蓄势比较充分，既然主力以涨停方式发动攻势，我们自然不能轻易放过这样的好机会。

中南传媒（601098）

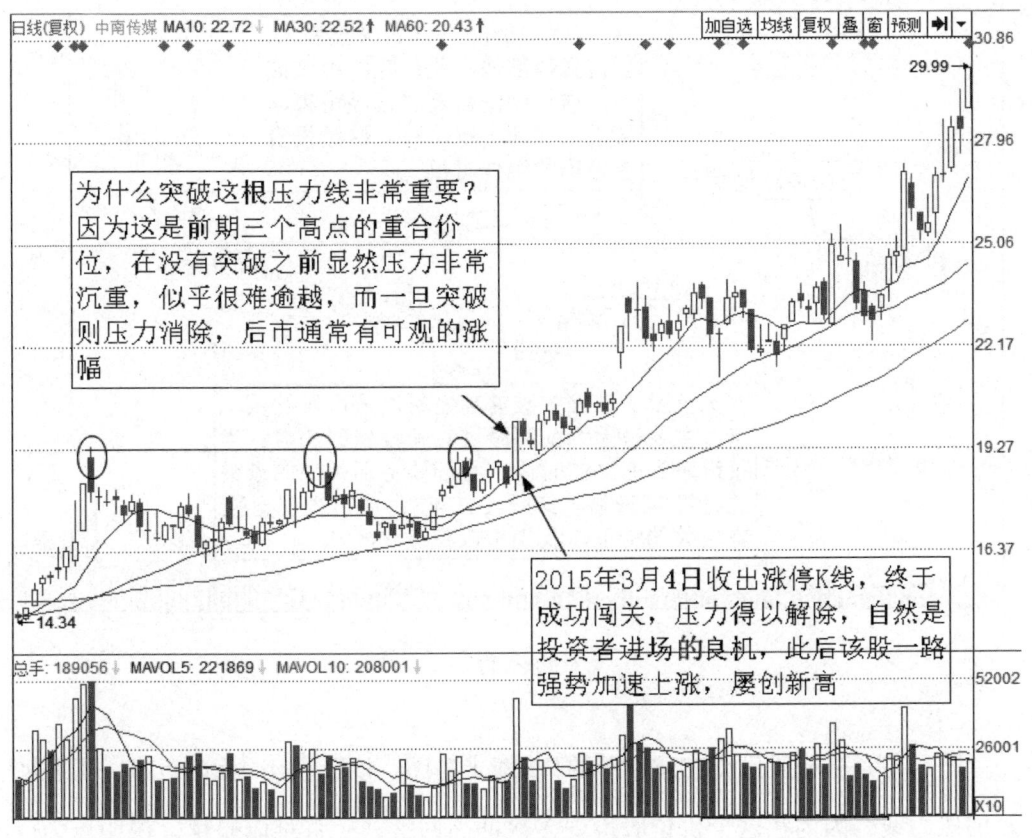

图1-16

图1-16是中南传媒（601098）的日K线走势图，该股的压力线很容易画出，该股的三个高点都相差无几，说明此处有明显的压力。我们这里关注的是突破这个动作，该股在2015年3月4日以涨停板突破，收出大阳线，成交量也有所放大，自然是极佳的买入点，投资者可积极跟进，不可错过。这种突破方法可以轻松愉快地获利，不需要绞尽脑汁费力去想买点。此后该股果然一路震荡上行，新高不断。

骆驼股份（601311）

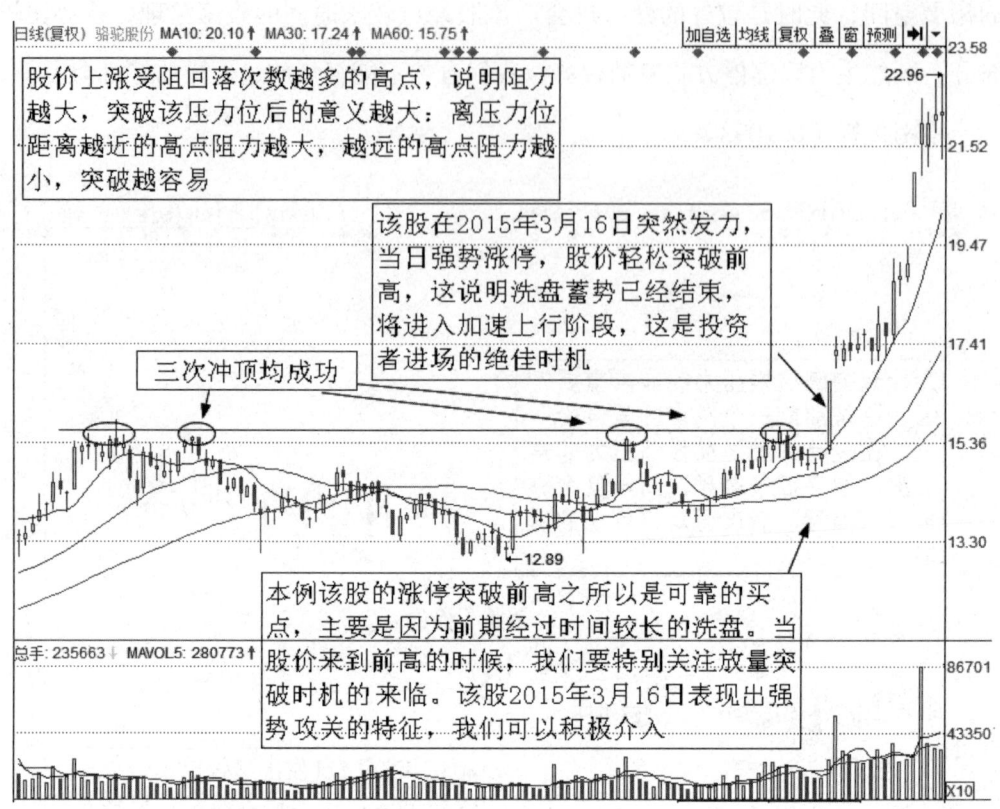

图1-17

图1-17是骆驼股份（601311）的日K线走势图，该股在15.4元附近有一道很明显的压力线，因为在这个价位股价曾多次冲高回落，一直难以逾越，说明压力巨大。多次冲击失败也留下了较多的套牢盘，给后市拉升带来不利影响。2015年3月16日该股突然涨停，突破了这道重要的压力线。一旦股价突破这道压力线，上升的障碍就扫清了，后市拉升就变得比较轻松，该股后市走势也确实如此。

图1-18是庞大集团（601258）的日K线走势图，该股于2015年3月3日涨停突破一条重要的压力线，上升空间豁然开朗，是介入的极佳时机，这个突破非常有价值，因为此处压力线是一道长期压力位，这个高点曾经几次被试探，都没有过关，也留下众多的套牢盘，而如今终于突破重重压力，可谓云开雾散。此后该股能持续快速拉升，也得益于突破了这道重要的关卡，扫清了上涨的最大障碍。

庞大集团（601258）

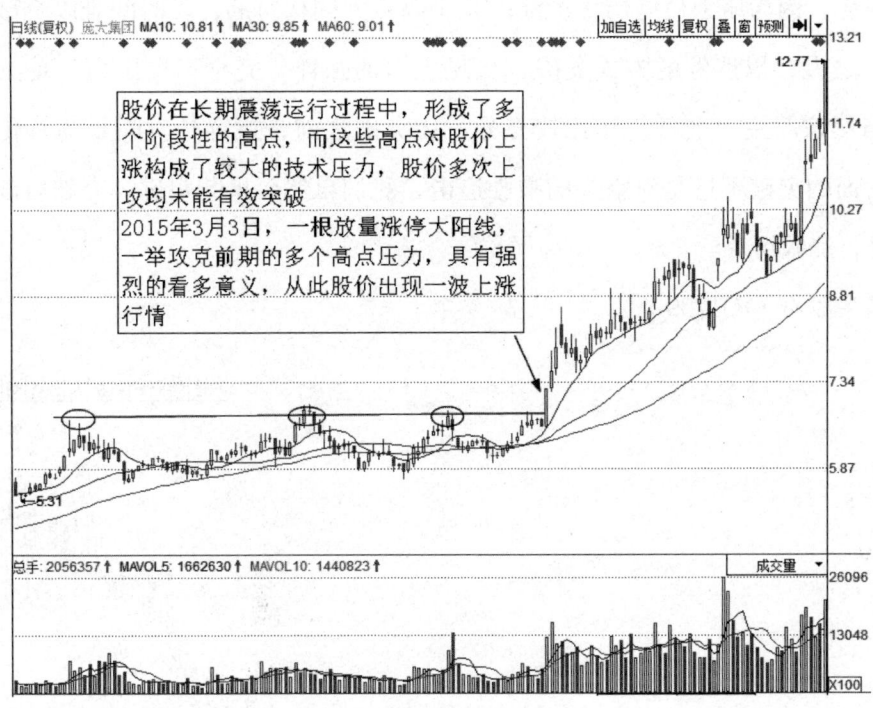

图1-18

东风股份（601515）

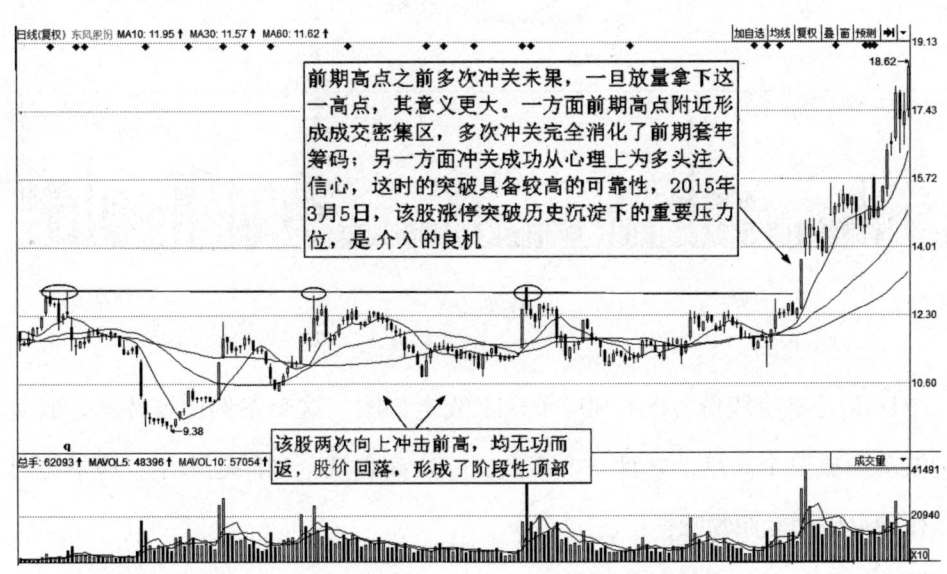

图1-19

图1-19是东风股份（601515）的日K线走势图，2015年3月5日这个涨停突破非常强势，因为压力位是历史沉淀的几个高点共同构筑的，长时间难以突破，可见压力之大，以涨停的方式突破，更见主力的强悍，完全不惧压力，足见其信心，当然该股主力准备工作比较充分，在突破之前，持续长时间震荡，化解压力，后面的突破不过是对空头的乘胜追击，我们自然要果断跟进。突破后该股强势拉升，涨幅可观。

星宇股份（601799）

图1-20

图1-20是星宇股份（601799）的日K线走势图，这个案例比较特殊，股价之前的波动形成三个高点，并且一个高点比一个高点低，那问题来了，应该把哪个高点作为突破的参照物呢？

其实这个问题没有最标准的答案，突破高度最低的那个高点可以买进，突破高度最高的那个高点也可以买进，它们都是突破，这三个位置无论哪个突破都可以入场买入。

最高的那个高点由于量能最大，位置最高，套牢人套得最重，所以，它是最重要的高点。从大形态来说，投资者还是以突破最重要的高点为买入点比较好。

（5）涨停突破箱体。

在上涨趋势中，如果出现横盘的箱体状态，需密切关注，这是一种极其重要的技术信号，横盘箱体表示多空双方进入胶着的状态，如发生在趋势发展的初期或中继阶段，突破后，很可能发展为趋势运行的主升浪。

乔治白（002687）

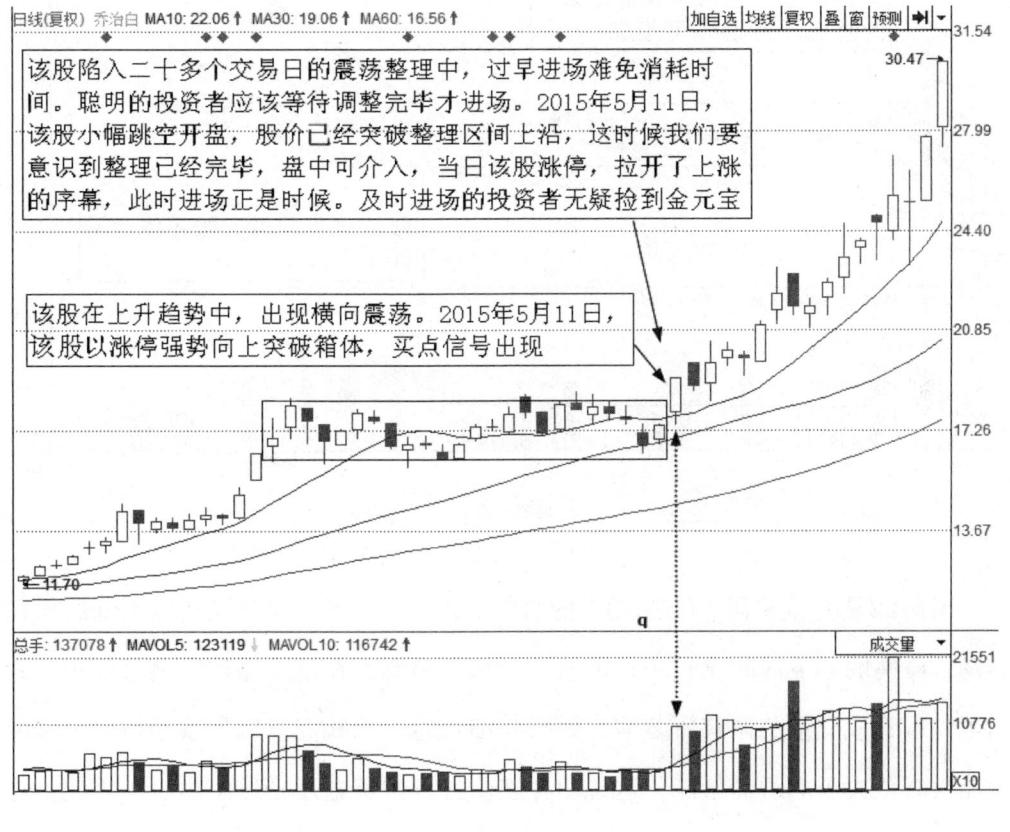

图1-21

图1-21是乔治白（002687）的日K线走势图，在整个箱体震荡过程中，成交量比较稳定，说明筹码比较安静，没有游资做高抛低吸的操作游戏，这也说明该

股控盘程度比较高。在上涨趋势中，出现横盘箱体走势，是中继操作的好机会。股价放量突破箱体顶部时，是买入时机。

美盛文化（002699）

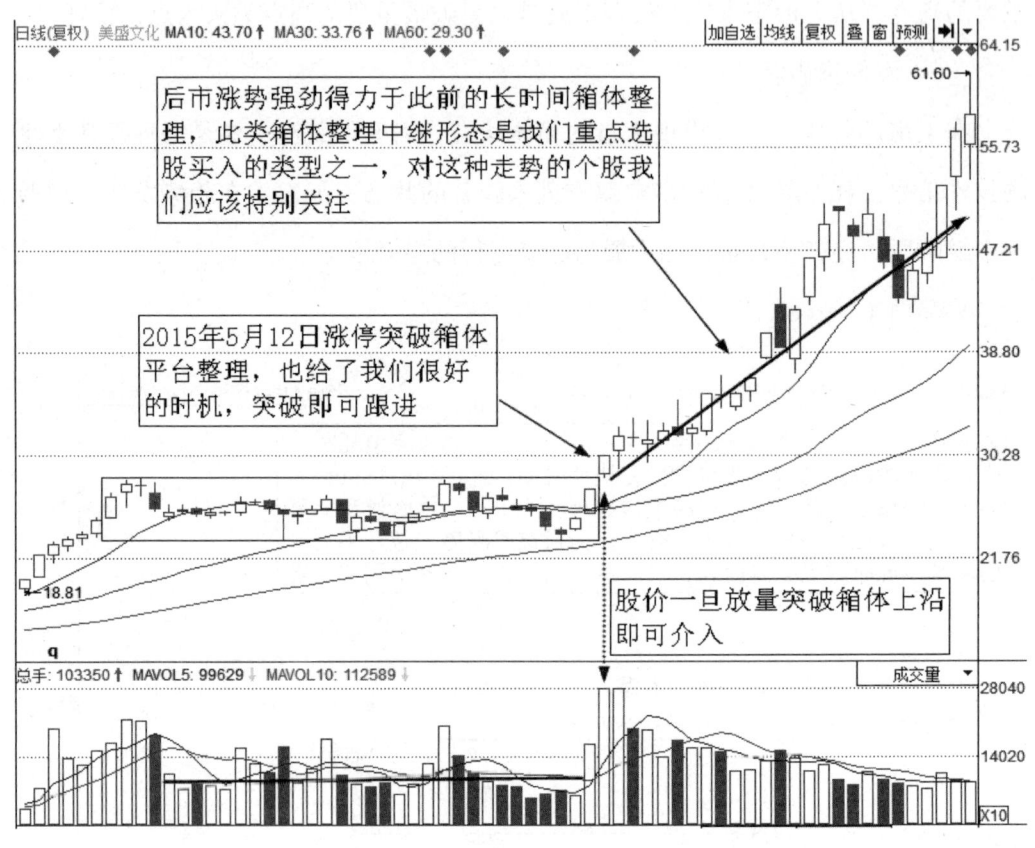

图1-22

图1-22是美盛文化（002699）的日K线走势图，该股在一波连续上涨后横盘震荡，震荡的上下区间比较小，形成一个箱体格局，在整个箱体震荡过程中，我们可以看到成交量总体有所萎缩，如果要细致对比，我们可以发现箱体里上涨的量能要略微大于下跌的量能，这说明在震荡过程中资金还是进多出少。因此，这样一个箱体就有意思了，该股在蓄势，值得特别关注，很可能后市还有凌厉的涨势。2015年5月12日该股发起强攻，涨停突破箱体，投资者应该勇敢追进，机会不容错过。该股此后果然连连上涨，涨幅惊人，图1-22中上涨一倍有余。

紫江企业（600210）

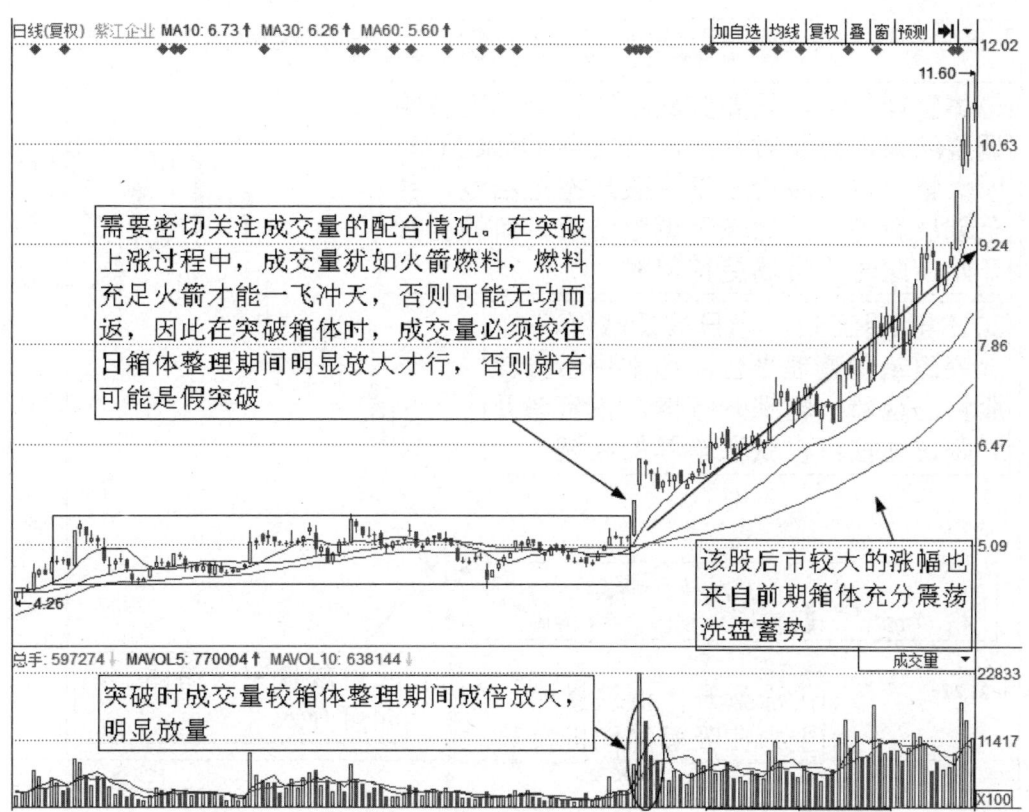

图1-23

图1-23是紫江企业（600210）的日K线走势图，该股涨停放量突破箱体上沿，可能是主力机构准备进攻的信号，预示着股价可能加速上行，这是投资者介入的良机。明显放大的成交量说明突破成色较高，可靠性较强，值得信赖。如果突破时，成交量并没有随之放大，则可靠性就会大打折扣，投资者介入时要保持谨慎。后市该股果然展开了轰轰烈烈的上涨行情，产生了惊人的爆发力，股价在短短的时间内涨幅就达到了一倍。这种股票横盘时间较长，所以爆发起来，涨幅也比较惊人，我们要做的是把股票拿稳就行。

天银机电（300342）

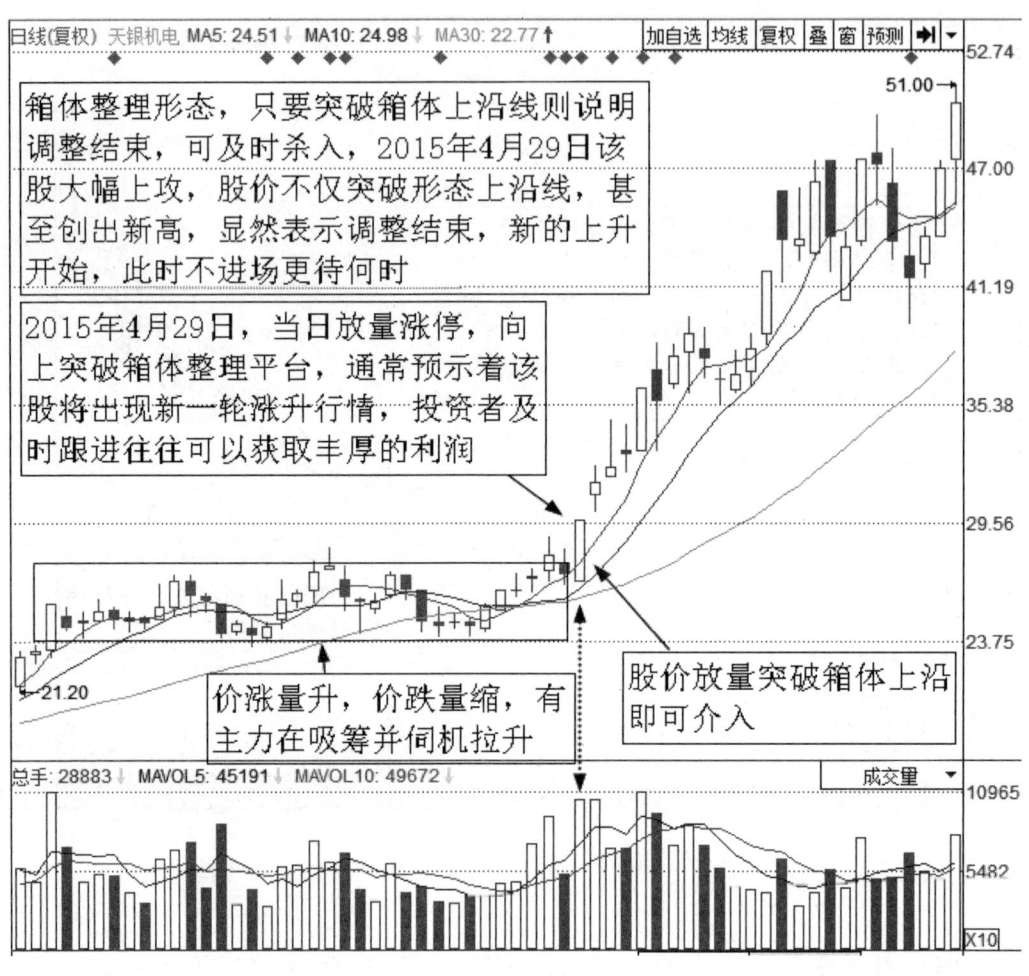

图1-24

图1-24是天银机电（300342）的日K线走势图，2015年4月29日，该股放量涨停突破箱体平台上沿，说明突破有效和突破的真实可靠，可果断介入，也有的投资者在箱体的时候就先行进去潜伏，这不太合适，因为难保股价不向下破位，且时间难以确定，最好还是等股价向上突破确认时买进，这时多数是股价的主升浪或上升阶段，这样才能高效省时地获取利润。该股此后股价飙升，涨幅较大，展现了股票长期箱体横盘突破成功后的魅力。

交运股份（600676）

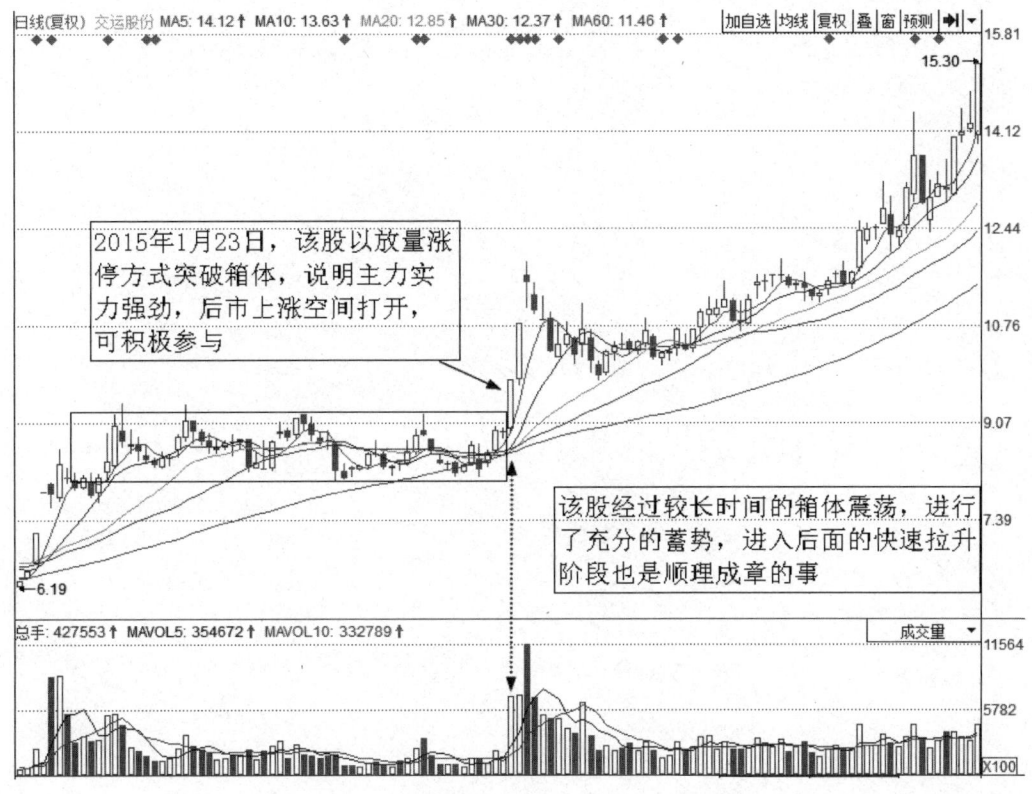

图1-25

图1-25是交运股份（600676）的日K线走势图，该股在2015年1月23日前走势很有规律，规律体现在股价在一个箱体里震荡，上档有压力，下档有支撑。在箱体震荡过程中，一旦向上突破应该有很大空间，值得关注。在箱体里，能把握行情的水平较高的投资者也可以逢低吸纳，也可以选择观望，静待突破。最后该股在1月23日以涨停大阳线突破箱体上沿，上升空间打开，投资者可以在盘中积极跟进。这个箱体震荡时间比较长，蓄势非常充分，突破时适当追高也无妨，此后该股走势也证明了这一点。

并不是每次突破涨停，股价后市就会立即展开上攻，有些个股也会出现回调确认突破的有效性，下一章我们来讲一讲涨停突破后回调，获得支撑的操作技法。

第二章

涨停支撑操作技法

一、基本原理

并非每只个股在突破前高后都会迅速上涨,有些个股上行一段后会转入回调确认走势,在之前涨停位置获得可靠支撑,这时候也是投资者买入的较好时机。

本章主要介绍个股涨停突破之后,回踩在涨停处获得支撑的操作方法,不同于前面的涨停突破操作技法,本章从安全角度出发,以"抄底"的方式介入,风险相对更小。

为什么通常突破涨停处能有较强支撑呢?原因在于突破涨停位置是多空激烈对决的地方,也就此形成一个筹码密集区,同时也很可能是主力的集中成本区。这就不难理解为什么后市股价回落到突破涨停处会获得较强支撑。涨停突破前高则支撑应更有力,我们可以逢低买进,但是万一跌破支撑则需要果断止损出局,这是本章的技术原理重点,如图2-1所示。

宝利国际(300135)

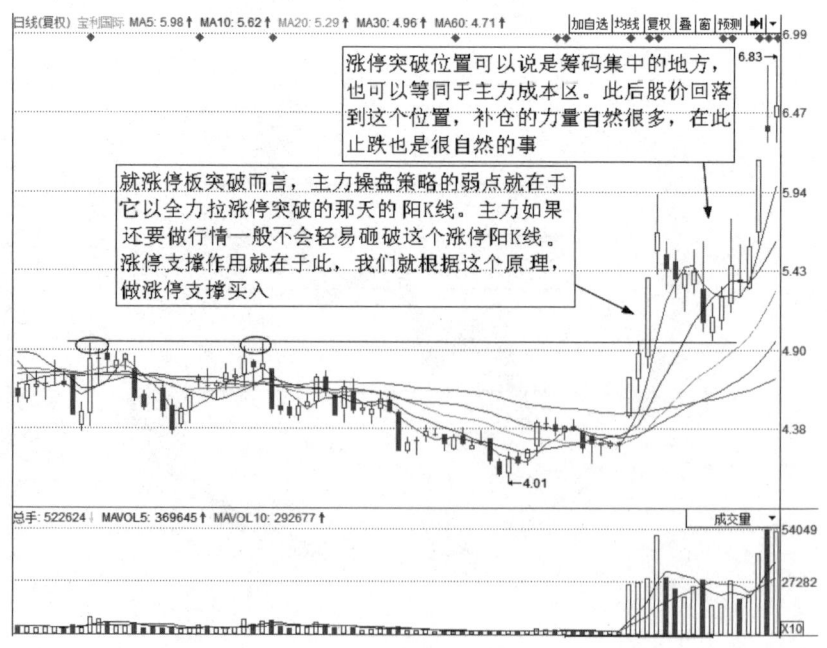

图2-1

图2-1是宝利国际（300135）的日K线走势图，从图中可以看出，涨停支撑操作技法的好处是其安全系数能得到大幅度的提高，止损空间也小，其后市上涨动能和空间都比较大，这是一种比较常见的，也是重点推荐的一种买入技法。

二、实战操作要领

（1）量价规律。回调时应是缩量走势，回调结束后放量上涨。

（2）有时股票涨停突破后会有回抽确认的走势，以确认突破的有效性，并同时清洗浮筹，让持股不稳的获利盘与解套盘兑现出来，缩量回调往往至前期压力位附近便企稳回升，这也给我们提供了较好的低吸买入机会。

（3）股价缩量回调有市场成本或均线支撑为好。

三、具体运用实例分析

（1）回调的目的是清洗跟风获利盘。

涨停板一般是大资金运作的结果，涨停板的出现反映了主力积极做多的意愿，然而其中也有不少的短线跟风资金，在涨停板后短线获利退出，制约了主力的后续拉升，所以主力如还想拉升，必在涨停后对短线进行洗盘，洗掉那些跟风盘，所以我们就在这回调的低点及时地买进，跟随着主力做后续的拉升。投资者可在每天盘后，挑选出涨停以后出现的回调洗盘走势股票，然后在洗盘结束位置附近买入，轻松跟随主力拉升获利，如图2-2所示。

图2-2是浙江世宝（002703）的走势图，从走势图中会发现该股已经涨停超越前期3个高点，既然主力敢于将套牢的大众都解救出来，自然是准备要做一次大行情了，主力机构可不是慈善家。因此，该股随后进行长达22天的调整，为即将进入的下一波行情作准备，用回调对必要的获利筹码进行消化和洗盘。

浙江世宝（002703）

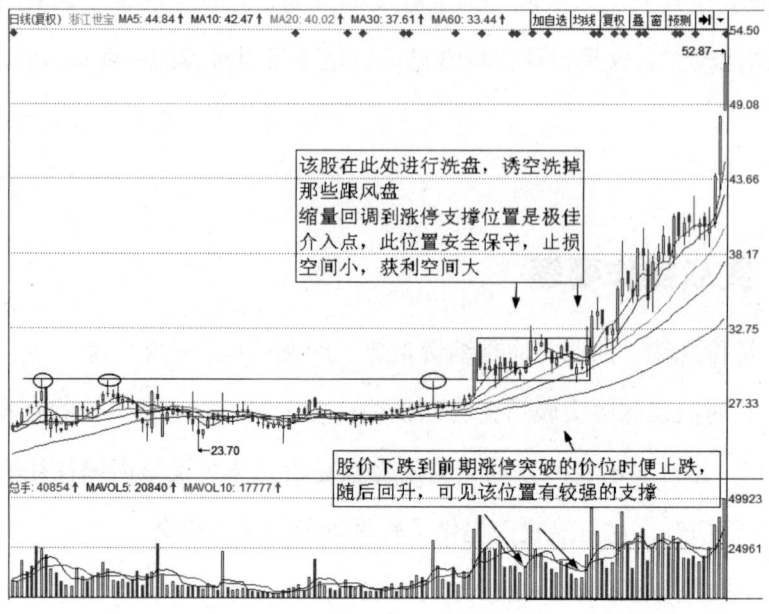

图2-2

金隅股份（601992）

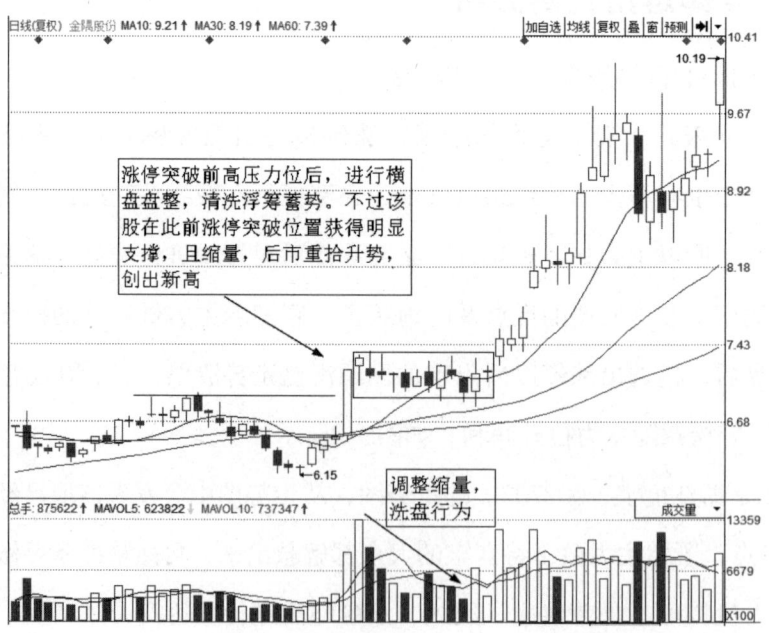

图2-3

如图2-3所示，金隅股份（601992）在箭头处大阳线涨停，成功突破前期高点的压力，看似打开了上升空间。不过此后该股并没有如想象的那样快速拉升，而是陷入横盘箱体震荡。面对这种走势，普通的投资者可能会比较犹豫，去留难定。其实只要我们耐心地思考一下，就明白这种横盘震荡极有价值。由于该股前面是快速涨停拉高突破前高压力位，短期获利盘必定很多，如果再继续拉升，主力的压力必定很大，而经过一段时间的横盘，则可以清洗浮筹，化解后市上涨的压力。此后该股果然开始拉升，短线投资者可以加快进场。该股后来涨幅可观，也来自于前期窄幅震荡蓄势，这是不可忽略的步骤。

本例该股突破后横盘蓄势整理，扫除部分持股不坚定者，作为投资者如何判断横盘是出货还是洗盘就很关键。本例该股在涨停价上方横盘，支撑很明显，而且成交量明显萎缩，基本可以确定是洗盘，我们可以适当介入，等待下一波上涨。此后该股快速拉起，不让跟风者介入。

舒泰神（300204）

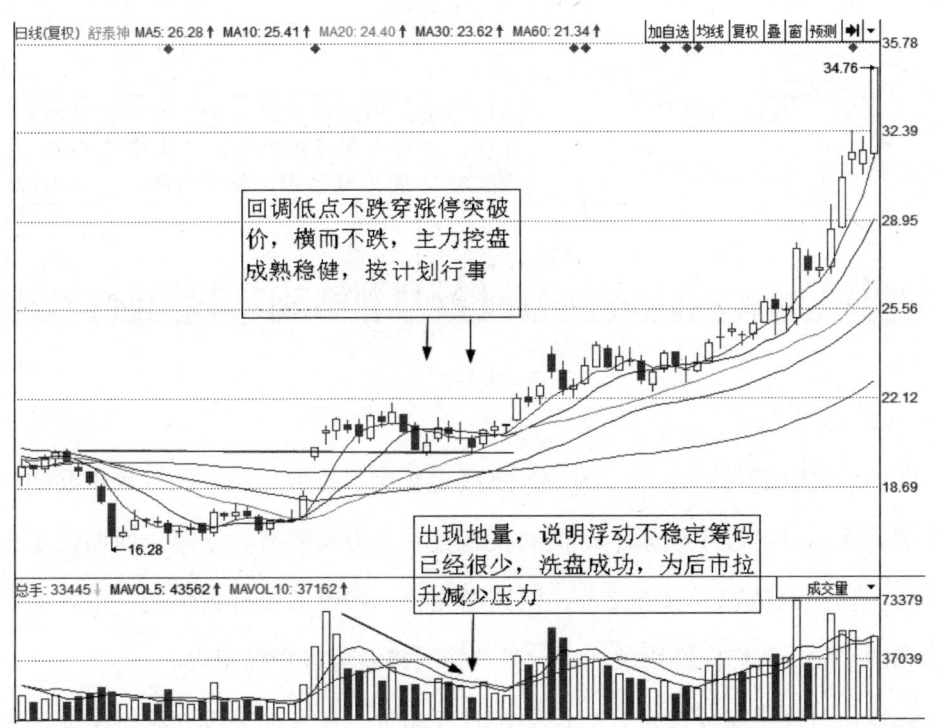

图2-4

图2-4是舒泰神（300204）的日K线走势图，该股突破前期高点构成的压力线之后，股价回落，重新回调到涨停突破前高的位置，回踩进行确认，说明主力操盘比较谨慎，一般来说，目的是为了清洗获利盘，也为了试探市场承接盘和抛压盘，来确认突破后的有效性。该股回调缩量，投资者可逢低买入。

雷柏科技（002577）

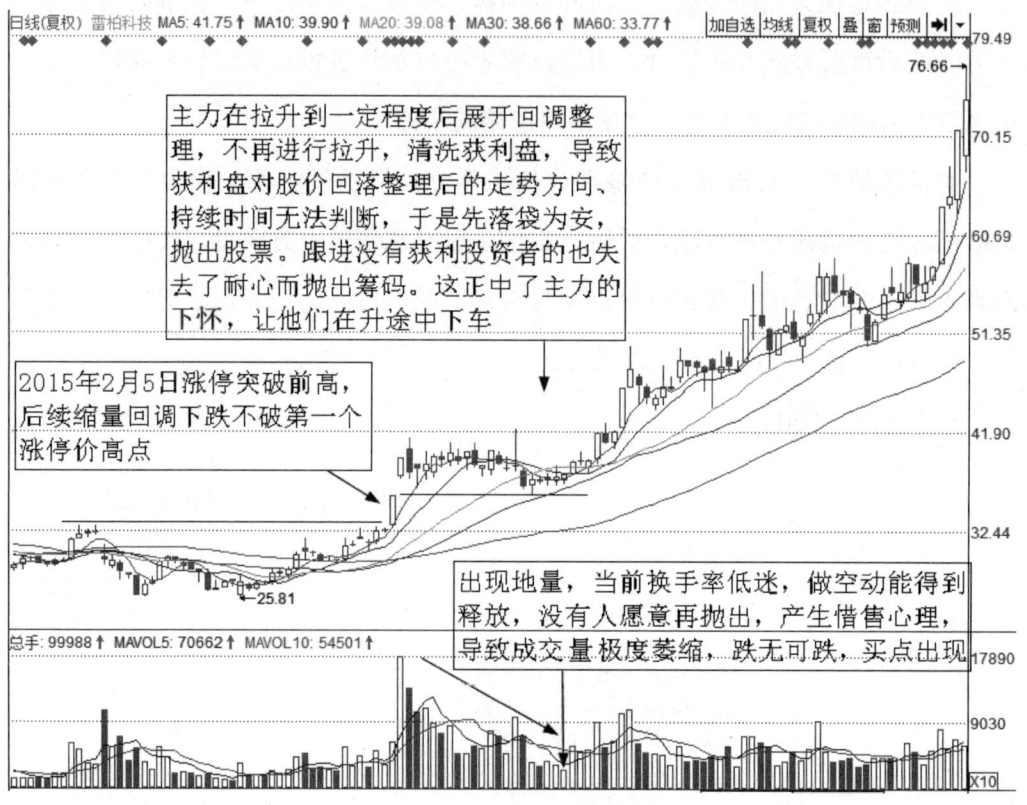

图2-5

图2-5是雷柏科技（002577）的日K线走势图，该股在拉升的过程中要回调，这是因为在拉升过程中积累了不少的获利盘。主力需要清洗浮筹，回调震荡也就在所难免。回调是为了后市拉升，回调越充分，后市的拉升越强劲。进入缩量回调状态的个股，我们应特别关注，一旦获得支撑就可以积极跟进。

在操作过程中需要注意：股价回调时应缩量，在涨停突破处获得支撑，重新企稳时参与。

浙江世宝（002703）

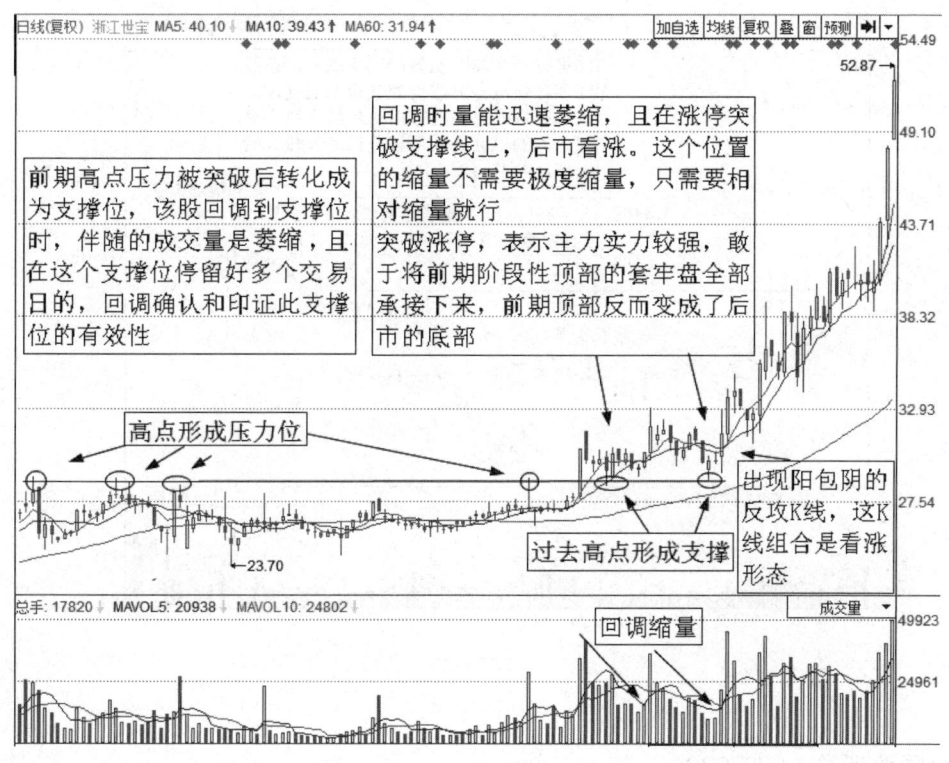

图2-6

如图2-6所示，浙江世宝（002703）的股价涨停突破前高压力线时，该股此后并没有延续升势，反而回调整理，大家可清楚地看到回调的低点就在支撑线上，没有完全破位，支撑有效且中长期均线向上，投资者可抓住机会吸纳。另外，该股在小幅回调的过程中，成交量是明显萎缩的，这说明筹码稳定，后市无忧，更增添了吸纳的安全性，是买入信号。

图2-7是双龙股份（300108）的日K线走势图，2015年2月13日，该股涨停一举突破前高形成的压力，随后股价小幅上涨后，展开回调确认走势，当股价回到前高涨停附近时，获得支撑而继续走强，此时是一个绝佳的买入点。

本例该股涨停并突破上一次阶段性高点，但股价没有立即展开上攻，而是出现缩量回调走势，在前面涨停位置获得支撑，没有多少下跌动能，足见空头的虚弱。投资者可在此位置逢低介入。该股结束回调后再度大幅上涨。

双龙股份（300108）

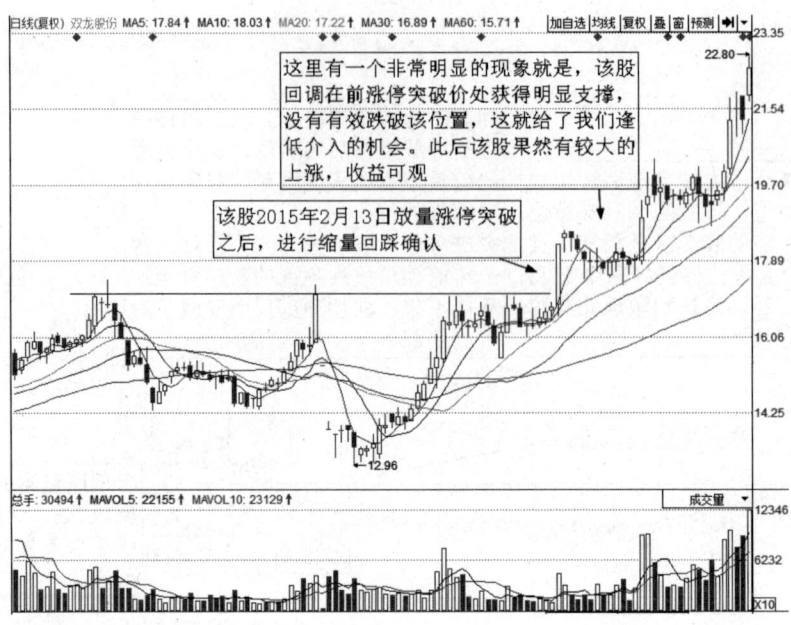

图2-7

国海证券（000750）

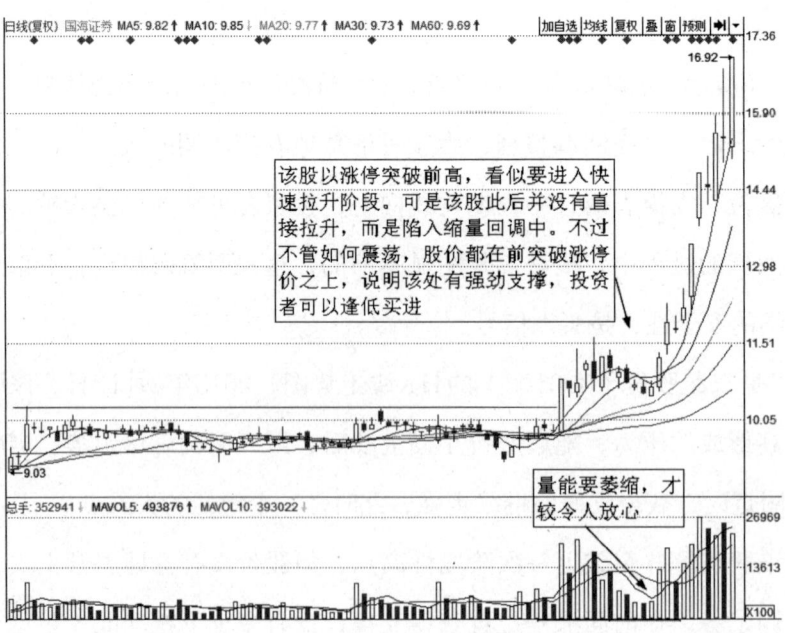

图2-8

如图2-8所示，国海证券（000750）自低位上行，然后涨停突破前高，不久后反转下跌，最终止跌于前涨停位置，可见此处有较强支撑，投资者可积极跟进，该股后市短线涨幅巨大。

本例该股以涨停突破前高，可以说解放了前期的众多套牢盘，自然也是筹码密集区，此后股价缩量回调，在该涨停位置获得支撑，这是一个很好的介入机会。此后该股又继续拉升上行。

金卡股份（300349）

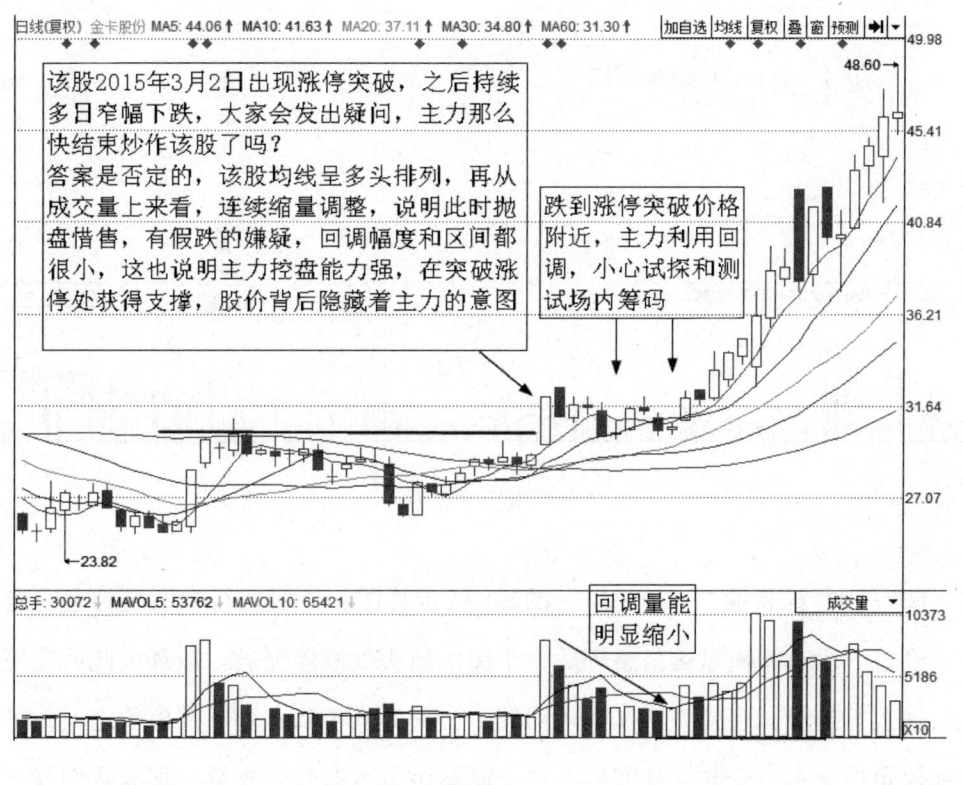

图2-9

图2-9是金卡股份（300349）的日K线走势图，该股并没有出现大幅度的回调下跌，也较好地保持了涨停板突破成功，我们可以逢个股回调后的低点买入该股。从该股随后的走势来看，该股可以较为稳健地在突破后的高点区域上震荡运行，这说明主力资金有较强的护盘能力和意图，在操作中，投资者可以在阶段性低点进行买股操作。

深物业A（000011）

图2-10

图2-10是深物业A（000011）的日K线走势图，该股运行在明显的上升走势中，经过一段时间横盘震荡整理后，于图中箭头处涨停突破。按理说此后应该进入快速上行走势，可是该股又陷入回调中，其最低价都止步于涨停价之上，可以说涨停价位置是一个非常扎实的支撑。既然该位置有强劲支撑，那么我们就可以逢低买进，这种机会不能浪费。

本例该股涨停发生在上升走势中，且前期涨幅不大，后市应该还有上升空间。而此后该股回调又受到涨停的支撑，说明多头的实力非常强，只是不愿意拉升股价而已。事实上涨停板常常是主力筹码集中的地方，必定会全力守住这道防线，这也是我们判断走势的一个关键点位，此位置进可持股，退可卖出止损。

（2）股价涨停突破之后出现回调走势，这就为投资者提供了第二次买入机会；股价回调完成之后，再度进入上涨阶段时形成的买点是第三次买入机会。

涨停突破支撑的三大买入时刻分别是：形成突破是第一买点，回调确认是第二买点，再度上涨是第三买点，如图2-11所示。

苏交科（300284）

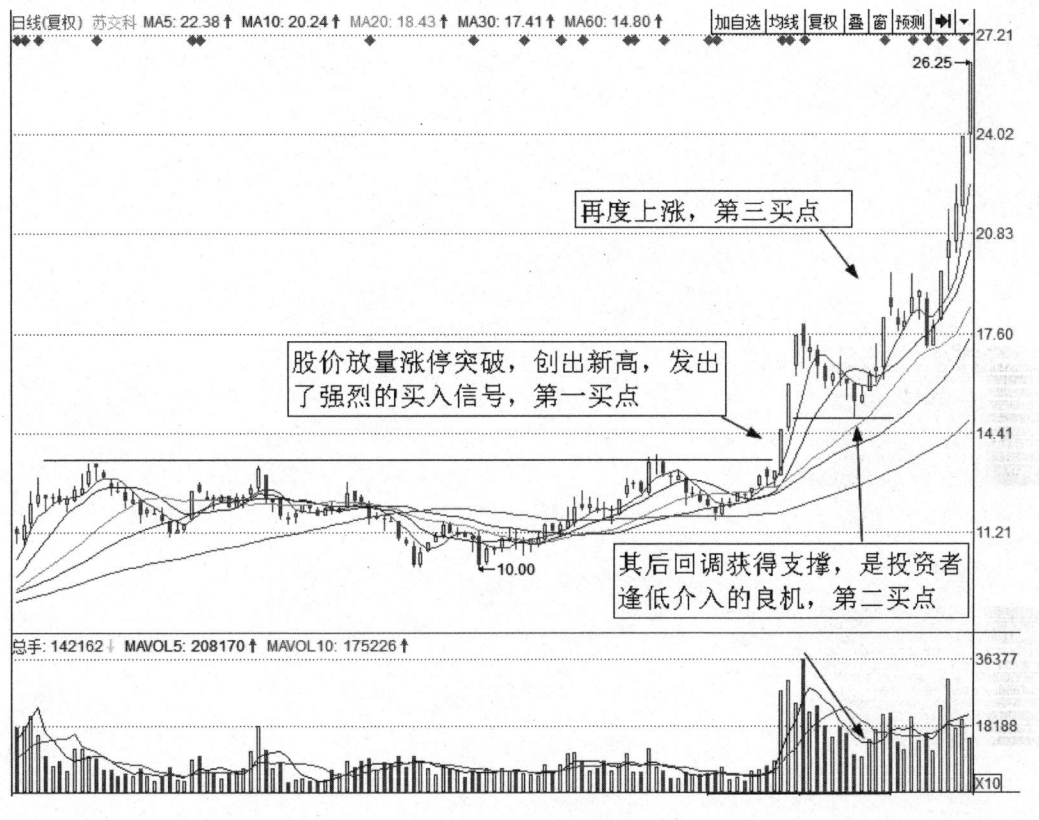

图2-11

图2-11是苏交科（300284）的日K线走势图，该股涨停支撑在第二根涨停阳线底部，但既然支撑明显，那么不管做长线还是做短线，我们都可以在此支撑位置买进，这个回调的动作就给了投资者切入的极佳机会。回调结束之后，股价一路高歌猛进，升幅较大。

第三章

一根均线涨停技法

一、基本原理

这个技法运用得好，就可以"一剑封喉"。操作上就用一根均线，化繁为简，简简单单捕获涨停板。

均线是一个最容易掌握的技巧，如何很好地利用它来追涨捕捉涨停股呢？下面分享给您这个技巧是如何操作的。

10日均线是一条周期较短的均线，代表了近10个交易日内投资者的平均交易成本，其周期短，如果股价处于10日均线上方，成交量能够随之同步放大，此时抓住几个涨停板的概率很大。

10日均线可以作为捕捉涨停板的参考线，实现了化繁为简、轻松获利的目的，投资者要重视这条均线的价值。大部分股票在上涨的时候，都在10日均线上，特别是在连续拉升上涨之后，投资者务必要把握好。

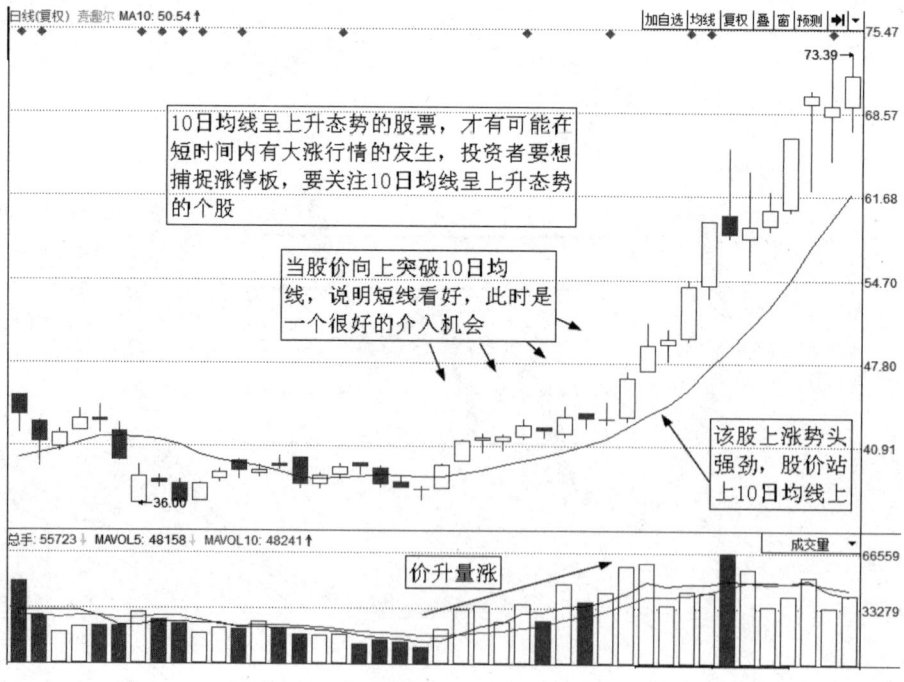

图3-1

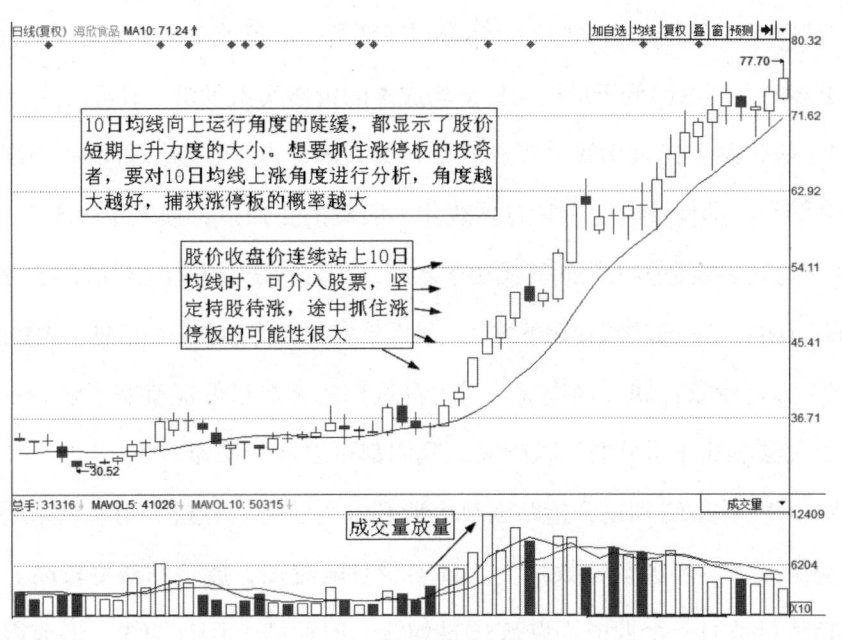

图3-2

股票想要大涨,在技术形态上必须是K线站稳在10日均线上,且10日均线的方向朝上,这样,才有捕捉涨停板的价值。要想选到涨停的股票,短线形态上涨势头至少要强,不符合此要求的个股,我们不买。如图3-1和图3-2就是属于10日均线放量上涨势头的股票,这是涨停板的前兆,投资者要掌握好。

二、实战操作要领

一根均线涨停技法有以下要点:

(1)股票特征:K线站稳10日均线,线上买入。

　　成交量特征:量柱出现连续红量,并且放大。

(2)股价向上突破10日均线应有量的配合,5日均量线最好开始依次上穿10日均量线。

(3)当多方力量强于空方力量时,市场属于强势,股价就会在10日均线之上运行,说明有更多的人愿意以高于最近10日平均成本的价格买进股票,股价自然上涨;

反之，当空方力量强于多方力量时，市场属于弱势，股价就会在10日均线下方运行，说明有更多的人愿意以低于最近10日平均成本的价格卖出股票，股价自然会下跌。

（4）股价站上10日均线才买进股票，最大的优点是在上升行情的初期即可跟进而不会踏空，即使被套也有10日均线作为明确的止损点，损失也会不大。

（5）均线必须是多头排列其成功率才高，10日均线下方有60日线的支撑，最好辅以30日、60日、120日均线守在下方，这种图形向我们传达了一个信息：大势向多。

（6）大盘背景：展开操作前，对大盘近期的走势最好能有所了解。一般情况下，只要大盘不处在明显的下跌阶段，我们都可以展开操作。

（7）10日均线特别适合追踪强势个股和大盘趋势的分析。当股价站上10日均线时就坚决买入，当大盘指数站上10日均线时就看多，成功的概率较高。但是，当没有趋势行情时，个股时而跌破10日均线，时而站上10日均线，形成震荡的态势时，较难以运用10日均线把握。

（8）10日均线也有缺陷，因为短期趋势的变化是频繁的，10日均线给出的买卖信号相对也是频繁的，本章方法用于趋势明确的单边上涨和单边下跌行情比较有效和可靠，用于横盘震荡行情则效果较差，在整理调整走势中很难把握行情。

（9）均线周期越短，稳定性就越差，但均线的滞后性就越不明显。10日均线可以用来确定超强势股的短线买入和离场标准。

三、具体运用实例分析

（1）简单来说，一般个股的短期态势有三种：

第一种是10日均线向下的时候，被称为短期下跌态势，角度越大，攻击力度越强。

第二种是10日均线走平的时候，被称为短期盘整态势。此时对于广大投资者来说，由于未来走势具有很大的不确定性，在突破临界点尚未来临之际，要保持清醒的头脑，持币观望为上。

第三种是10日均线向上的时候，被称为短期向上攻击态势，角度越大，攻击力度越强，如图3-3所示。

三一重工（600031）

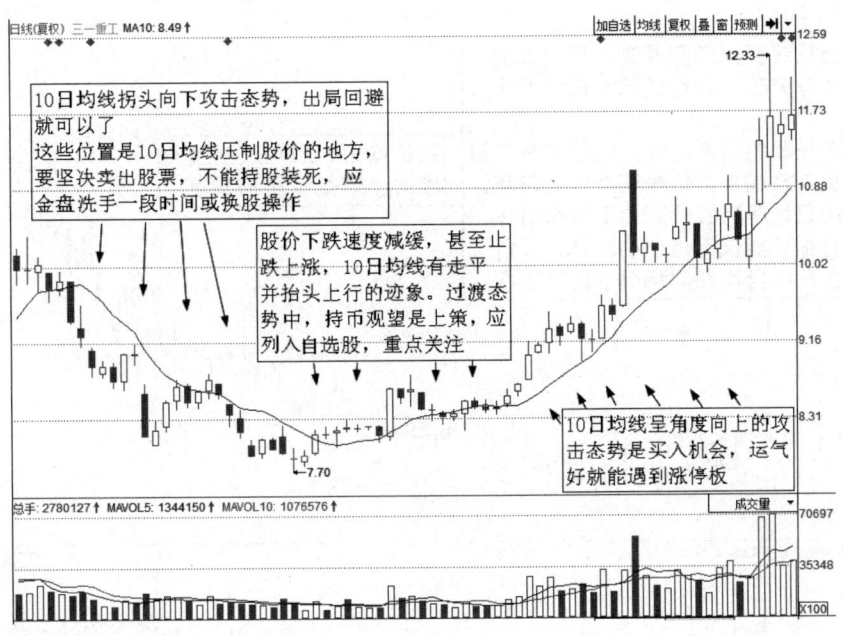

图3-3

当代东方（000673）

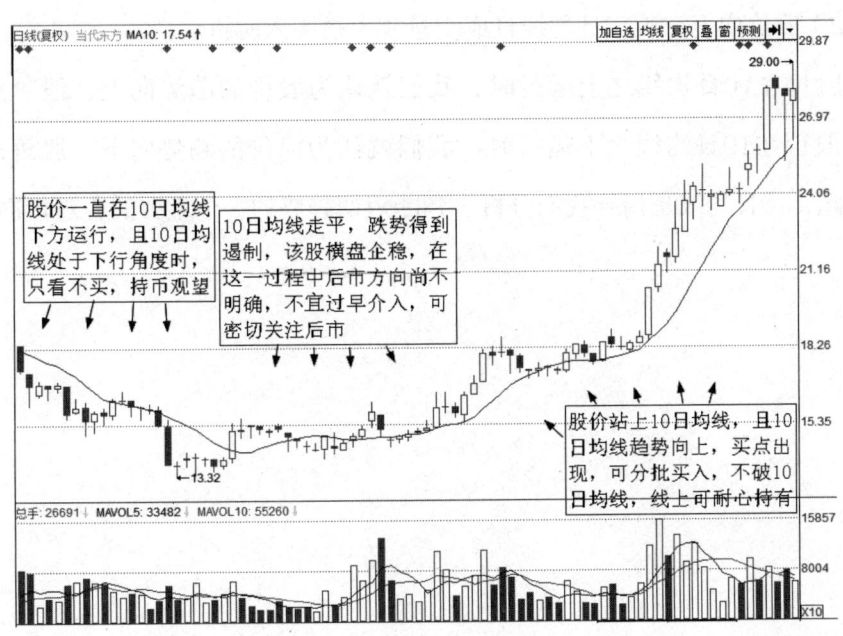

图3-4

凯利泰（300326）

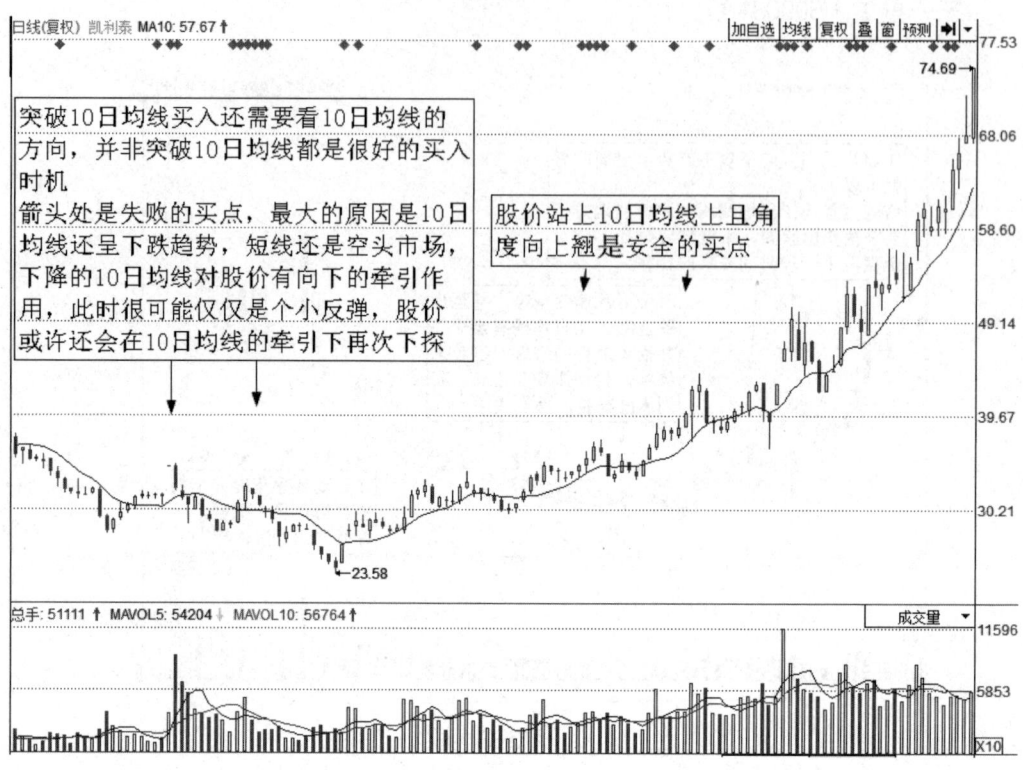

图3-5

（2）股价向上突破10日均线且成交量放大是买入时机。

当股价在10日均线之上运行时，我们就认为股价的趋势向上，股价还会上涨；而股价在10日均线之下运行时，我们就认为股价的趋势向下，股价还会下跌，因此，10日均线是指导我们分析、判断短期趋势的一个重要的客观标准。

金莱特（002723）

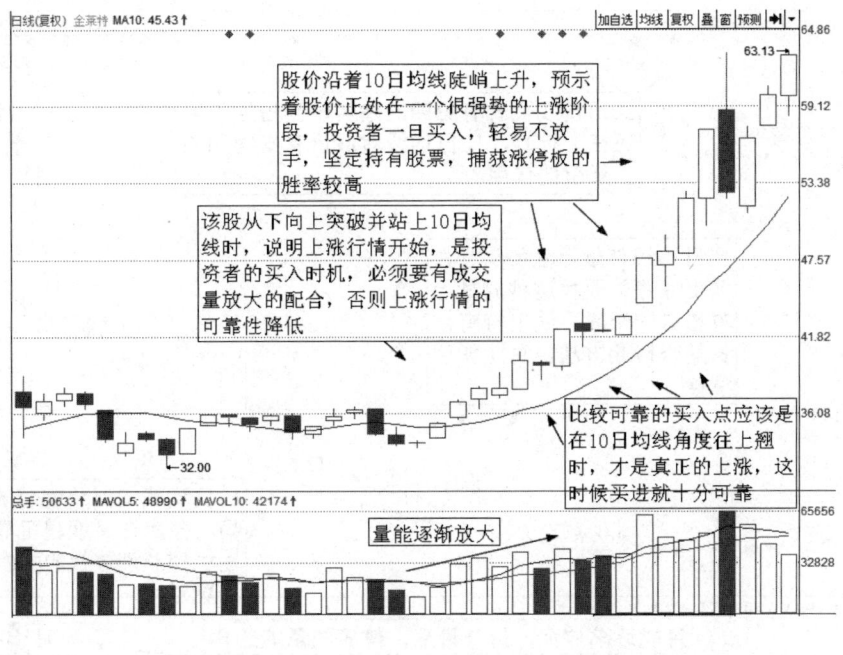

图3-6

南方航空（600029）

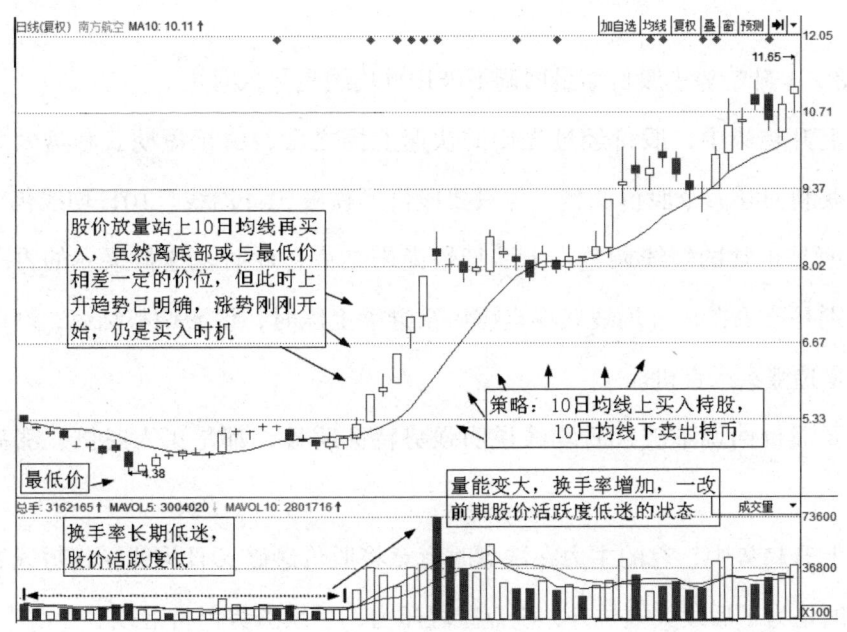

图3-7

东阳光科（600673）

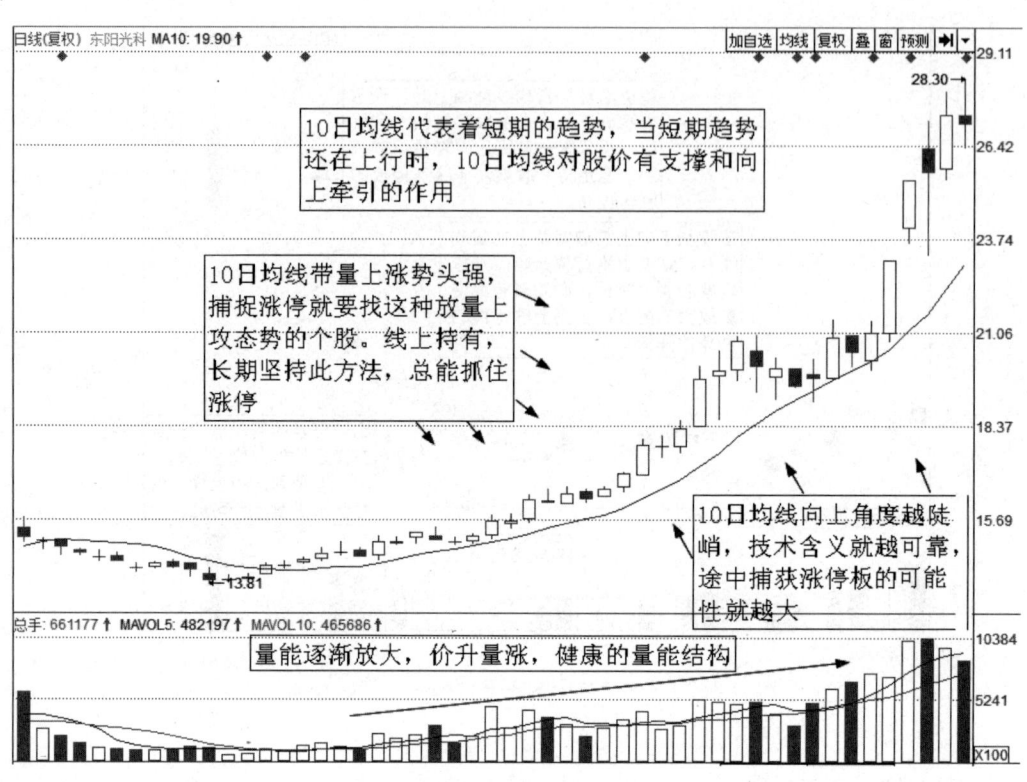

图3-8

（3）上升趋势中股价缩量回调不破10日均线是买入时机。

在上升趋势中，股价经过先期的快速上扬之后，由于短期获利盘太大，必然出现获利回吐而令股价调整，但只要股价不跌破10日均线且10日均线仍继续上行，说明是正常的短线调整，上涨行情尚未结束，此时是逢低买入的再一次良机，特别是股价在10日均线获得支撑后又继续上涨时，说明调整结束，新的上升展开，是追涨买入良机。

只要股价回调不破10日均线说明强势特征明显，都是买入时机，涨势还会继续。

在上升趋势中，有的主力在洗盘时有意将股价砸破10日均线，将短线客洗出局，目的是为了后续大幅拉升，洗盘减轻压力，后续涨势仍将继续。

海德股份（000567）

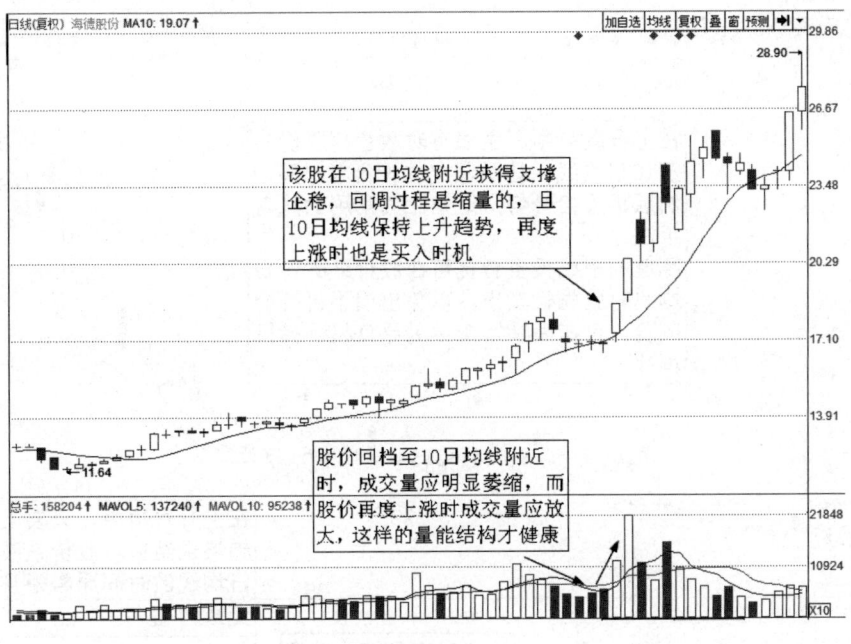

图3-9

麦趣尔（002719）

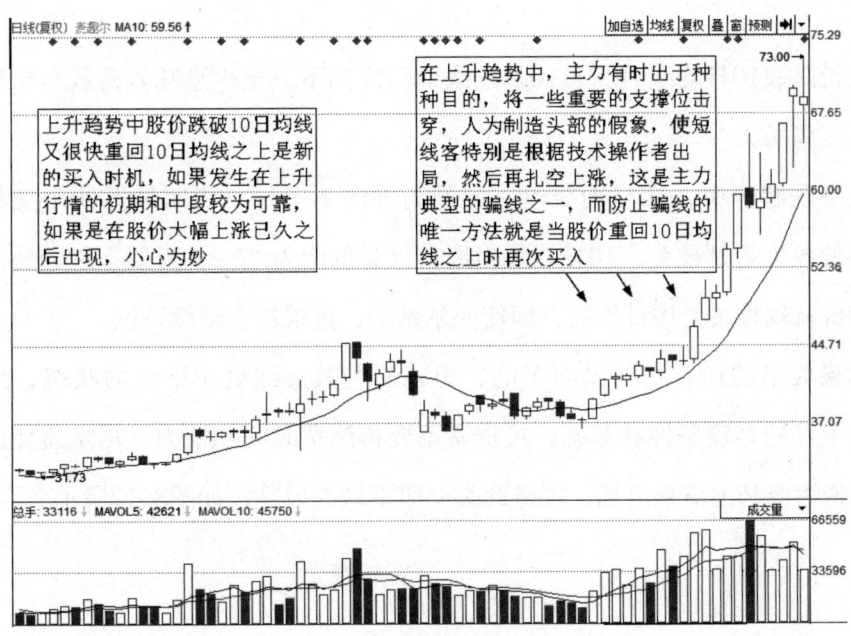

图3-10

万向钱潮（000559）

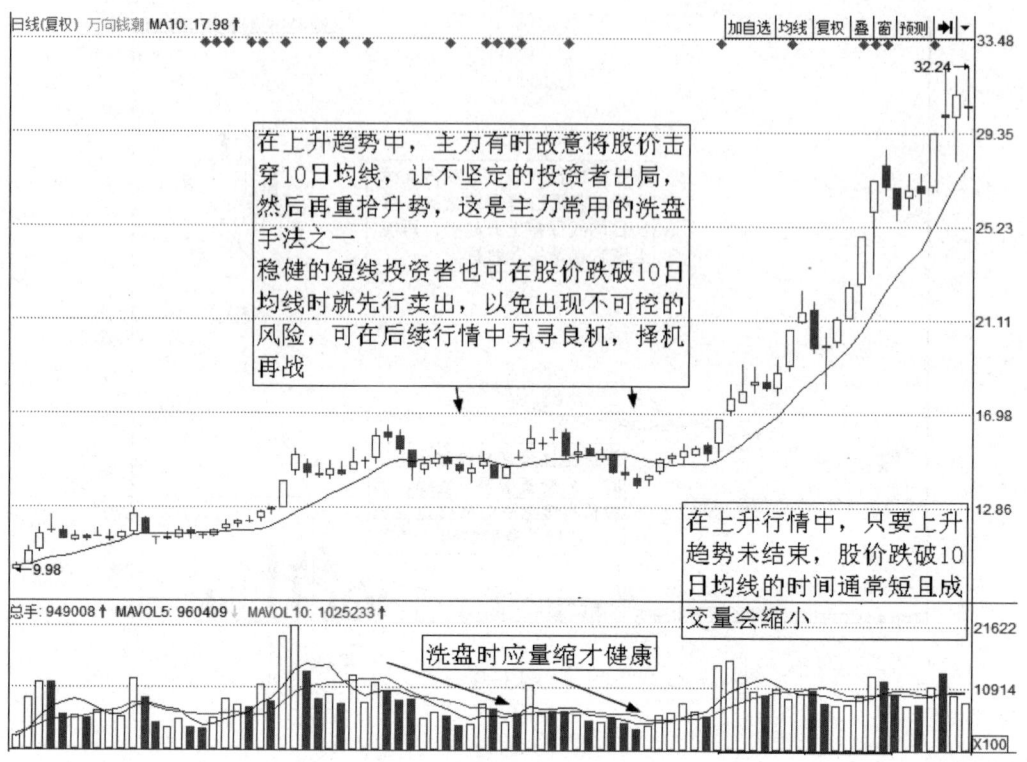

图3-11

股价跌破10日均线时，且10日均线的角度向下，至少意味着短线行情结束，投资者应离场。

在下跌趋势中，10日均线以一定的角度向下运行，表明最近10个交易日买进股票的投资者都被套，10日均线是股价反弹的阻力之一，只要下跌趋势尚未结束，股价就较难站上10日均线，即使偶尔站上，也很快会继续下跌。

如果股票的10日均线是向下的，可以研判其短线处于下跌的状态，短线内不具备上涨的客观条件和基础，投资者不要再浪费时间和精力，尽量避免此类股票，投资者应马上清仓离场，规避此类个股下跌的风险，如图3-12所示。

东方精工（002611）

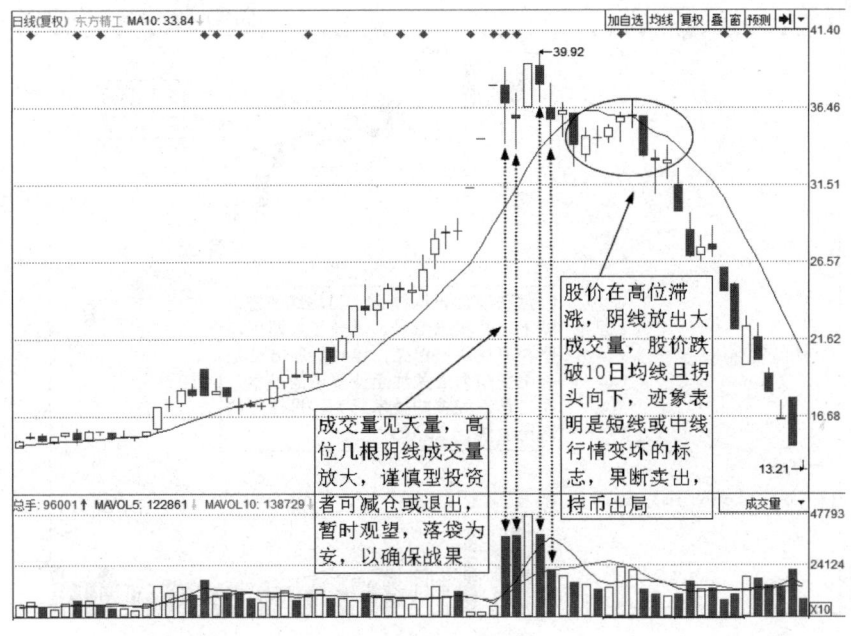

图3-12

国脉科技（002093）

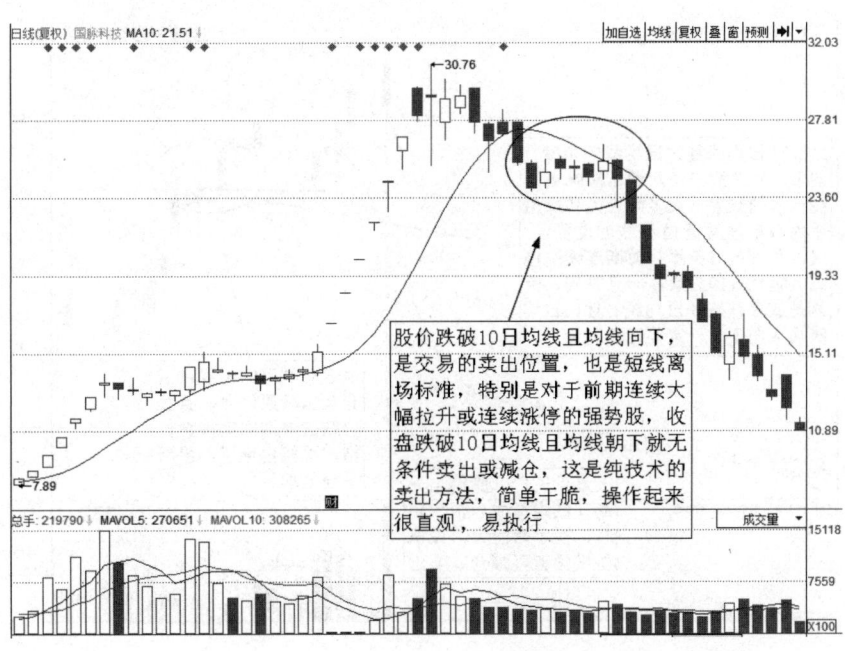

图3-13

通鼎互联（002491）

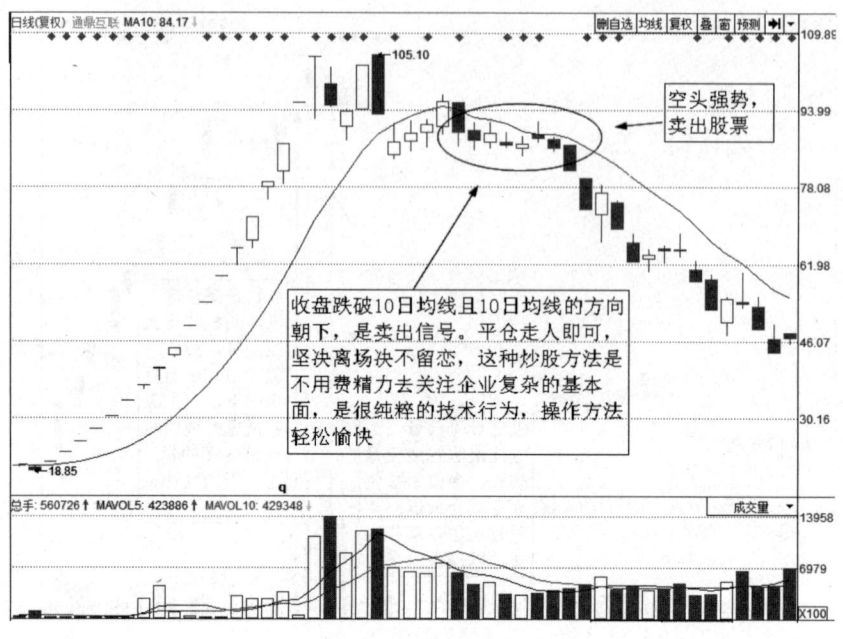

图3-14

众信旅游（002707）

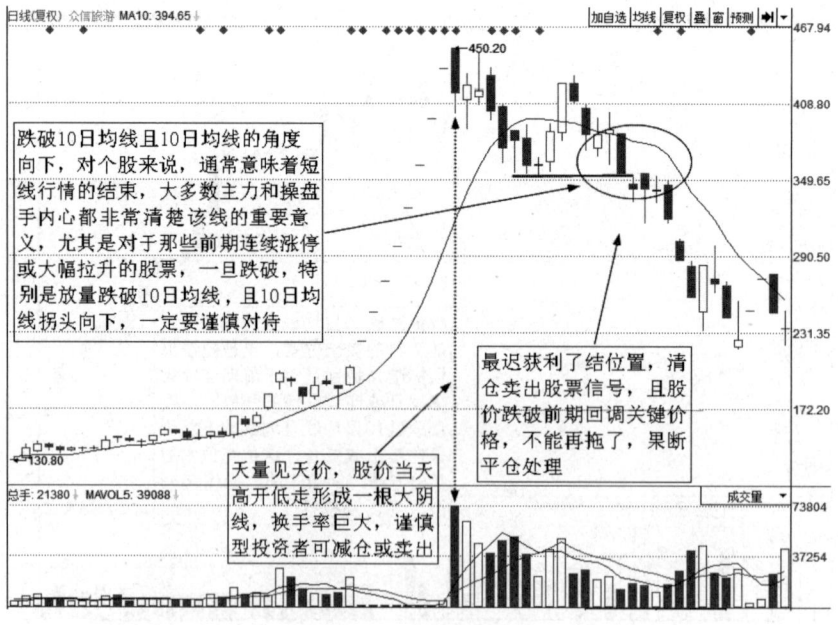

图3-15

（4）小结。

一根均线涨停技法简要地概括：股价跌破10日均线时，必须卖出股票；收盘价在10日均线上，才可以考虑买入股票，如果你坚持该原则，一定会多赚少赔，途中也能抓住几个涨停板。

博林特（002689）

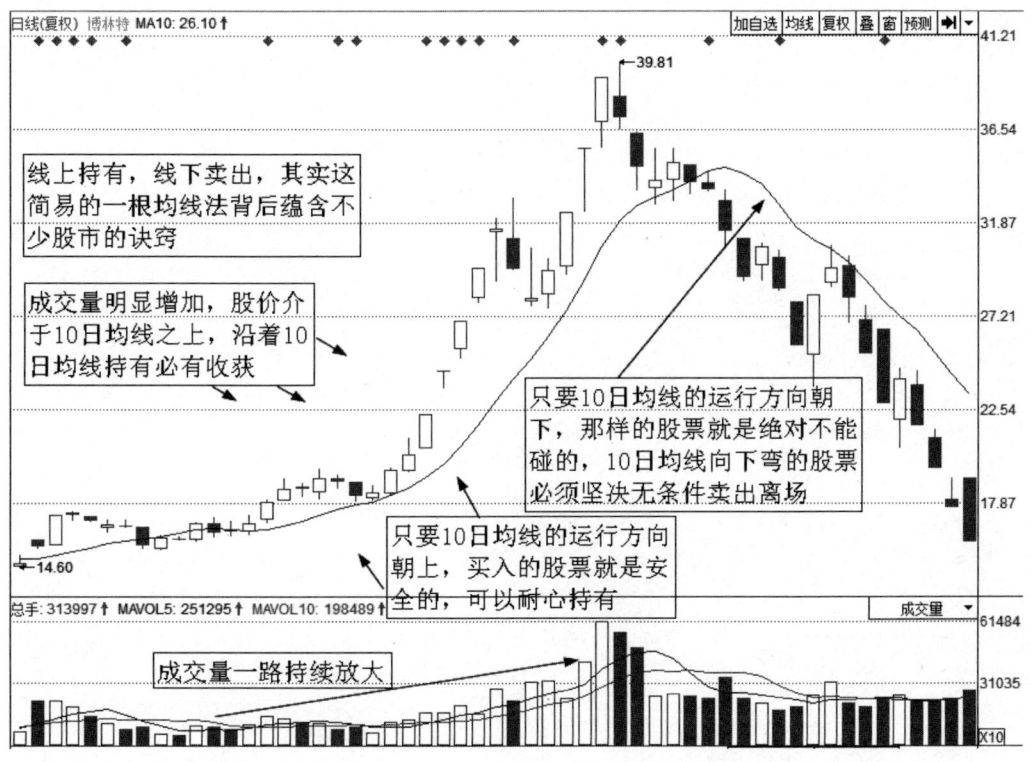

图3-16

第四章

量少涨停技法

一、基本原理

量少涨停说明市场筹码锁定性好，后市还有可能继续涨停，也说明多头强势，不想让场外投资者有过多的介入机会，另外也说明场内惜售，大家一致看多，后市自然更加看好。虽然这样的情况意味着后市还有更大的涨停，但因为主力刻意封盘，因此散户很难有机会介入，需要我们在集合竞价的时候提前排队，或许能分得一杯羹。

量少涨停说明多数投资者看好股价的后市，大家观点一致，造成庞大的买入需求，散户都想买入，甚至挂涨停价抢筹，买入需求大，但没有散户愿意卖出，卖出供给枯竭，就会出现量少涨停。

比如图4-1的天成控股（600112），该股在2015年3月10日连续两天出现量少涨停，都对应于开盘涨停一字板，之后股价继续上涨。

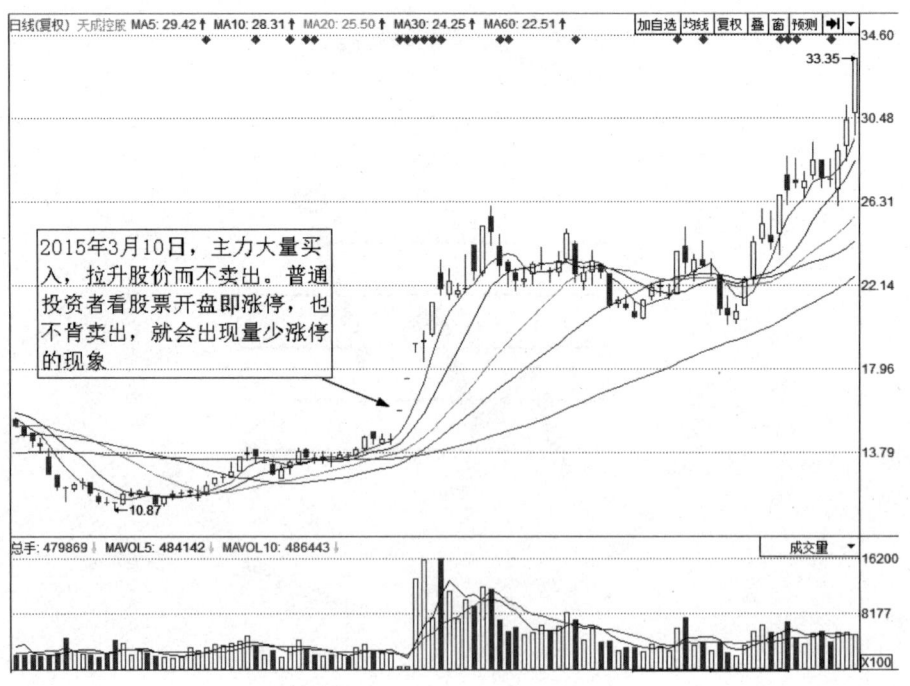

图4-1

量少涨停表明主力要大量地买入、继续拉抬股价，所以主力只会买入不会卖出，正是这种买入需求超大、卖出供给枯竭的情况导致了量少涨停的出现，量少涨停体现出看涨的一致性，后市股价当然看涨。

二、实战操作要领

股价在低位量少涨停，值得我们积极介入，如果已经大幅上涨，则需要小心，不能盲目追涨，即使买入也要做好止损的准备。

量少涨停的股票，通常有以下几个方面的特征。

（1）股价多处在拉升阶段。

当主力建仓完毕，为了快速将股价拉离自己的成本区，通常会利用涨停板的助涨功能，因为涨停板封得越早越牢，惜售心理就越重、抛压就越轻，而想买到的投资者因难以买到，只好在下一交易日以更高价买入，此时K线图上通常表现为缩量或量少的形态。

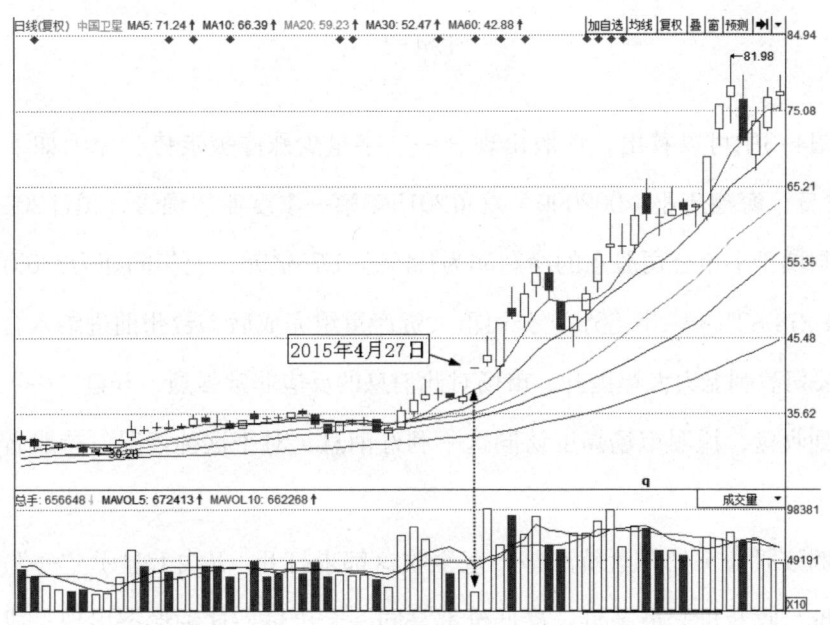

图4-2

如图4-2所示，中国卫星（600118）在2015年4月27日出现量少涨停，该股主力利用涨停板快速拉升时，在K线图上表现为缩量或量少的涨停状态。

（2）一般来说，该股换手率很低，成交量萎缩，因为股价"一"字板涨停，投资者出现惜售心理，都想持有等到第二天继续上涨，想卖出股票的投资者少而想买进股票的投资者买不到，所以"一"字板的成交量会少。

（3）量少涨停常发生在上市公司突发重大利好消息时，如图2-3所示。

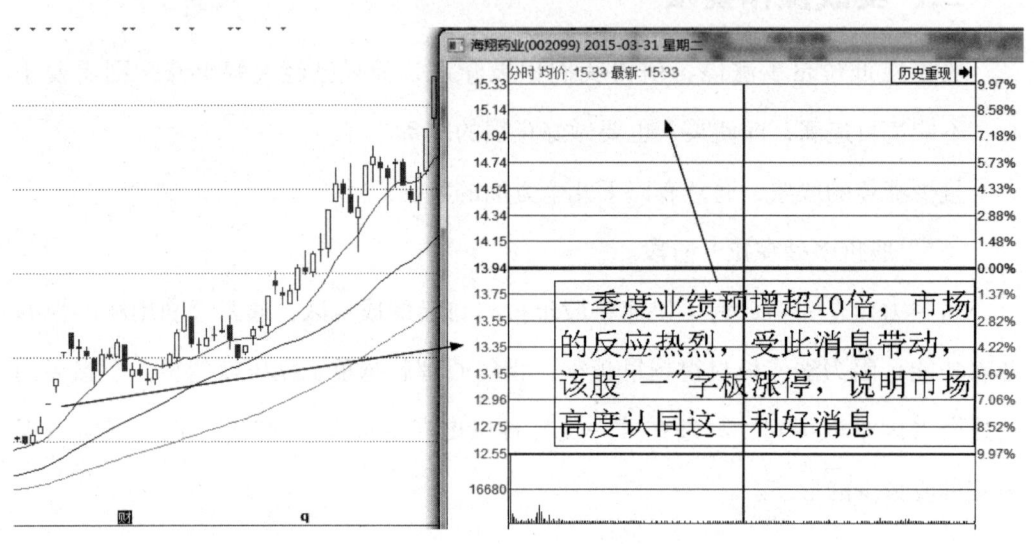

图4-3

从图4-3中可以看出，该股出现"一"字量少涨停板走势。原因如下：2015年3月31日，海翔药业（002099）发布2015年第一季度业绩预告，预计2015年1~3月实现归属于上市公司股东的净利润为1.45亿~1.75亿元，上年同期为336万元，同比增长4 214.83%~5 107.56%。公司重大资产重组完成后，台州前进纳入合并报表范围，公司盈利能力大幅提升。市场对此消息的反应非常强烈，开盘"一"字板涨停持续到收盘，说明市场高度认同这一利好消息，对于这种情况，持股者应继续持有。

本例该股箭头处开盘就涨停，直至收盘都未打开，K线上显示"一"字，此时开盘价、收盘价、最高价、最低价都是同一个价格，这种形态出现，成交量一般很小，有的甚至无量涨停，对于这种走势，若投资者手中持有该股的话，应持股待涨不动。

（4）量少涨停常发生在个股较长时间停牌期间，期间大盘有大幅度的上涨，个股复牌后补涨，如图4-4所示。

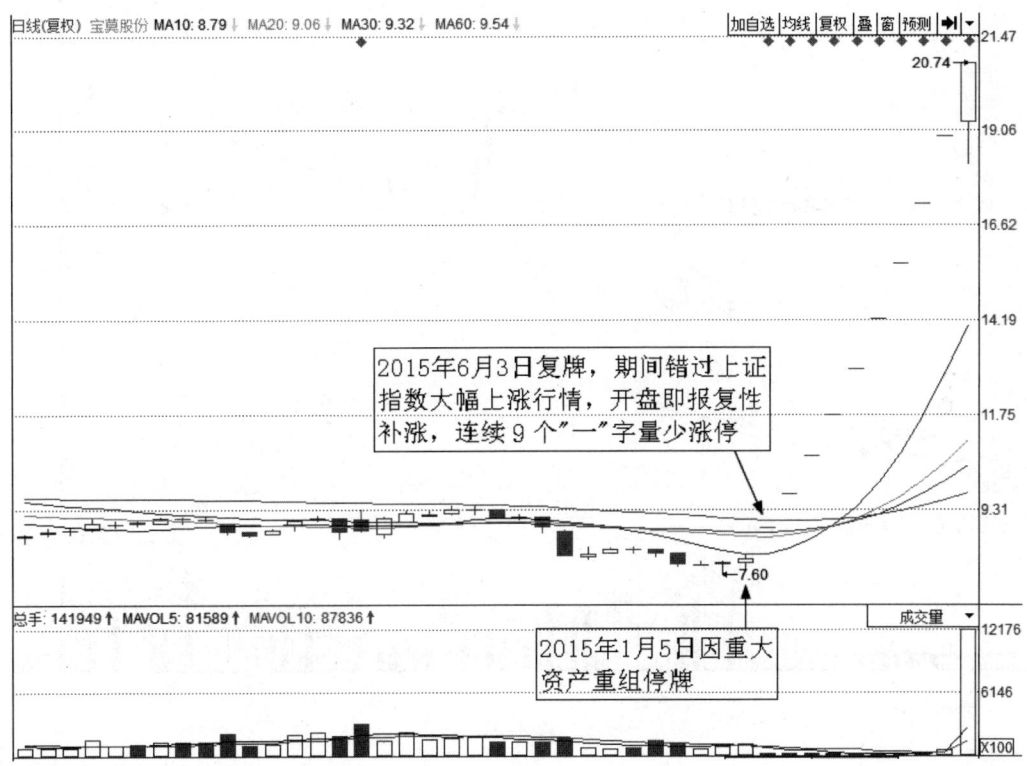

图4-4

图4-4是宝莫股份（002476）的日K线走势图，该股在2015年1月5日因为重大资产重组开始停牌，于6月3日才开始复牌交易，期间上证指数从3 350点上涨到4 909点，涨幅为31.8%。由于停牌期间错过了大盘上涨的机会，复牌后补涨，开盘就牢牢封死在涨停板，出现连续9个"一"字量少涨停。这种类型走势的股票，让人羡慕不已，但是对一般投资者来说，提前介入难度高，因为很少人能知道该股何时停牌。

三、具体运用实例分析

海南航空（600221）

图4-5

图4-5是海南航空（600221）的日K线走势图，该股整体处于上涨趋势中，这从60日均线上扬就可以看出。在一波快速回调洗盘后，该股就止跌回升，2015年4月14日该股开盘封于涨停，全天没有再打开，成交量稀少。这类量少涨停是主力强势的表现，后市往往还有一定的涨幅。追板的投资者可以在集合竞价的时候排队买入，看看能不能搭上顺风车。

本例该股量少涨停后继续上涨，短线涨幅不小，也算收获不少，不过这种快速上升的个股下跌势头也可能很猛，要做好止损的准备。如果股价处于相对低位，追涨的安全性就比较高，如果是高位，则容易掉进诱多陷阱中。

创意信息（300366）

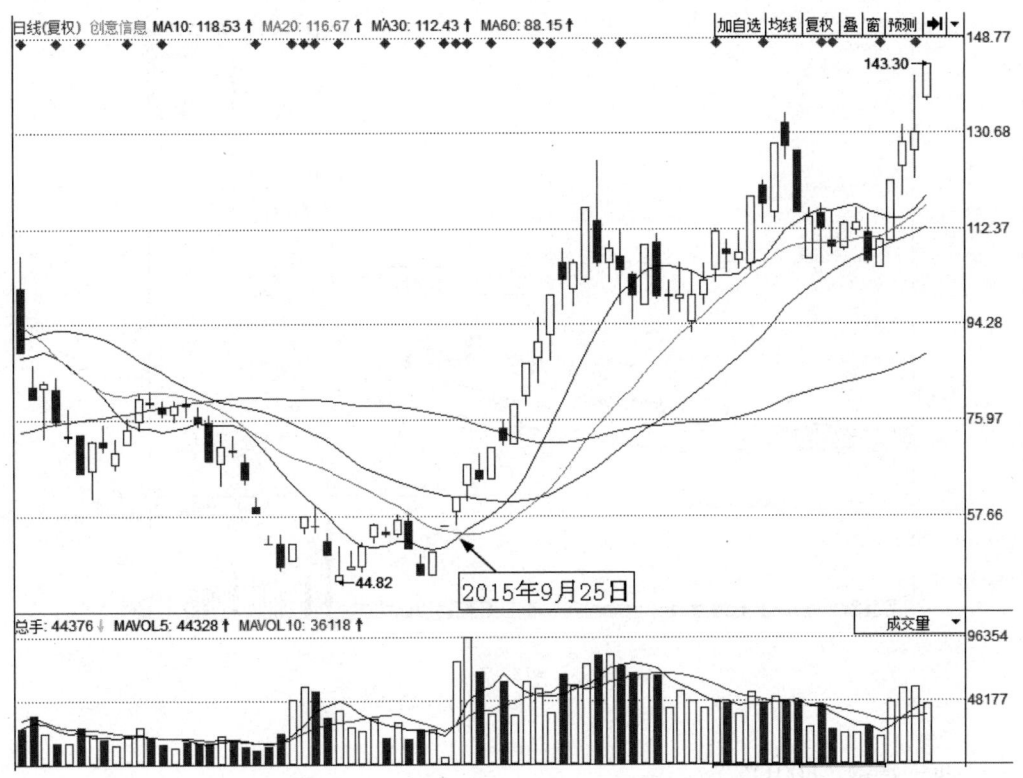

图4-6

图4-6是创意信息（300366）的日K线走势图。该股在一波快速下跌后形成一个W底模样。2015年9月25日该股大幅跳空开盘，"一"字封于涨停，当日成交量萎缩。这种量少涨停显示多头的强大实力，也可以理解为主力为了避免散户跟风而快速涨停。不论是哪种意图，都预示着股价将继续上升，投资者可以积极介入。

图4-7是波导股份（600130）的日K线走势图，该股处于上升趋势中，2015年5月22日开盘就封于涨停，全天没有打开，成交量很少。这样的量少涨停通常都是主力高度控盘的表现。有准备的投资者可以在集合竞价的时候就开始排队买进，或许能搭上上涨的快车。该股后市继续快速拉升，短线涨幅巨大。本例该股的量少涨停发生在多头状态中，均线呈多头排列，后市更值得期待。

波导股份（600130）

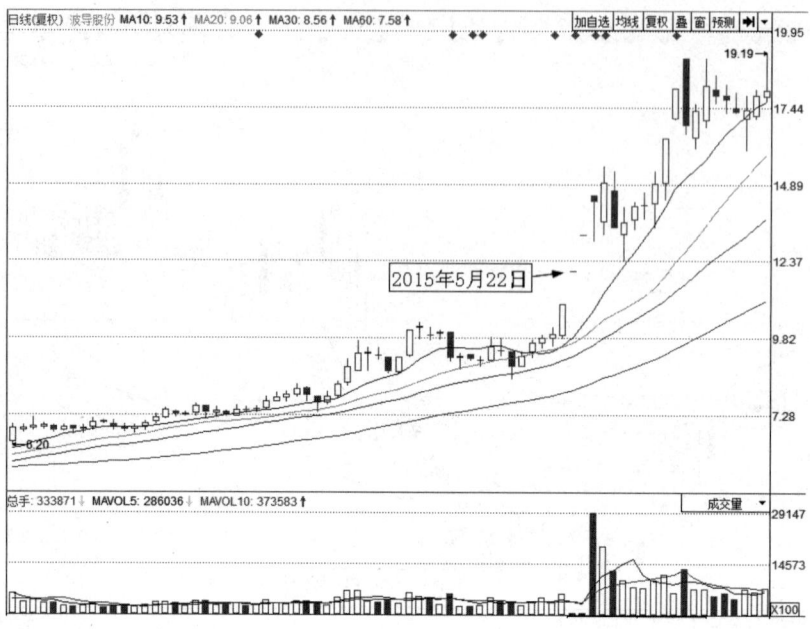

图4-7

西宁特钢（600117）

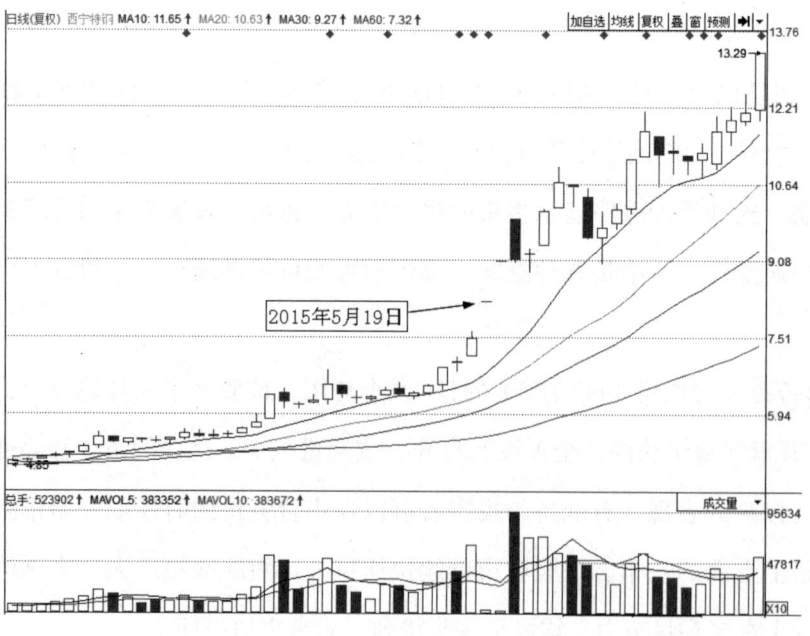

图4-8

图4-8是西宁特钢（600117）的日K线走势图，该股自相对低位上行，走势逐渐向好，均线也开始呈多头排列，后市一片光明。2015年5月19日该股开盘即封住涨停，在K线图上，股价只留下一条直线，全天只有一个价格，就是涨停价，这无疑是最强劲的涨停板，多头气势如虹，能量巨大，且成交量很少。这种量少涨停自然是多头强势的表现，投资者也可以排队等候跟进。

本例该股量少涨停发生在明显的上升趋势中，且整体涨幅不大，后市应该还有上涨的空间。

博信股份（600083）

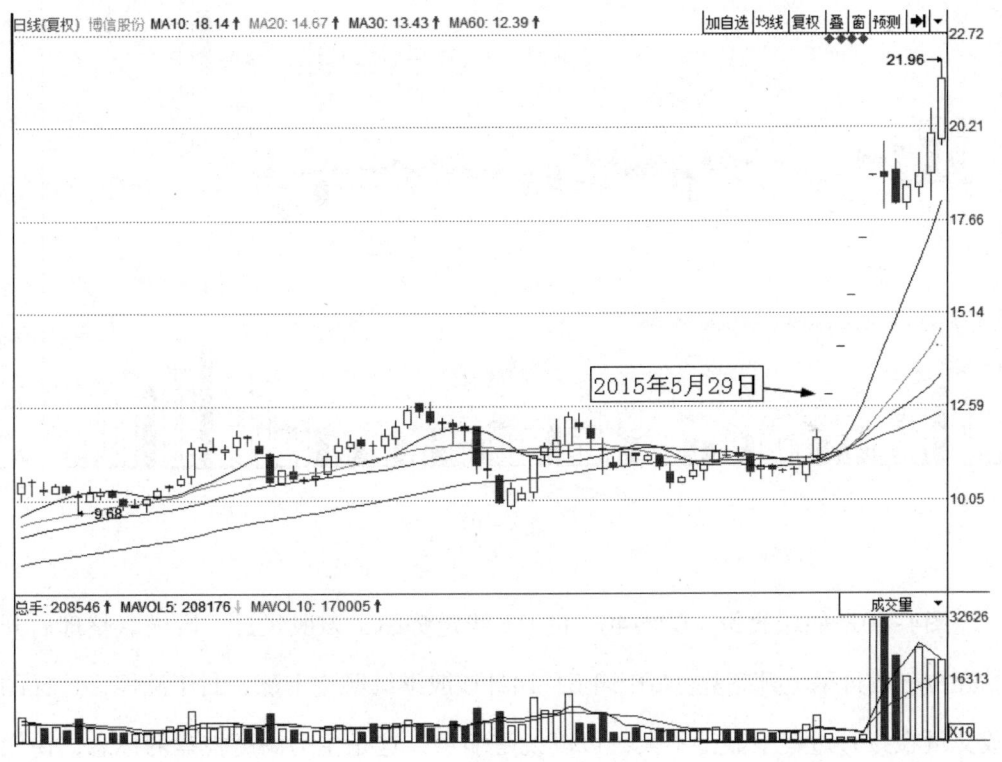

图4-9

图4-9是博信股份（600083）的日K线走势图，该股经过前期长时间的横盘震荡，走势比较平淡。2015年5月29日该股开盘就封住涨停，成交量稀少。这种量少涨停是多头最为凶悍的进攻方式，后市还有上涨空间，所以即使是在涨停板上排队买入也值得。

本例该股前期蓄势充分，一旦启动，涨幅值得期待。量少涨停说明主力高度控盘，后市上涨空间巨大，对于这类的个股我们可以积极排队买入。

仙坛股份（002746）

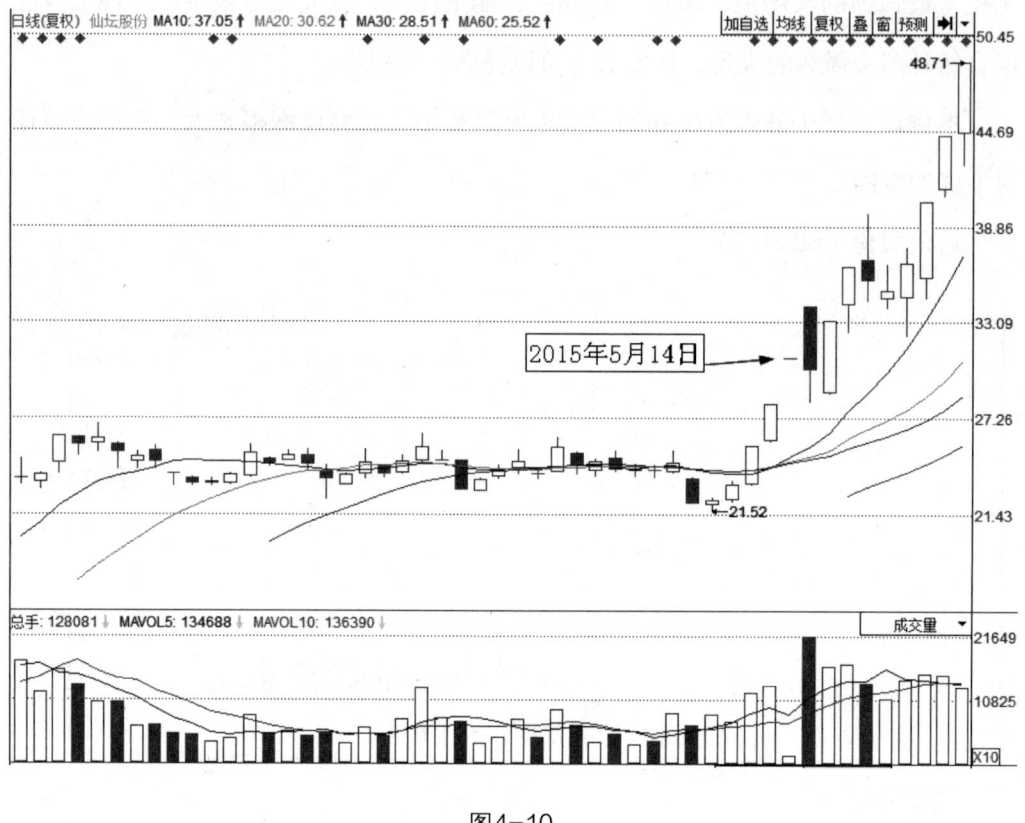

图4-10

图4-10是仙坛股份（002746）的日K线走势图，该股经过一段横盘整理后开始狂拉，股价呈上升态势。2015年5月14日该股继续跳空上涨，封于涨停，这样的成交量在拉升过程中显得不大，可以说是缩量，这是主力高度控盘的标志，说明主力用少量筹码就可以拉升股价。

该股量少涨停后延续强悍走势，如果能把握好机会，短线盈利应该很不错。当然这样的追涨风险也比较大，需要我们关注股价的整体涨幅，不能在高位盲目抢进。

华资实业（600191）

图4-11

如图4-11所示，华资实业（600191）在突破前期高点后加速上行，股价连续上涨。2015年9月21日，该股继续表现强势，开盘封于涨停，全天再也没有打开，成交量自然也很稀少。这种量少的"一"字涨停是最强势的上涨形态，通常后市还会惯性上冲，因此很多投资者都喜欢在涨停板上封板排队买进。

本例该股此后继续涨停，成交量继续萎缩，该股这一波快速拉升涨幅巨大，我们就算是半途追进，收益也相当可观。

图4-12为钢构工程（600072）的日K线走势图。该股在小幅横盘整理结束后，股价开始上涨，但是2015年4月7日涨停K线对应的量能与前期相比却没有明显的放大。可以看出主力控盘程度已经非常高，此后涨幅必然惊人。该股从图中12.97元启动后，两个月便涨到36.84元处，短期涨幅惊人。

钢构工程（600072）

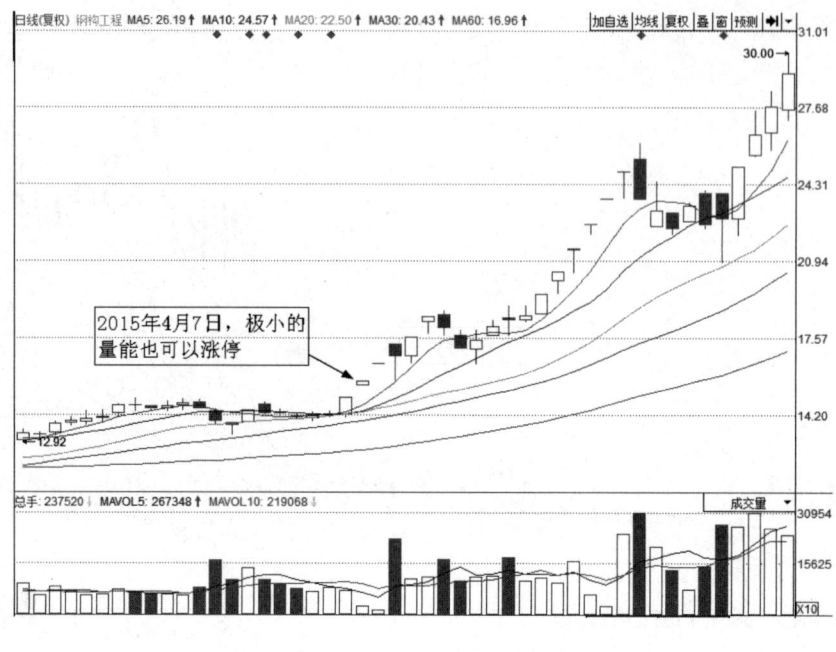

图4-12

太极集团（600129）

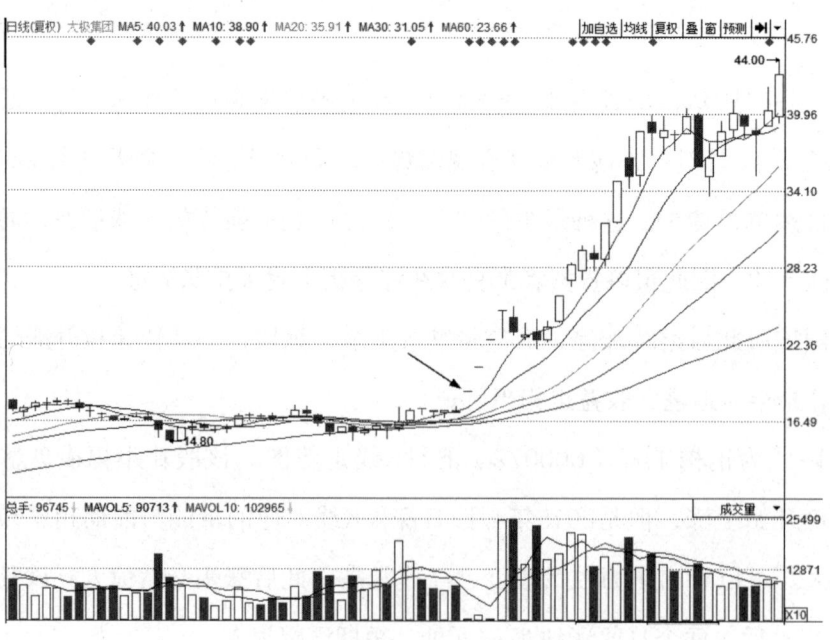

图4-13

图4-13是太极集团（600129）的日K线走势图。如图中箭头所示，该股在上涨初期出现一个涨停板，需要注意的是该股涨停的成交量与前期相比却没有明显的放量。可以看出该股主力经过一段时间收集筹码，用很少的资金就能轻松地拉出涨停，也说明筹码收集工作已近尾声，具备了控盘能力，可以随心所欲控制盘面。该股主力的控盘能力已经非常强。

溢多利（300381）

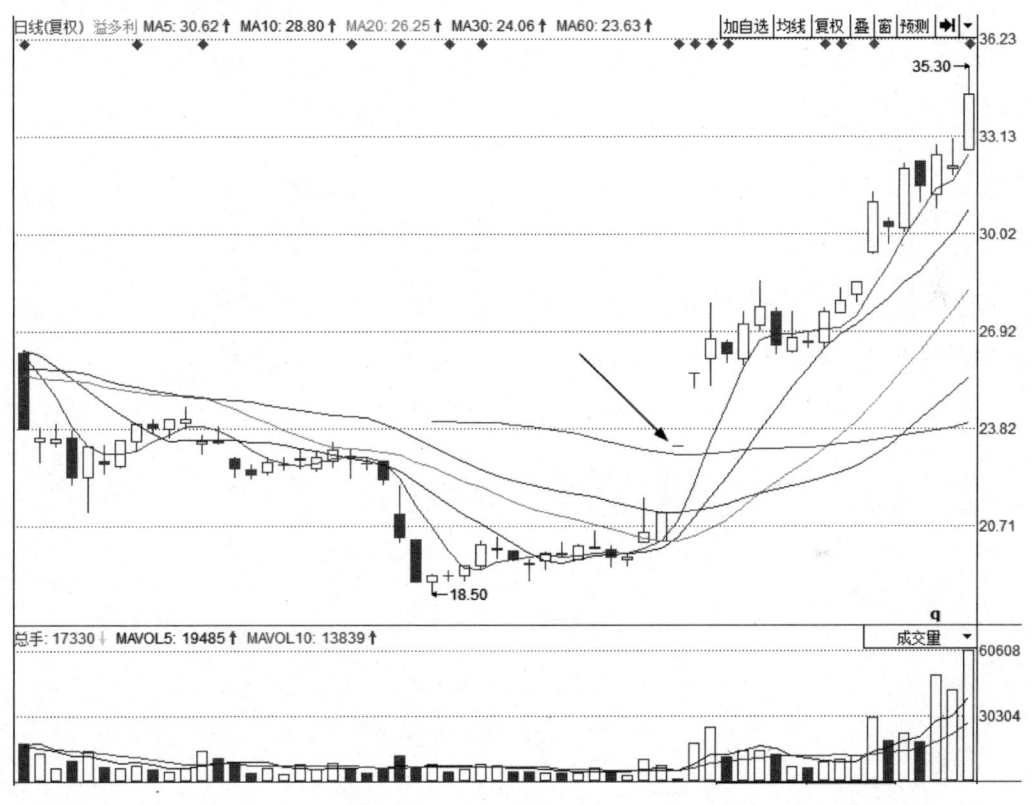

图4-14

图4-14是溢多利（300381）的日K线走势图，该股在图中箭头处以涨停板开盘，全天股价自始至终保持同一个价格，其全天日K线走势是"一"字的形状，同时成交量保持量少的状态。说明主力控盘能力极强，市场中浮动筹码极少。股价在低价区域内涨停，主力的真实行为可靠性极强。股价连续涨停板，表明主力坚决做多。

股价在低价区域的"一"字停板，投资者应积极参与，排队挂单买入，开板就是机会。股价处于中、高价区域内的"一"字停板，投资者只能以轻仓少量参与，不可强求成交。

如果盘中挂单很大，成交量却很小，上涨意图强。挂单的大小反映出主力的实力和其他意图，通过"撤单再挂"，主力可以诱骗市场散户跟单买进，上当受骗。

第五章

超跌反弹涨停技法

一、基本原理

在大盘整体处于极度弱市的情况下，股价下跌已经形成惯性，市场上的投资者已经对股价的下跌产生了恐慌心理，于是，股价不断下滑，卖出的投资者也越来越多，所以股价渐渐形成了严重超跌的局面，此时，这种非理性的不正常跌势必须获得修正。同时，由于股价极低，参与抢反弹的资金不断入市，于是反弹产生，这种反弹常常以涨停板的形式出现。

超跌状态也会引发涨停板，如果个股的跌幅巨大，那么，在低点位置，只需不多的买盘推动，个股就可以轻松出现涨停板。一般来说，在这种超跌状态下出现的涨停板，通常是一波强势反弹行情开始的信号。在实际操作中，我们应关注其中蕴含的机会，如图5-1所示。

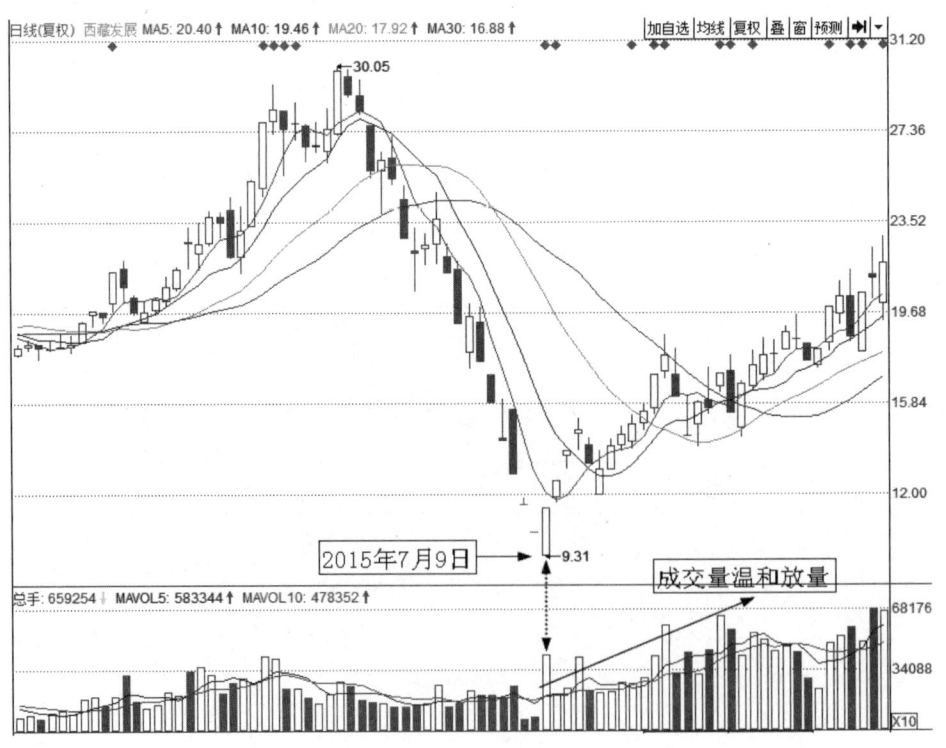

图5-1

图5-1是西藏发展（000752）的日K线走势图，该股因为受大盘下跌的打压影响，造成个股群体超跌，该股也不能幸免于难，需要通过连续跌停的方式进行消化。此类下跌的特点：一是下跌时间短；二是下跌杀伤力强，跌幅巨大；三是一旦多头反扑，其力度也十分强劲，容易出现报复性上涨。2015年7月9日，该股由跌停板上涨至涨停板，有幸在跌停板打开处买入的投资者，当天就可以坐享20%的收益，可见超跌反弹的威力。

二、实战操作要领

（1）做超跌反弹要学会控制仓位和做必要的分仓。

控制好风险是第一位的，股市里机会多得很，超跌反弹要把控好资金管理，最好轻仓操作。因为是"逆市而为"，所以做超跌反弹具有较强的投机色彩。介入时，投资者宜分批分阶段买入，且严格控制好仓位，不易重仓下注。

（2）大盘止跌且整体向好。

大盘是个股的风向标，超跌抢反弹，不能摆脱大盘走势，需要观察大盘是否企稳，如果大盘具备反弹条件或底部形态形成，此时超跌反弹涨停技法成功概率较高；反之，如果大盘太坏，个股即使出现涨停上涨，也是不能维持长久的，其会延续之前的下跌走势。

（3）观察超跌个股是否有板块效应，如果它们集体反弹大涨，则超跌个股做多气氛更加强烈，获利安全性更高。

（4）股票市场投资的基本原则是顺势而为，也就是顺应大的趋势进行操作，超跌反弹涨停技法定位于暴跌之后抢反弹，在介入时趋势并未逆转，所以据此操作，一定要注意防范风险，且必须设好止损计划，坚持游击战术，打得赢就打，打不赢就跑。

（5）抢反弹的期望值不能太高。

超跌反弹经常出现V形走势，急涨快跌，来也匆匆，去也匆匆，短线投资者宜快进快出为主，不宜久留。

（6）上方没有明显的压力区。

超跌反弹时最大的阻力区并非技术上或者是心理上的，而是筹码分布形成的压力区。一般股票在触及压力区时都会回调或下跌，因此在个股行至压力区时，只要停止上涨，即可抛出。

（7）最好是主力被套。

主力被套则反弹的动能强，反弹的高度可观。抓住主力自救的机会，可以轻松享受主力抬轿的乐趣。

（8）最好是屡跌不破的底部，说明主力和市场都不想再往下做，下跌的可能性较小，上攻的概率较大。

（9）封停要坚决。

不管是早盘封停还是午盘封停，都需要主力态度坚决，封势迅猛。这说明主力想迅速拉升股价，或者看好后市，所以抓紧时间拉升。

（10）反弹抢错了怎么办？止损离场，这种情况要果断立即卖出。

三、具体运用实例分析

1. 暴跌抢反弹买入

暴跌是难以持续长久的，物极必反，很可能会引发报复性反弹。这里要强调一下必须是暴跌，股价加速下跌，主力都无法出货，而不是那种绵绵阴跌。如果是以跌停的方式释放做空动能，那很可能就有反弹，我们可以密切关注。

图5-2是西藏矿业（000762）的日K线走势图，该股从27.77元一路下跌，期间几乎没有什么像样的反弹，下跌途中出现8个跌停，这是过度的恐慌性抛售的非理性行为，跌到了偏离股票的内在价值的超低位，这种狂跌有加速赶底的嫌疑，近期可能会有一个报复性的反弹。另外，低位出现天量，那天的成交额是巨大的，说明有好多看多的大量资金已经开始进场，多方力量增强，会带来股价的良好变化，后市看涨。

一路下跌后的加速下跌通常被认为是加速赶底，很可能底部就在眼前。当然我们不主张去猜底,而是要看盘面是不是具有反弹的迹象。下面我们转到2015年7月8日倒"T"字K线,看看当天分时图发生了什么。

西藏矿业(000762)

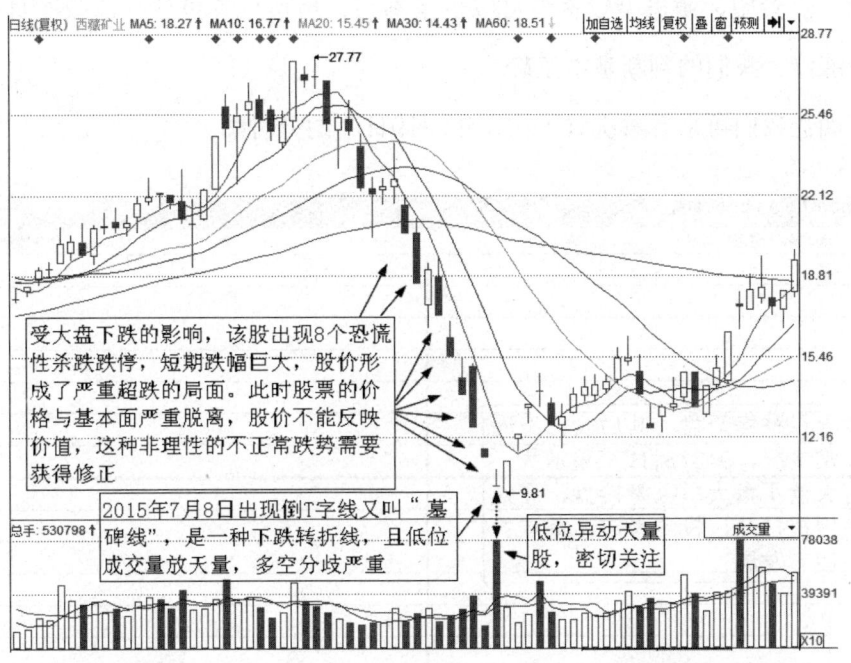

图5-2

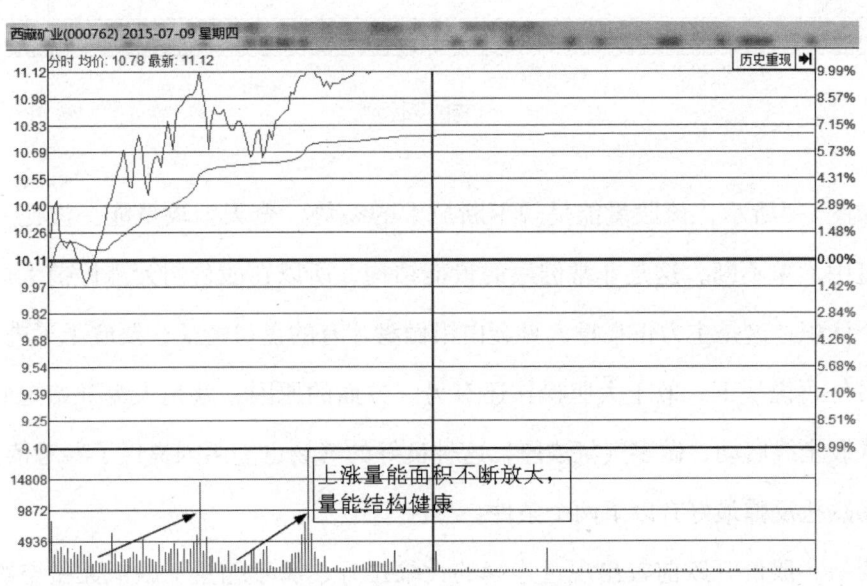

图5-3

如图5-3所示，西藏矿业以跌停板开盘，但是仔细观察我们可以发现成交量有异常之处，异常的地方就是该股有大量的承接盘，导致成交量明显放大，这也使得股价无法封牢跌停板。虽然最终该股还是以跌停收盘，但是多头的强力阻击给了我们一点希望，激进型投资者可以少量参与，后市反弹可期。该股次日果然开始反弹涨停，我们的判断基本正确。

下面让我们再来看看次日（2015年7月9日）的分时图。

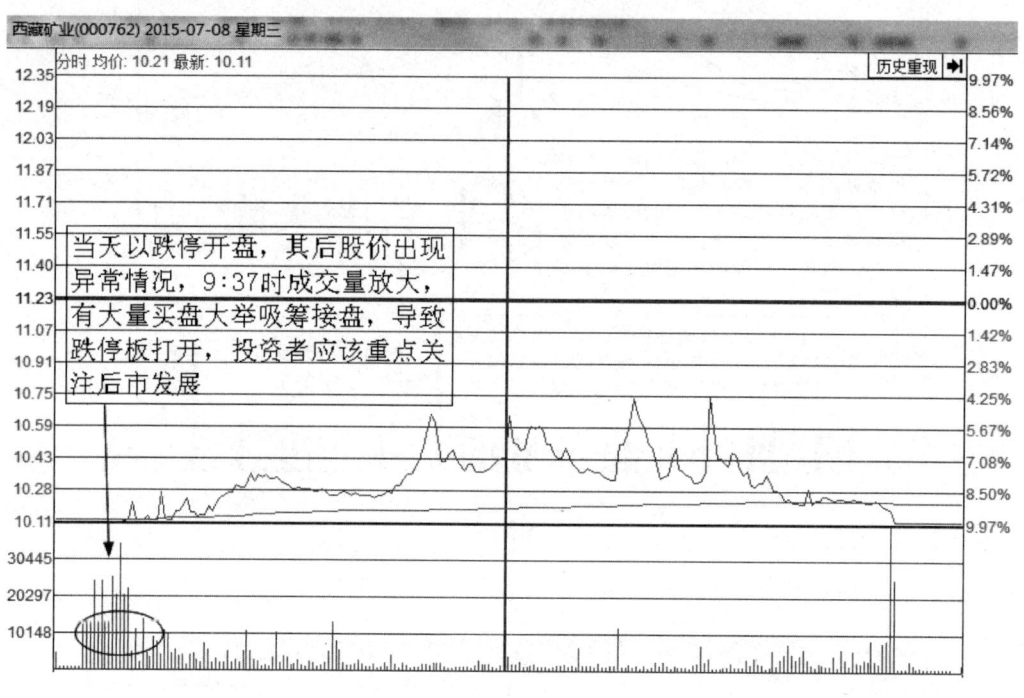

图5-4

如图5-4所示，该股量能呈现不断放大的态势，全天上攻量能一波比一波强劲，盘中大单不断，这是非常健康的量能结构，所以在股价封死涨停前大体要有这么个认识，这是主力正在投入真金白银做盘才有的盘口特征，要敢于买进。

另外再说一下，敢于大胆操作还有另一方面的原因，就是大盘开始走好，其他暴跌股全线启动，做多气氛浓厚，这种良好的气场也为买入提供了参考依据。

暴跌抢反弹最好有以下两个条件：

第一，股价开跌前曾出现过连续的大幅拉升，属于缩量下跌或无量空跌，说明主力深度介入其中，主力因大盘或个股突发因素导致无法出货，由于被深套其中，所以反弹自救也就实属必然了。

第二，该股具备良好的涨停基因。说明个股历史表现很好，股价过去经常涨停，既然曾经表现强烈，想必反弹的时候自然也不会含糊。

南风股份（300004）

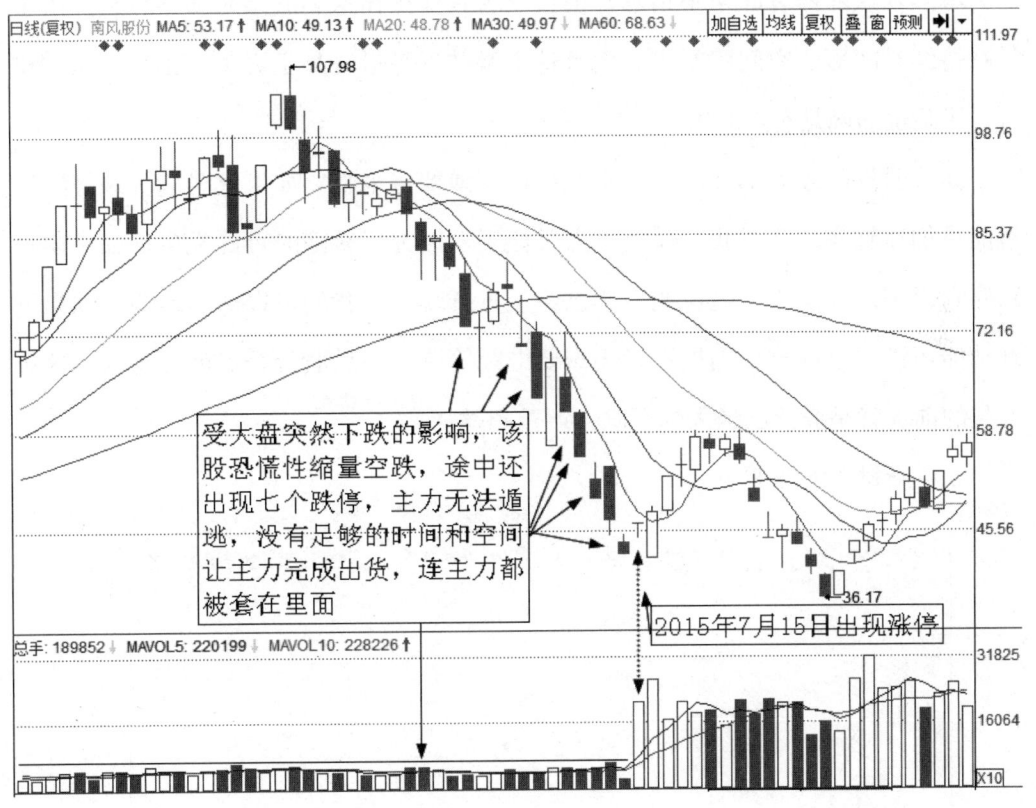

图5-5

图5-5是南风股份（300004）的日K线走势图，该股短期内从107.98元跌至45元多，跌幅超过一倍多，下跌量能几近耗尽，2015年7月15日，图中给出了买点提示，出现成交量放大和底部涨停信号，此时追涨风险极小，短线投资者可抢反弹介入，快进快出，期望值不能太高。

需要注意的是，该股在过去的1年里股价翻了3倍，出现多个涨停板，可谓涨幅巨大，且涨停基因优秀，而且下跌属于缩量下跌，主力基本无出逃可能。从主力资金运作角度看,该股有极强的自救可能。另外该股是缩量空跌,主力深度介入其中且前期涨停基因优秀,既然无法全身而退,必然会有反弹行情。

该股下跌的主要原因是受大盘下跌的影响,如果没有这样的大盘利空就不会有股价的瀑布式暴跌,当然没有这样的瀑布式暴跌也不会有这样超跌反弹的机会。

虽然暴跌涨停看起来很精彩,但投资者具体操作这类股票时却不容易。由于暴跌持续时间短、空间跌幅大,而且这个暴跌反弹最终是主力为了出货所做的拉升,风险也的确是有点大的。

如果股价已经大幅回落了,则意味着反弹即将来临。如果此时股价跌停则很可能是加速赶底,此时我们就要重点关注了,因为反转随时可能发生。如果当日跌停封得不是很坚决,这说明空头已经接近衰竭了,我们可以适当参与。如果下跌动能还没完全释放,则投资者还需要继续等待,一旦股价企稳就可参与。这种参与的前提就是股价已经大幅下跌,严重超跌。

禾盛新材(002290)

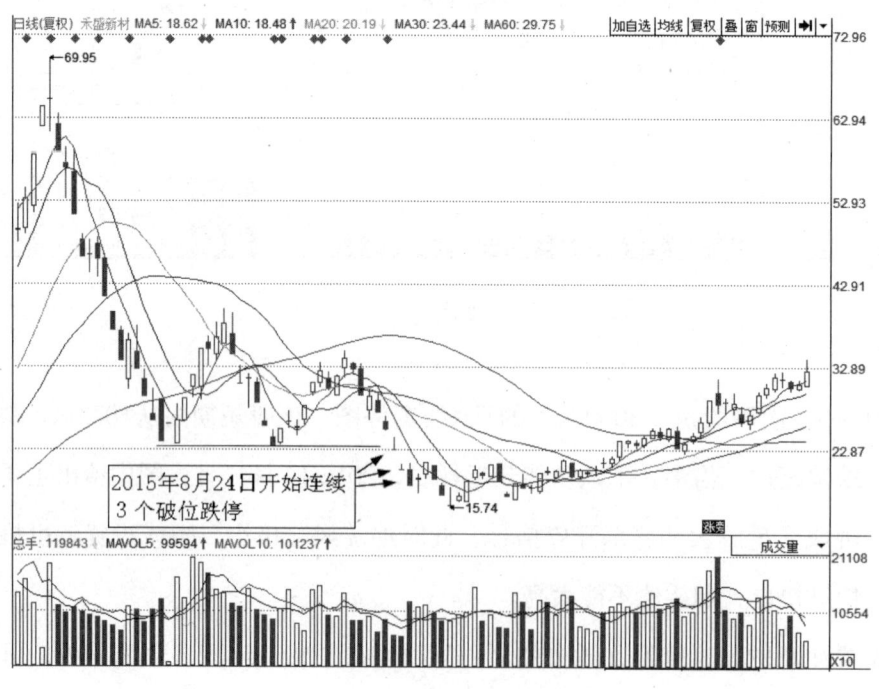

图5-6

如图5-6所示，禾盛新材（002290）在2015年8月24日开始连续3个跌停，跌破此前的支撑位，预示着后市还有下跌空间，此时不能盲目进场抢反弹。虽然该股此前的跌幅已经非常大，从69元多跌到如今的22元多，股价几乎折损七成，但在熊市我们不能去赌底，因为往往底下还有底，没有止跌回升的信号就不能冲动进场。不过既然该股已经严重超跌，而且跌幅远大于大盘，那么我们有理由相信该股此后会有一个较大的反弹，这时候我们要做的就是等待止跌企稳的信号。

本例该股的跌停出现在大幅下跌之后，超跌会带来反弹，此处的三个连续破位跌停板很可能是空头的最后一击，我们只需要等待止跌企稳的信号。该股此后不久果然止跌，连续多天窄幅横盘震荡，此时我们要把握好进场机会了。

另外，本例说明大幅下跌后的跌停往往会成为最后的杀跌动作，逼迫投资者交出已经非常廉价的筹码，是典型的空头陷阱，我们可以密切关注逢低买进的机会。

在下跌途中，有些个股会出现急速下跌走势，其下跌幅度和力度都很强，这使得个股在急速下跌之后处于短线超跌状态，在此情形下，突然出现的涨停板往往是强势反弹行情将出现的标志，我们可以适当地追涨参与，如图5-7所示。

金宇车城（000803）

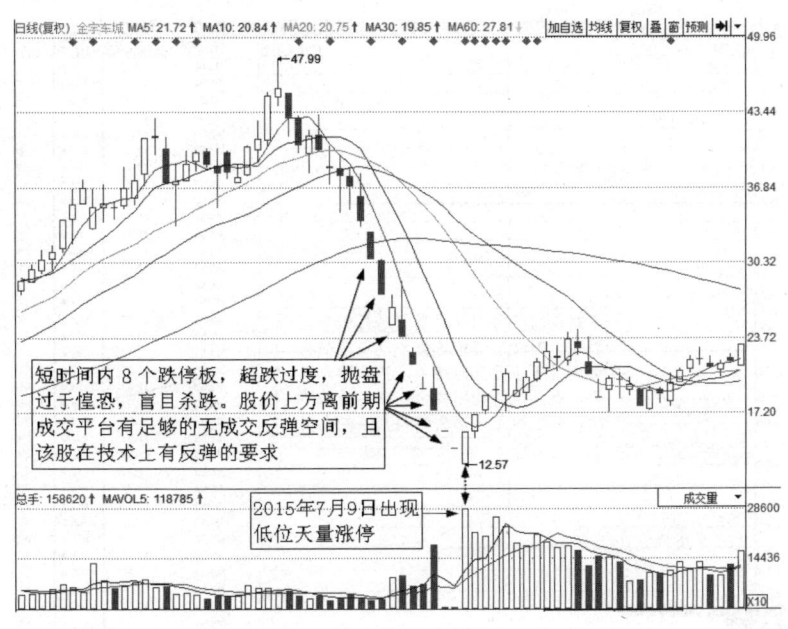

图5-7

图5-7为金宇车城（000803）的日K线走势图，受大盘下跌带动的利空消息影响，当时市场恐慌一片，一些持股者心理完全崩溃，以至于出现疯狂的非理性杀跌。该股的基本面没有问题，也受拖累出现了急速下跌走势，下跌幅度巨大，短时间内股价就从47.99元跌至12.57元，这使得个股处于明显超跌的状态。随后，2015年7月9日，突然出现一个低位天量涨停板，这一涨停板就属于超跌状态下的涨停板，它预示着一轮反弹行情的展开，且当天大盘也走势强劲，我们可以及时地追涨参与，搏取反弹收益。

此类超跌个股，在跌幅那么深的情况下，市场上不存在获利盘时，套牢盘的割肉比赛成为下跌的主要动力，但投资者忍受的"割肉量"有一个界限，筹码已被深度套牢，投资者就不愿意再割肉，这时候供求关系发生了变化，抄底抢反弹的买盘力量，成为短线上的主流，股价也就随之展开了一轮暴跌反弹行情。

事实上金宇车城在出现投资者深度被套之后，迅速做了一个有力度的反弹，这个反弹也不是哪个主力刻意做的，而是市场忽然失去了抛压，很小的买盘就可以把股价推高。

下面我们转到该股2015年7月9日分时图，看看到底是怎么回事。

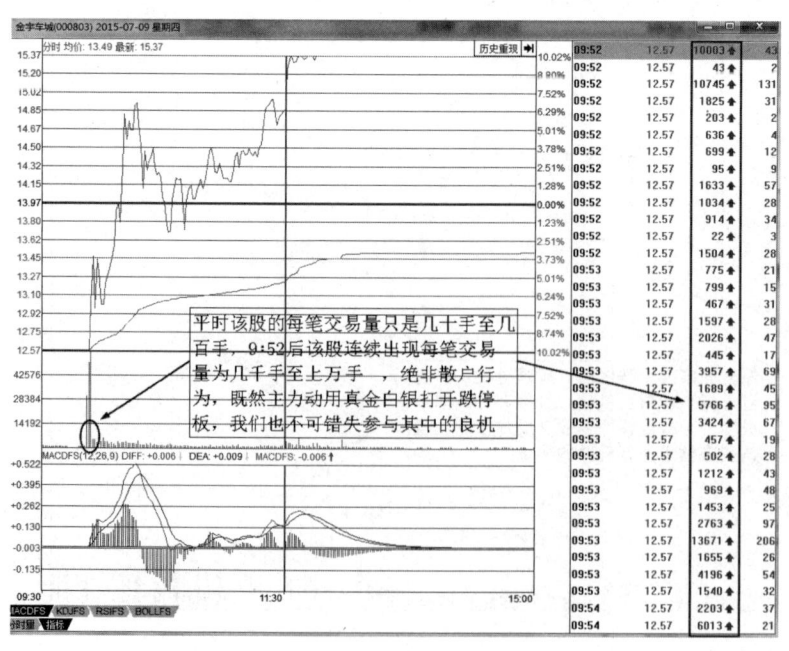

图5-8

如图5-8所示，金宇车城当日以跌停开盘，将近半个小时后该股在巨量接盘的买入下，打开涨停板，开始快速直线上涨，空头再也无力封住跌停，做空动能似乎已经消耗得差不多了，此时是进场的好机会。

海欣食品（002702）

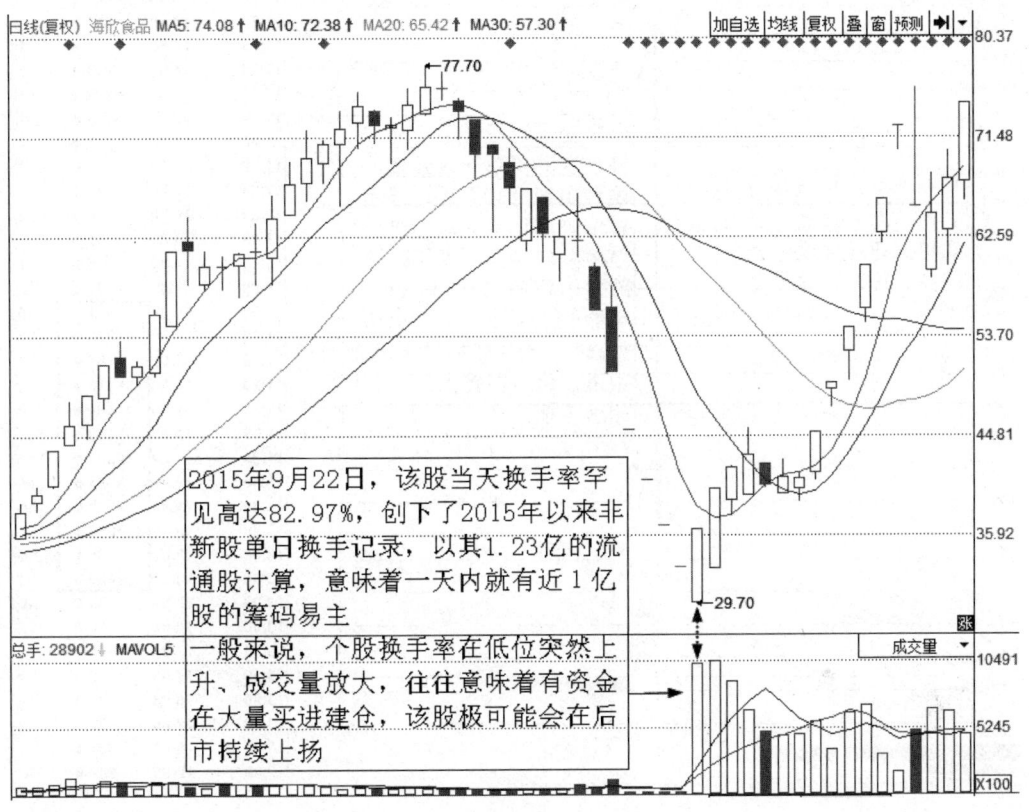

图5-9

图5-9是海欣食品（002702）的日K线走势图，该股连续出现七个跌停，暴跌至29.70元时，股价从跌停板被打开，成交量开始明显放大，表明多空出现分歧。该股在低位出现82.97%的换手率，发出反弹信号，明显有大资金在介入，此时投资者可轻仓抢反弹，此后该股继续延续强势表现，市场买单意愿强烈，第二日海欣食品换手率为85.43%，推动股价连续拉升。

一般这种暴跌形态都伴随着消息面的重大利空，所以股价连续跌停，下跌动能充沛，空头力量强大。据海欣食品2015年中报披露，公司上半年亏损684.55万元,加上海欣食品宣布停牌筹划重组,但在停牌两个半月后,公司突然称重组计划告吹。且在停牌期间,该股受上证指数大幅下跌的多种因素影响,导致暴跌。这种连续下跌能够快速释放空头能量,一旦下跌到极致,多头容易出现反击。

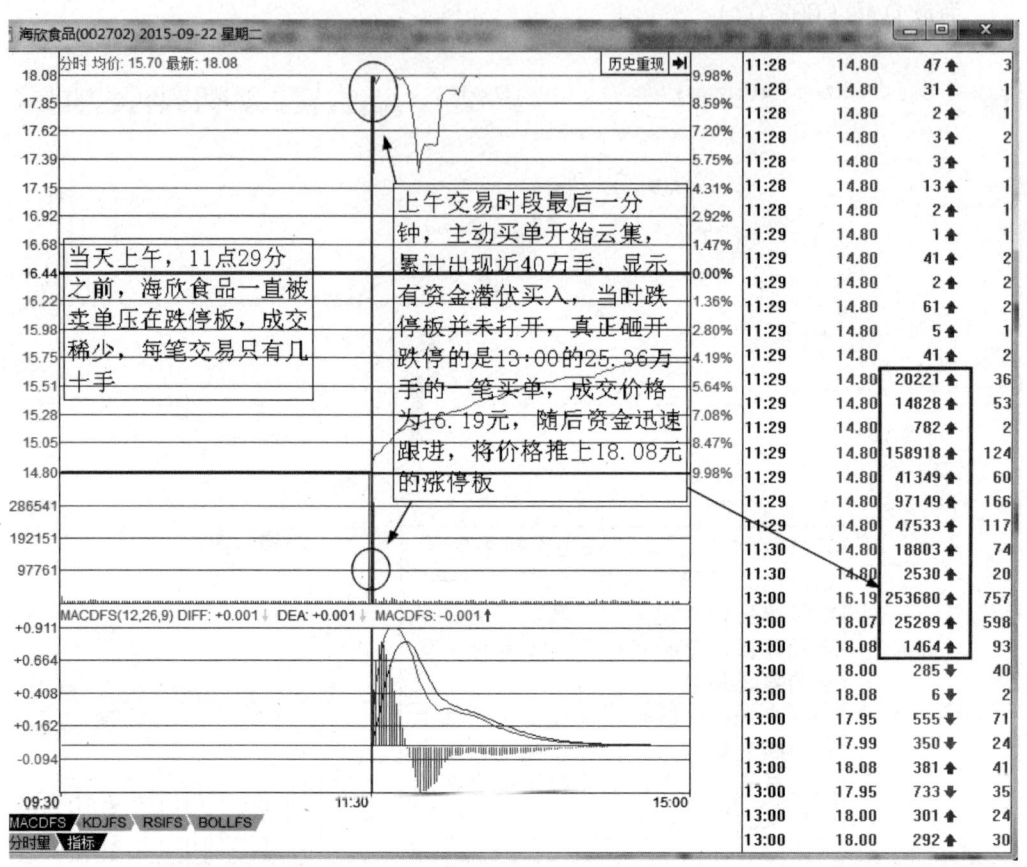

图5-10

如图5-10所示,2015年9月22日海欣食品涨停收盘的换手率放大至82.97%,放出历史天量,而海欣食品也因各种数据超标出现在深交所的交易公开信息中。跌停涨停切换只在一瞬间,海欣食品如此惊人的走势或与游资出没相关。

龙虎榜显示,买入前5位均为游资营业部,买入金额最大的为光大证券佛山绿景路,为知名涨停敢死队席位,买入金额2.08亿元,占总成交量的13.02%,另外华泰证券上海浦东新区福山路和海通证券许昌建设路买入金额均在亿元以上。

2. 大幅下跌后抄底买入

因大盘暴跌的影响，或者消息面的重大利空，所造成的市场不计成本地抛售筹码，卖方慌不择路抛出，无人接盘的现象，导致股价大幅度下跌。下跌后期，做空动能已得到有效释放，随时可能出现转机。如伴随着成交量开始放出，则该现象显示多空双方分歧已现，此时容易出现反弹。

正虹科技（000702）

图5-11

如图5-11所示，正虹科技（000702）在2015年7月9日以跌停板开盘。该股的短期下跌幅度已经很大，从19.09元暴跌至5.99元，整体下跌已经过度，该股已经严重超跌，可能会有一波反弹。

为什么说此时是一个较好的介入机会呢？从整体看，该股的下跌幅度比较大，而且是在公司没有什么重大利空消息的背景下发生的，我们有理由相信股价短线严重超跌，可能会引发一波较大的反弹。从盘中股价的具体走势中，我们也能看到多头的介入。

下面我们可以具体来看一下当日的分时图止跌信号。

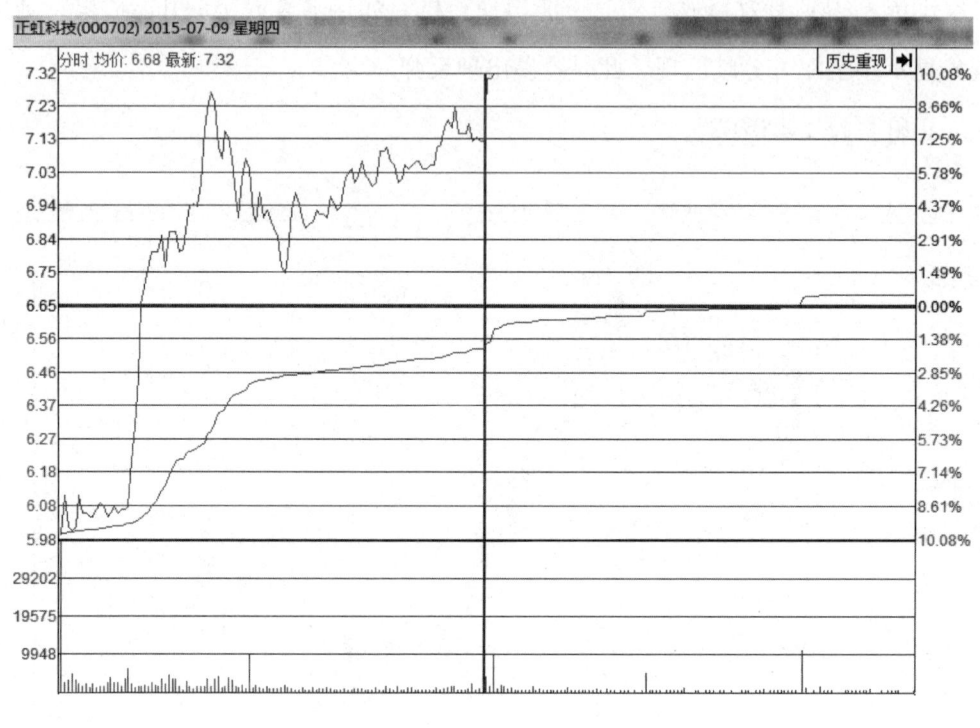

图5-12

如图5-12所示，正虹科技2015年7月9日当日以跌停价开盘，但立马即在巨量买盘的冲击下开板，之后股价直线上升，成交量放大，做多动能十足，这是主力进场的表现，散户是弄不出这么陡峭的上升直线和这么大的成交量的。既然主力进场了，那么我们也要跟随进场。该股午后开盘直封涨停，说明逢低接货的力量还是很强大，这更加坚定了我们对后市有反弹的预期。该股此后的表现证明了这种判断是非常正确的。

股价大幅下跌，做空动能得到释放，在下跌末端，股价涨停反转，这种情况说明下跌走势就此停止，多头开始掌控局势，后市应该还会继续上涨，投资者可以积极跟进。涨停反转行情说明主力做多的实力和决心，这样的反转可靠性比较高，可以跟进。

浙江震元（000705）

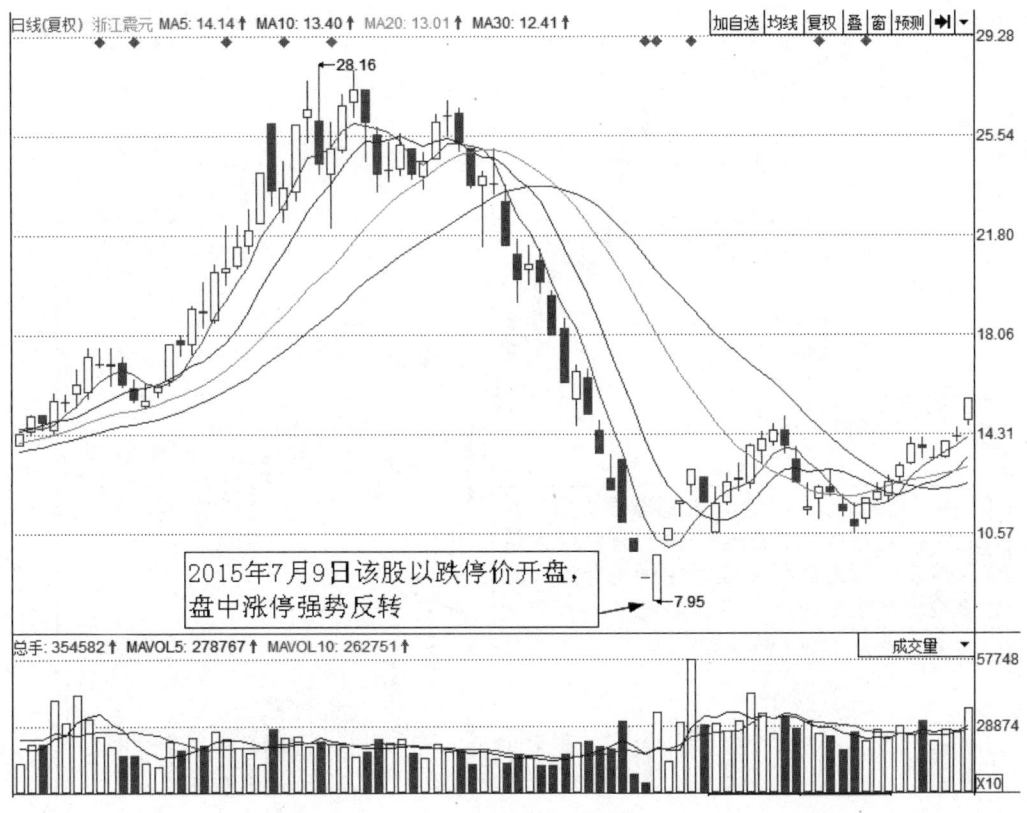

图5-13

如图5-13所示，浙江震元（000705）于2015年6月中旬至7月初跟随大盘暴跌，股价严重超跌，在7月7日和8日该股成交量极度低迷，应该是跌无可跌。2015年7月9日，该股终于发力，当日放量大涨，最后封于涨停。这是走势强势反转的标志，说明主力已经开始进场抢筹，导致股价被快速拉高。当然这种反转还需要后市继续观察，如果成交量能持续放大，则可证明主力真正做多，后市上涨有望。

该股的涨停反转行情发生在股价大幅下跌之后，同时大环境转好，后续量能也能持续放大，因此基本可以判断是真正的反转，投资者可以积极跟进做多。

武汉中商（000785）

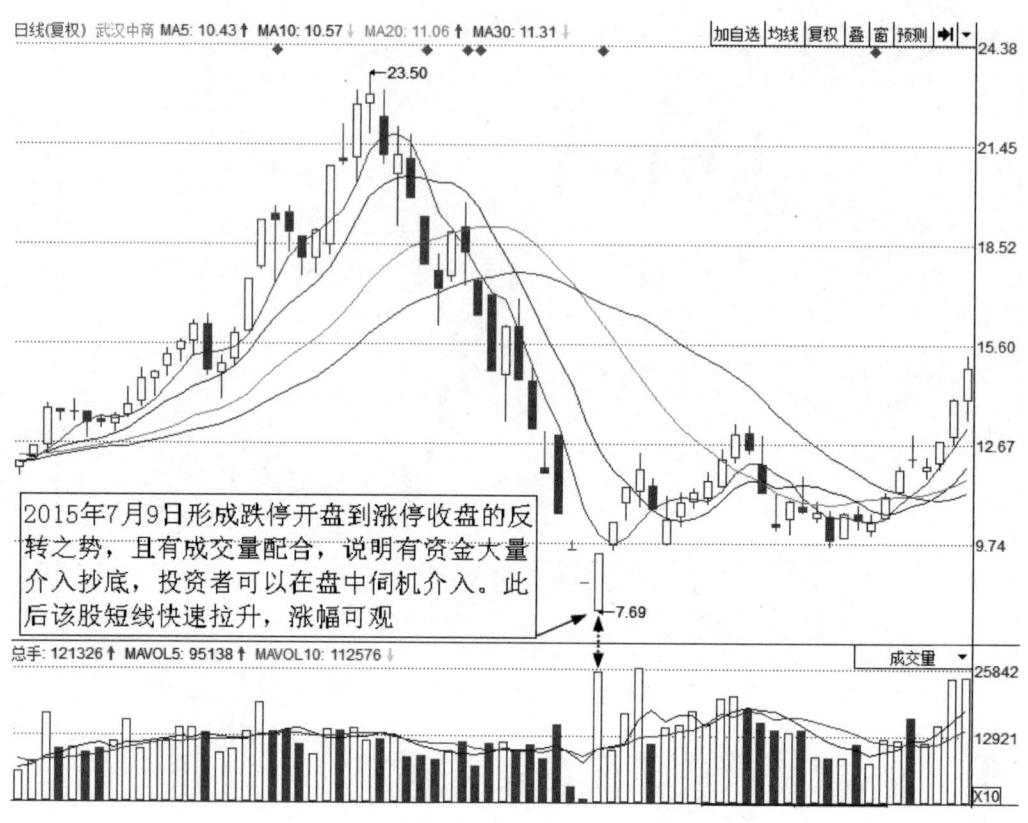

图5-14

图5-14是武汉中商（000785）的日K线走势图，2015年7月9日，该股以跌停板开盘，之后一路走高，最后收于涨停板，把前日"一"字跌停一举吞没，形成明显的反转走势，投资者可以积极介入。后市该股也果然如期逐波上涨，创出新高。

下跌途中的强势上涨不一定就是反转，需要结合其他因素来分析。本例该股下跌的幅度较大，有反转行情的基础，如今再次涨停，且成交量放量，很可能又是一轮行情的开始，因此投资者可以适当轻仓介入。

深康佳A（000016）

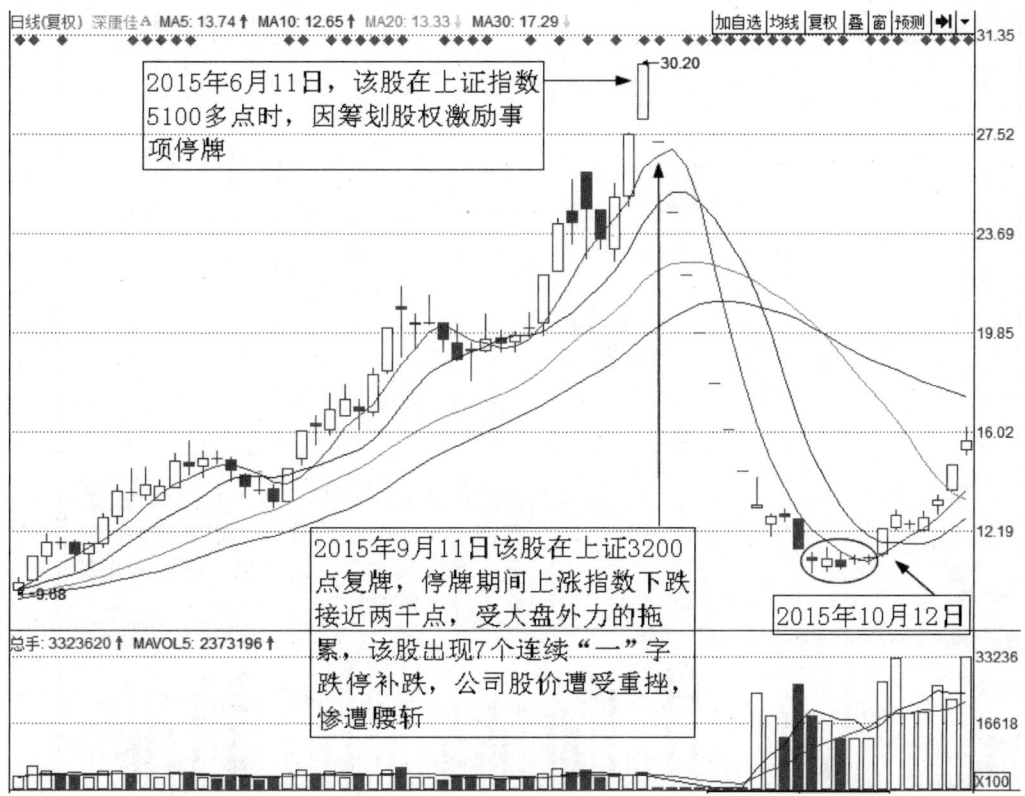

图5-15

图5-15是深康佳A（000016）的日K线走势图，该股前期大幅下跌，按常理应该有一个较大的反弹。图中椭圆处出现小阴小阳，有止跌回稳的迹象，2015年10月12日涨停反转可视为反弹开始的信号。不过大幅下跌后的反弹通常是短庄行为或者是未及时出逃的主力拉高出货的行为，投资者不要期望太高。

深康佳A暴跌呈无量状态，一旦反转则意味着可能有一波较大的行情。而2015年10月12日该股以涨停反转，主力意图暴露无遗，短线投资者此时追进正好，快进快出抄底买入。

洛阳玻璃（600876）

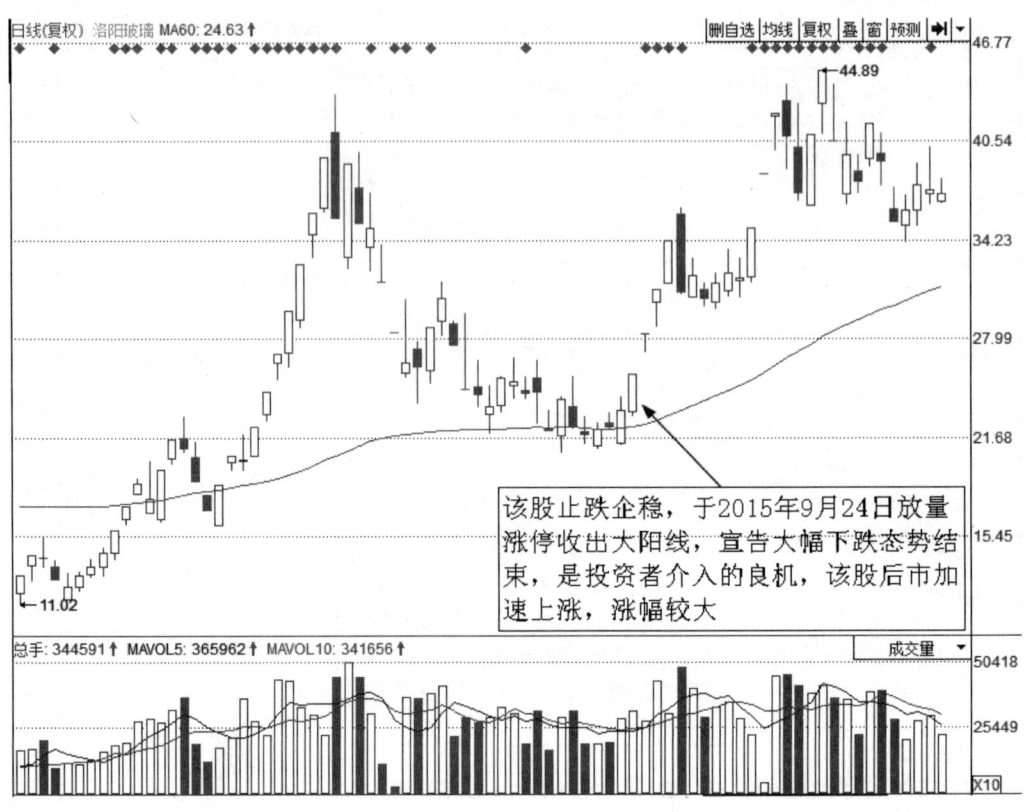

图5-16

如图5-16所示，洛阳玻璃（600876）缓慢运行在上升趋势中，可是随后大幅下挫，股价从40多元下跌至21多元，跌幅将近一半，但在60日均线附近止跌回稳。2015年9月24日，该股突然走强，收于涨停板，形成反转之势，短线投资者可以伺机介入。

本例该股运行在上升趋势中，60日均线呈上扬走势，中长期上涨趋势并没有改变，而股价大幅下跌至60日均线，受到支撑是买入的时机。该股以涨停结束下跌，后市理应看好，投资者介入获利的可靠性较高。

茂业通信（000889）

图5-17

如图5-17所示，茂业通信（000889）快速下跌后于2015年8月28日涨停，可是该股此后并没有直接拉升，而是经过长时间震荡后才继续上行。为什么本例的涨停反转没有体现出多头的强势呢？这主要是因为该股涨停的时候并没有得到量能的支持，说明做多力量并不充分，后市自然需要继续震荡蓄势。另外当时的大盘也走势迷离，没有给个股强力的背景支持。

3. 跌到支撑位抄底

当股价以下跌的方式接近支撑位的时候，我们不必惊慌，说不定机会就要来了。一般来说，即使是以下跌的方式靠近支撑位也可能有一定的反弹，这时候我们可以适当参与。这里我们再次强调止损的纪律，一旦股价有效跌破支撑位则需要果断止损。

支撑位通常是筹码集中区域，那么多个低点重合的位置就是支撑位，压力位则相反，是多个高点重合的地方。股价下跌不要紧，只要支撑稳固就好。

澳洋科技（002172）

图5-18

如图5-18所示，澳洋科技（002172）下跌到6.40元这个位置，可能会带来一定的反弹，短线玩家可以适量参与。理由有两个：一是股价受大盘暴跌影响而带动该股下跌，该股本身可能不具备下跌的动能；二是股价跌到了支撑位。支撑位是前期两个低点价位重合的地方，如今股价回到这个重要的支撑位，估计会有一定的反弹。

广州友谊（000987）

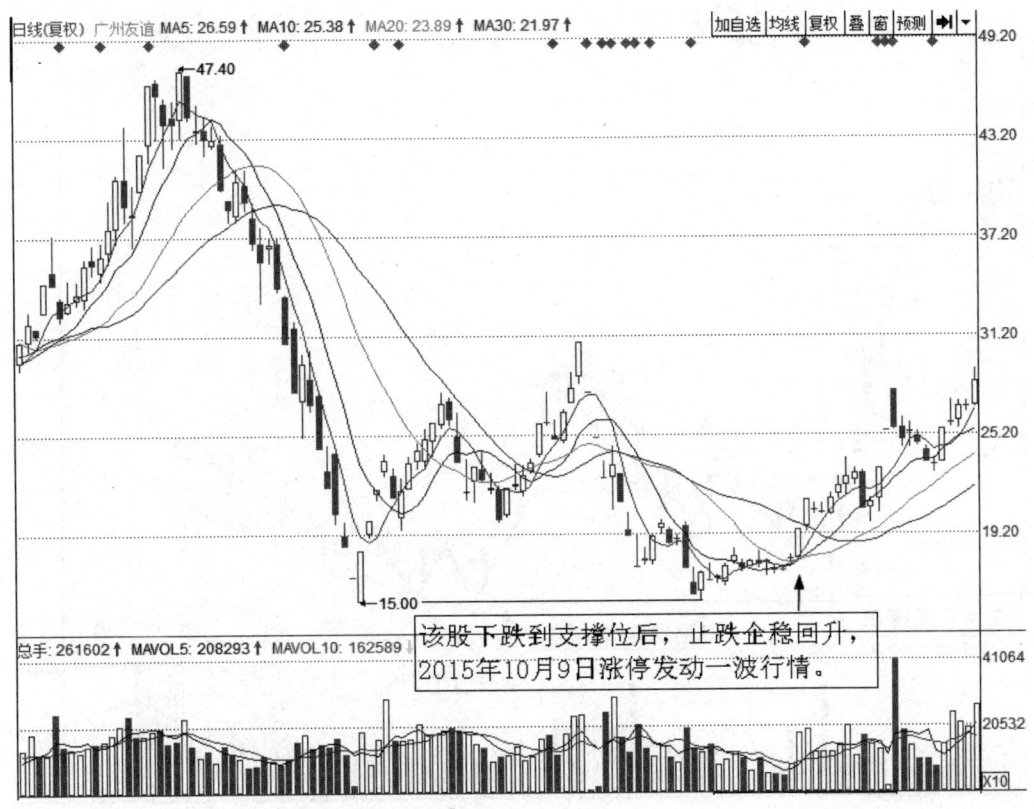

图5-19

图5-19是广州友谊（000987）的日K线走势图，当该股又下跌至15元这个价位时，这个位置值得我们关注，原因有两个：一是股价下跌幅度已经非常大，有可能引来一波较大的反弹；二是股价已经处于重要的前低支撑位，从图上我们可以清晰地看到15元就是前期低点重合的地方，这是非常重要且稳固的支撑位，我们应该密切关注，等待股价站稳。之后股价试探支撑成功，明确企稳回升，此时我们可以适当介入，抢一个反弹。

有的个股在下跌至支撑位的过程中，会出现W底或圆弧底的技术形态，如果得到量价配合良好的底部特征，投资者可抄底。

西藏矿业（000762）

图5-20

如图5-20所示，西藏矿业（000762）在2015年9月15日出现十字星K线，这个位置的下跌值得我们关注。原因有四个：首先，从图上我们可以清晰地看到9.79元就是前期两个低点重合的地方，该股下跌至9.79元，此时价位恰好就是一个重要的支撑位，次日该股果然大幅回升，股价重回升势，这说明支撑位发生作用了，盘中我们可以伺机跟随进场；其次，该股从基本面的表现来看，受大盘影响而下跌的成分较大，而不是个股本身具有很强的下跌动能；再次，该股的第一个支撑位是跌停和涨停组成的，第二个支撑位是倒T字线，又叫"墓碑线"，是一种下跌转折线；最后，该股在低位支撑位上出现类似W底形态，则企稳成功概率更高，投资者此时可以考虑加码买入。事实上该股这次反弹创出了新高，大大出乎我们的意料，算是一个惊喜吧。

4. V形反转买入

V形反转通常都是由于过度的恐慌性抛售非理性行为所导致的，在一片恐慌的下跌趋势中，市场的卖方力量很强大，导致股价持续下跌，浓重的看空气氛也使得股价下跌的速度越来越快，空头能量在一个集中的时间里段极度宣泄。

当一只股票的价格太低了，做空力量也慢慢消失后，随着大盘的企稳，买盘力量开始逢低介入，于是股价走势也开始出现戏剧性的变化，触底后便一路反弹上升，引发一轮抢购高潮，行情出现急速报复性暴涨。

V形是一种较难把握的急剧反转的走势形态，因为走势急速猛烈，通常都会出现在暴涨暴跌的行情之中。在实际中，V形反转涨势行情通常都很迅猛，常令人意想不到，能在最低点买进的投资者少之又少。

若要准确地判断一个底部是不是一个V形底，在转折点处必须要看其下方有没有明显的较大成交量的配合，否则形态不能确立。

中航动控（000738）

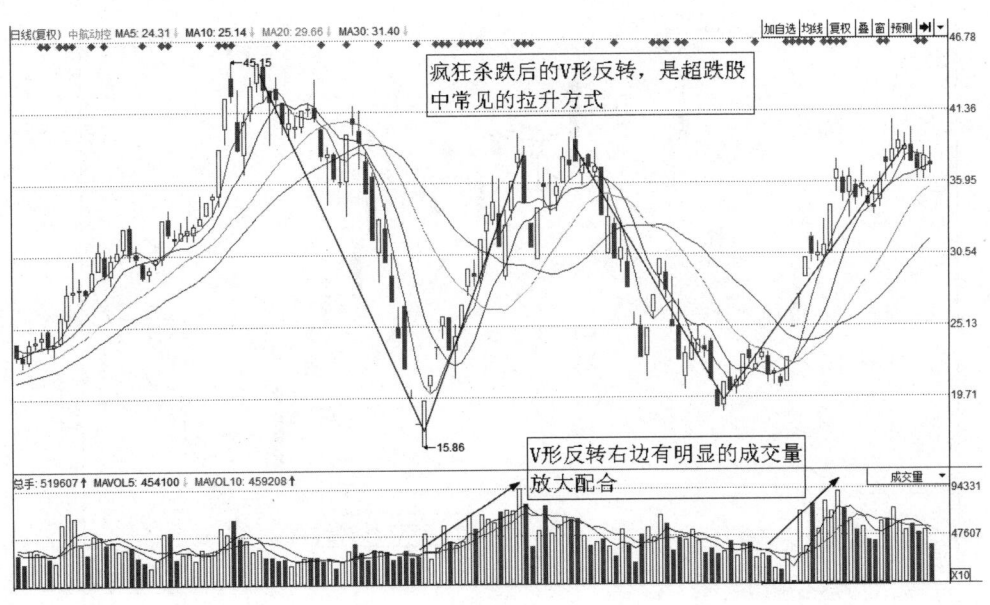

图5-21

图5-21是中航动控（000738）的日K线走势图，该股形成了两波急速的下跌，随后便触底反弹，价升量增，行情开始步入加速上涨趋势中，形成两个V形底。

V形反转不易在图形完成前被确认，所以在遇到疑似V形底的情况下，如果你是一位激进型的投资者，则应少量试探买入，并应随时留意股价的发展方向；如果你是一位谨慎型的投资者，则可等到行情出现较大成交量，确认了行情走势属于V形底部反转形态时，再开始买入。

V形反转形成时间较短，形态爆发力大，可在短期内获得暴利，它的产生原因是市场受利空打击或其他意外情况影响造成恐慌性抛售，引起股价超跌，从而产生报复性反弹或反转行情。如中短期均线能够迅速转向上涨，将有利于股价的进一步上升。

V形反转是股市中比较常见的、力度极强的反转形态，往往出现在市场剧烈波动之时。当下跌接近底部的时候，多空力量的对比发生改变，买方力量迅速控制了市场，走势发生逆转，股价反向而行，出现戏剧性的回升，V形反转走势没有中间过渡性的横盘过程，其转向过程仅两至三个交易日，有时甚至是在一个交易日完成转向过程，于是在图表上形成V形走势。

利民股份（002734）

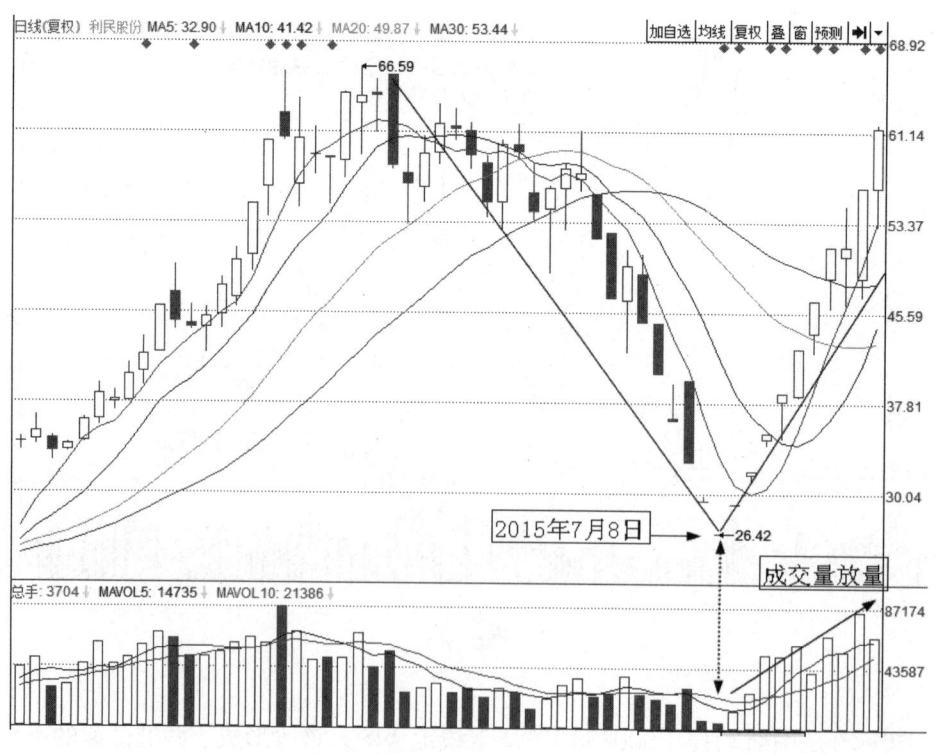

图5-22

图5-22是利民股份（002734）的日K线走势图，该股从66.59元一路下跌至26.42元，成交量越来越小，2015年7月8日该股缩量跌停，量能萎缩至地量，市场上抛盘惜售明显，该股跌势已是强弩之末，是时候上攻了。第二天，上证指数企稳回升，该股也趁势上涨，后续成交量跟上不断放大，股价迅速上涨，形成V形反转走势形态。

底部的V形反转是一种强烈的上涨信号，特征包括以下几个方面：

（1）属于转势形态，常在股票急速下跌中出现，是触底回升的买进信号。

（2）在急速恐慌性下跌末期，空头能量得到了彻底的宣泄，这时做多的力量开始堆积，如大盘或个股有利好，股票会迅速反转，掉头向上，买入力量蜂拥而入，很快就把价格推了上去。

（3）V形反转启动速度很快，在底部停留的时间极短，反应慢的投资者容易踏空。

（4）V形反转一旦形成，其上升速度快而有力，非常容易形成一种逼空走势。

（5）买点应该选择在放量而不是下跌之后，即股价经历了最低点之后的转势回升中，应果断快速跟进；一旦走势失败，应及时止损。

（6）V形反转形态的突发性很强，不会给予投资者太多的时间等待，所以投资者的动作要快，犹豫不决的投资者很容易错过行情。

图5-23是东港股份（002117）的日K线走势图，该股在短期内出现一波幅度较大、速度较快的下跌行情，短短19个交易日，股价就由53元下跌至17元。在2015年7月18日跌停板处，该股出现破纪录的成交量，多空分歧严重，换手率巨大，当天午盘，多方发动攻击。图5-24是当天的分时图。

如图5-24所示，对于普通投资者来说，如果观察到该股有大量抄底资金买入时，可以轻仓参与，成交量越大，则行情反转上涨的可能性越大。不管怎么说，在跌停时买入相当于虎口夺食，危险性很大。投资者若非高手，一般不建议参与，即便要参与，也要采取分批买入的办法，并随时观察股价走势，一旦发现不对劲，立即停止增仓动作。并且，总仓位不宜过大，最多半仓。一旦买进后，股价继续下跌，投资者就要学会及时止损，套了就补仓或者装死不动，这是很差的操作方法，要敢于承认自己的操作失误。万万不能抱着死猪不怕开水烫的态度，这是操作股票的大忌。

东港股份（002117）

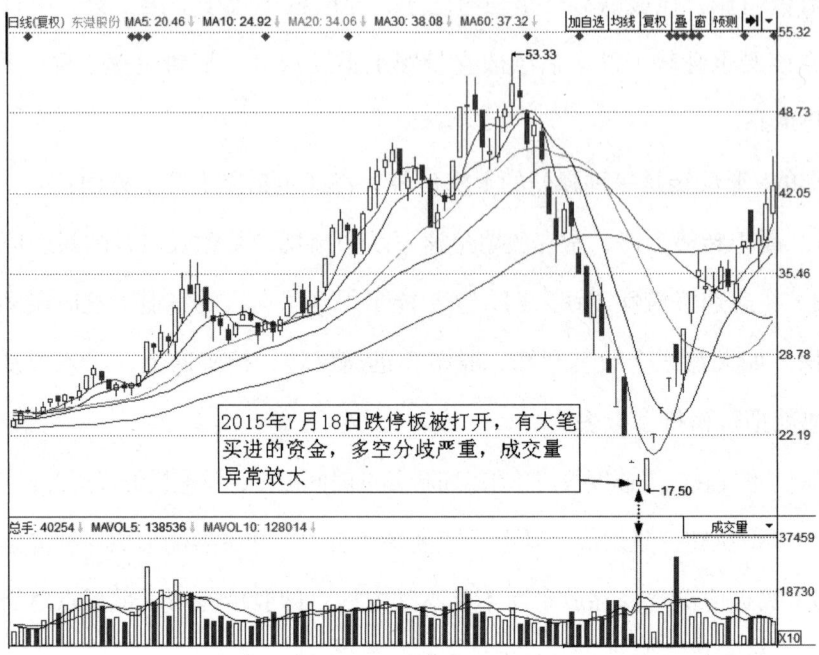

图5-23

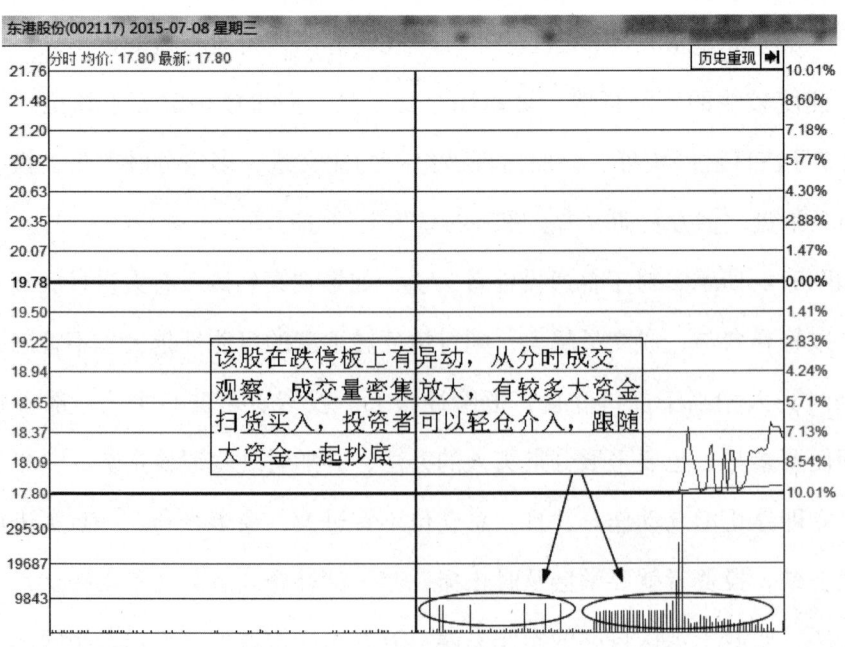

图5-24

山西三维（000755）

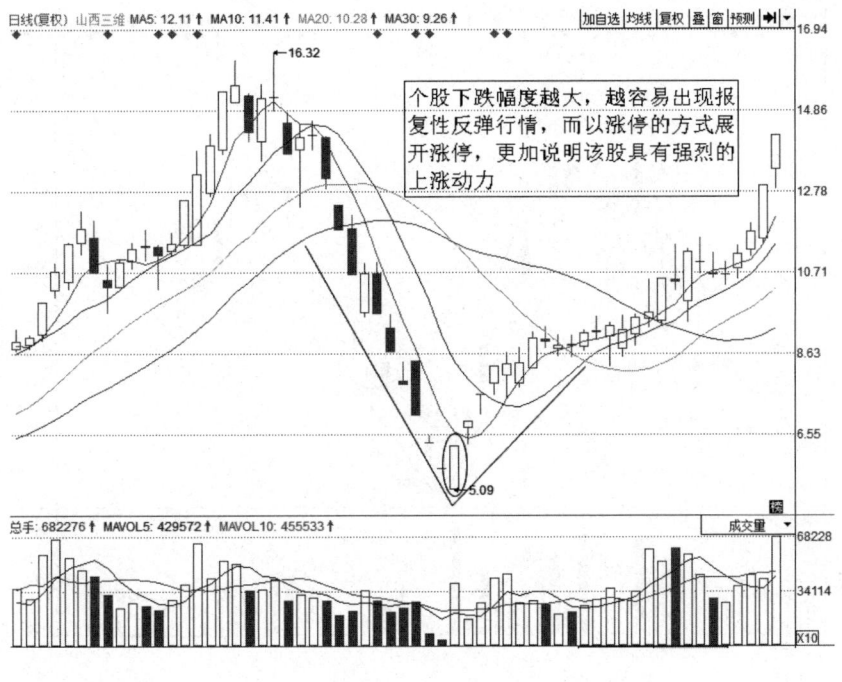

图5-25

图5-25是山西三维（000755）的日K线走势图，该股股价经历了深幅下跌之后，突然出现见底回升，并以涨停的方式展开反弹，在走势上形成V形反转，其反弹动力更加强劲，我们应该把握这一难得的买股时机。

V形反转对于个股前期下跌幅度和下跌时间并没有严格的要求，只要该股的下跌动能已经消耗殆尽，重新具有买入的价值时，就可以买进。

如图5-26所示，中粮地产（000031）在2015年7月和8月走出两次V形涨停，随后该股都出现一波上冲行情。值得注意的是，该股在出现V形底最低点的当天走出了涨停行情，短线止跌意义非常明显。追涨此类V形强势反弹股的涨停板，可以使投资者在短期内迅速实现资金的增值。

在操作中应用这种形态时，我们可以重点关注以下两点：一是个股的超跌情况，一般来说，个股此前累计下跌幅度越大的品种，则随后出现反弹上涨力度可能会越强、空间就越大，投资者在做反弹时的收益就越大；二是适当控制仓位，以规避风险。

中粮地产（000031）

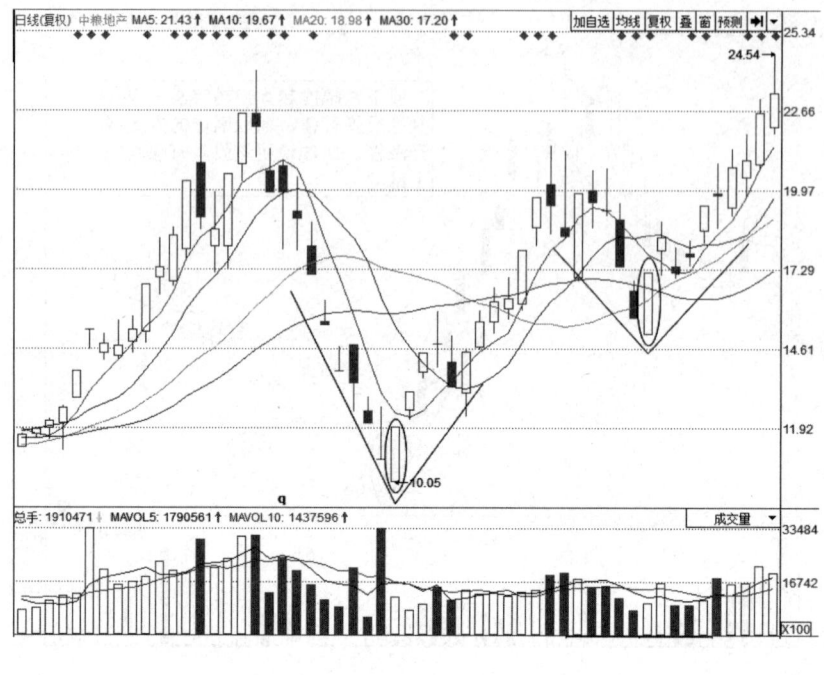

图5-26

美尔雅（600107）

图5-27

图5-27是美尔雅（600107）的日K线走势图，该股在市场恐慌性抛盘的打压之下，出现大跳水的连续跌停板，累计下跌幅度较大，此时的该股处于超跌范围内。2015年7月9日，成交量放大，出现一根微妙的大阳线，随后以涨停板方式升回，走出了标准的Ⅴ形走势，箭头处显示底部放巨量，应该注意，这是该股阶段性反攻序幕拉开的信号，也是主力资金短期内强势拉升个股的信号，由于此股之前的下跌空间较大，所以随后反弹上涨的空间预期也较大，此时，投资者可以积极地追涨买股跟进。

洛阳玻璃（600876）

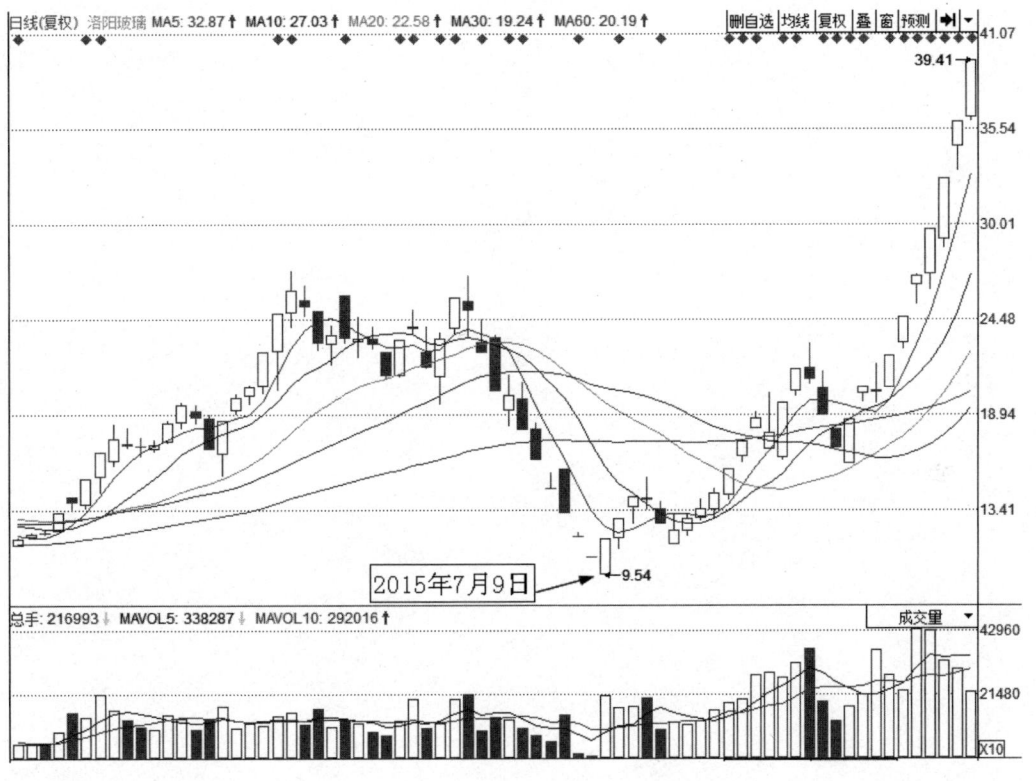

图5-28

图5-28是洛阳玻璃（600876）的日K线走势图，由于上证指数大幅跳水下跌，以致引起市场中恐慌性的抛售，做空力量和不计成本的杀跌连累该股，导致该股股价也跟随下跌，股价从24元短时间就深幅跌至9.54元，惨遭腰斩。2015年7

月9日，该股放量报收涨停大阳线，止跌信号出现，随后几个交易日开始一波反弹行情。一般来讲，如果股价在短期内下跌幅度越大、力量越强，那么出现V形反转的可能性也越大。该股买点处在低位放量跌不下去的回升期，或者说是放量大阳转势时。

第六章

涨停出货陷阱

一、基本原理

主力利用涨停板出货，一般出现这种情况时，股价已高，具体操盘手法是：拉升股价到涨停板，以大笔买单吸引人跟进，然后在涨停价上封几十万的买单，但买单封得不大。于是短线跟风盘蜂拥而来，积累出大量的跟风盘。然后主力就把自己的买单逐步撤销，在涨停板上偷偷地出货。当下面买盘渐少时，主力又封上自己的买单，再次吸引跟风盘追涨，然后又撤单，再次派发筹码。因此，高位放巨量涨停，十有八九是出货。主力趁大家追进时，自己却悄然离场，将货倒给散户，主力手里的筹码全卖了高价。

在盘中我们经常发现主力利用散户，特别是短线客的跟风心理，在涨停板上封大单，散户马上会挂单买入，随着挂单的积累，主力觉得跟风盘不错，就把自己排在前面的单偷偷撤掉，开始出货，一下子就可以出很多。有的主力出货时会把涨停打开，有的主力会控制好出货量，维持住涨停状态，然后再挂单，继续吸引散户。

对于大单封涨停后又打开多次的勉强涨停，需要谨慎对待，这极有可能是主力吸引散户接盘的出货方法。另一种就是巨量涨停后不能封住涨停，成交量放出巨量，呈现一浪接一浪的逐级下行，这可判定为出货行为，准确率很高。

主力在高位拉升涨停板获利后，通常会选择偷偷出货获利，此时如果使用打压下跌的方式卖出手中的股票，是得不偿失的，投资者也很容易看出主力在出货。所以很多时候，主力出货是非常隐蔽的，在投资者还没有察觉的情况下，主力便已经悄悄顺利地出掉了手中的股票。主力出货时，投资者除了要对K线图进行详细的分析，还须对分时图的波动变化进行详细的分析，因为很多时候通过观察分时图的波动变化，也可以判断出主力出货的信号。

投资者应该知道的是，判断主力出货并不意味着股价可能会很快大幅下跌，有时恰好相反，股价可能会涨得更快更猛烈，因为高明的出货都是通过拉高出局的。

二、实战操作要领

通过对技术图形和买卖成交量的要领分析，投资者可以判别出涨停出货的迹象，投资者要注意以下要领：

（1）涨停板打开处成交量放大和放出。

（2）涨停反复，盘中封涨停被连续打开三次或三次以上，通过反复打开、闭合涨停板，来放量完成出货。

（3）股价在涨停板附近，似涨停还不涨停，是因主力借机出货所致，吸引跟风买盘。

（4）早盘、尾盘拉高涨停，盘中回落，通常也是出货的迹象，因为主力通过早盘拉涨停，拉出了较大的空间，然后利用散户跟风的心理不断地出货，尾盘再快速拉高至涨停，日后继续出货。

（5）封涨停不牢固。

若早盘个股直线陡峭冲击涨停板，通常是比较强势的股票。但是，如果封涨停板不久后就被打开，然后开始回落，就要特别小心了，因为早盘的快速冲击涨停很可能是主力的自弹自唱，吸引散户跟风，然后在涨停板上实现出货。

（6）利好不涨停。

出利好、涨停开盘，但却放量高开低走的股票，很可能是主力在出货。当出现利好时，一开盘就涨停的股票，不要争着去追，有时利好出尽是利空，如果利好出来主力都不敢拉涨停，那么出货的嫌疑很大。

（7）放量不涨。

股价在高位时，如果出现放量不涨，就要注意主力是否在出货。此外，一旦出现股价跌破关键价格，不管成交量是不是放大，投资者都应该考虑卖出手中的股票。

如何判别主力是否在利用涨停板出货呢？除了以上所说的一些要领，还要看大盘环境和个股状况，在个股本身技术形态不好的情况下，勉强去拉涨停，但是不封死，在涨停板位置慢慢出货，即使在最后收盘时以涨停报收，后续交易日也走不了多高。

三、具体运用实例分析

1. 股价处于高位，主力利用涨停板阳K线出货

在相对高位或大盘在震荡时，主力有可能借涨停板出货。投资者在这些涨停板带来的巨大利润面前，很容易盲目追涨而忽略主力的阴谋，一不小心就会陷入主力利用涨停出货的陷阱，在高位接盘，最终割肉出局。

操盘手法高明的主力往往以涨停板为幌子，达到顺利派发、套取大量现金的目的。当某只股票连续一段时间暴涨后，主力用大笔买单封住涨停，吸引许多中小散户跟风以涨停价格排队等待买入。这时眼见买入者众多，主力迅速撤单成功后，便开始全力出货，大量抛售。涨停板被打开，由于买入者众，主力不愁找不到买主，迅速达到出货的目的。

对于连续强势涨停的股票，尤其是放巨量涨停的个股，应特别警惕主力利用涨停板出货。下面为投资者介绍主力是如何利用涨停板出货的。

股票遵循价格优先、时间优先的原则，由于涨停板的价格没有差别，而时间差别就可以利用了，这就为主力利用涨停板出货提供了方便。主力在推动股价连续走高后，通常会在拉升后期，以连续涨停吸引投资者的注意，当跟风盘特别旺盛时，再上演涨停板出货的好戏。具体做法是：先挂巨量买单快速封住涨停，稳住空头，刺激多头，等跟风盘上来后，逐步把前面的挂单撤销，再排到跟风盘后边，由于巨量封单数量无明显变化，散户还沉浸在主力扫货的幻想中等待下一个涨停，跟风盘又唯恐错过买入时机，这样主力就很轻易地达成了出货的目的。

下面是一些"假涨停、真出货"的实例浅析。

图6-1是广田股份（002482）的日K线走势图，查看该股2015年6月4日的日K线，不仅当日的股价创出了近期新高，处于短期内的明显高点，而且当日的量能也创出了近期新高，则可以进一步确认这是主力在涨停板上的出货行为所致。在实际操作中，投资者如果当日追涨买入了，那么次日就应及时卖股离场；如果持股，则可适当减仓，次日见情形不妙时，则应清仓离场。

让我们来看该股在2015年6月4日当天的分时图，可以更清晰地看出主力出货的蛛丝马迹。

广田股份（002482）

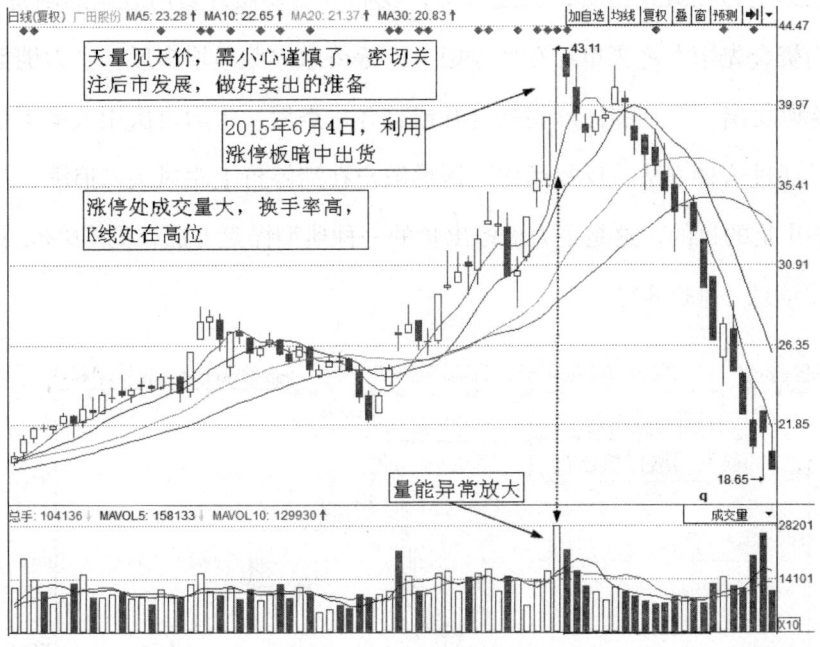

图6-1

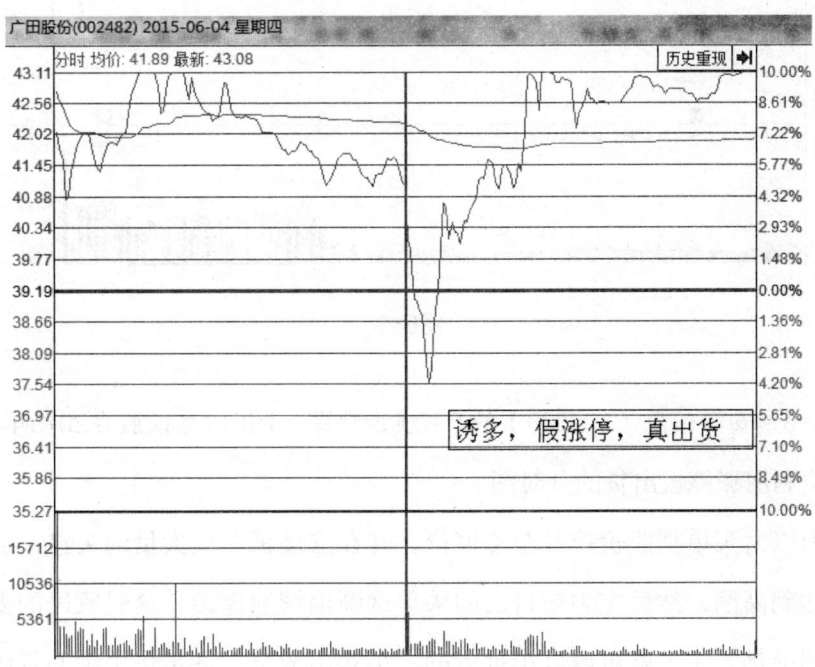

图6-2

如图6-2所示,从图中可见当日多次开板出货,持续时间之长、抛盘力度之大让人惊叹,主力在减仓出货,见此情形,我们自然要做好卖出股票的准备。

主力资金先用大笔买单封在涨停板上,等待散户跟单增多后,主力悄悄撤单,然后将筹码卖出,等到涨停即将被打开或打开一点后,主力再次用大笔买单封在涨停价上。通过这种方法,反复运作,诱惑散户在涨停价上跟风买入追涨,从而达到高位暗中出货的目的,这是主力涨停出货的一种典型操盘方法,见图6-3、图6-4。

安硕信息(300380)

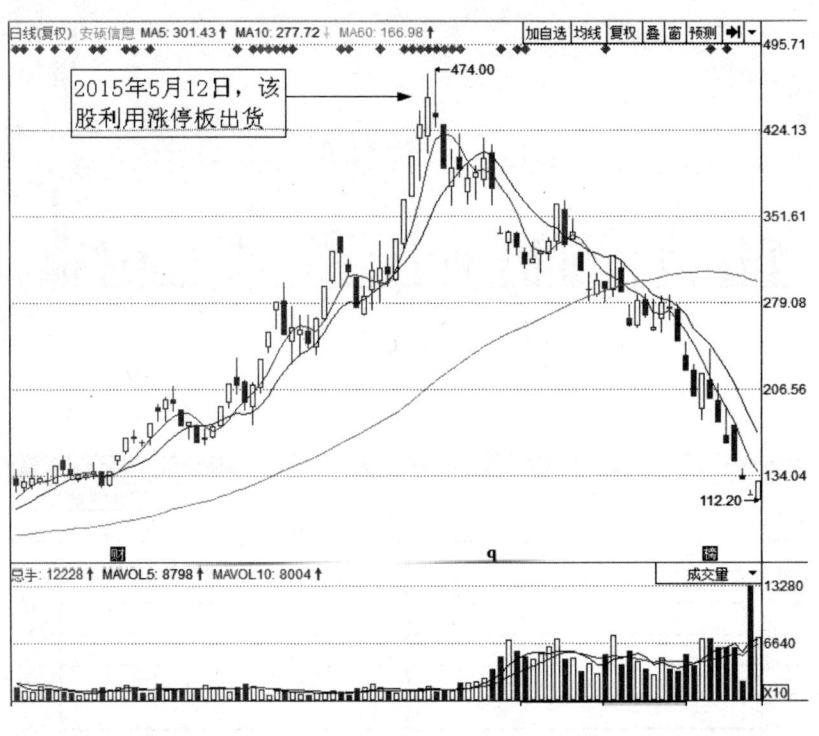

图6-3

图6-3是安硕信息(300380)的日K线走势图,图6-4是该股在2015年5月12日当天高位利用涨停板出货的分时图。

主力以大买单把股价拉升至涨停价,并在涨停板上放大量的买盘,从而使多头买盘达到高潮,然后主力把自己的买单逐渐悄悄地撤掉,这时股民的委托单会不断推到前排,主力就可以以小批量的卖单卖出成交,逐步将手中的筹码抛售给排在前列的股民,见图6-5、图6-6。

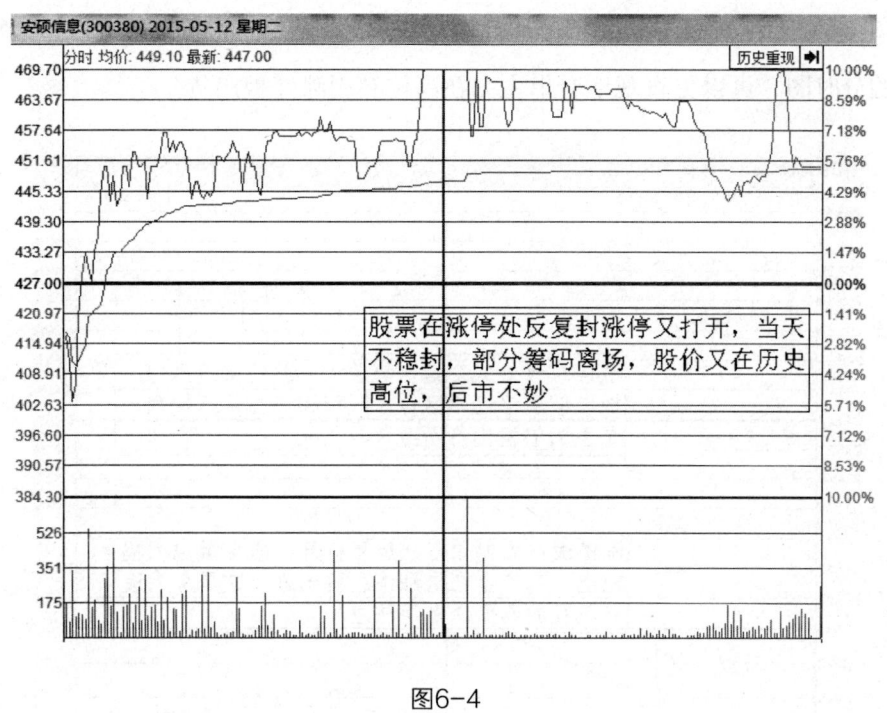

图6-4

光环新网（300383）

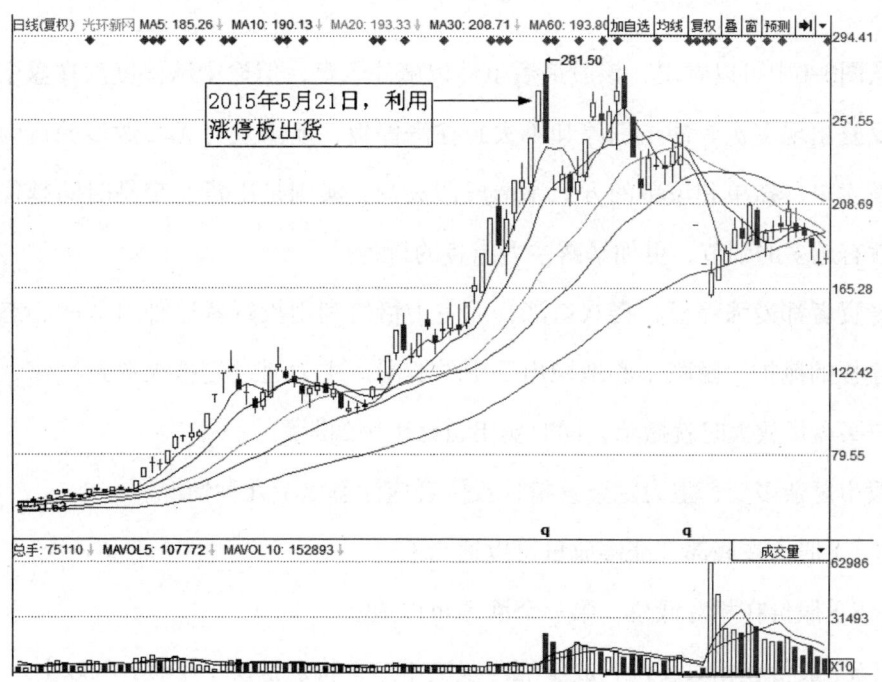

图6-5

图6-5是光环新网（300383）的日K线走势图，图6-6是该股在当天2015年5月21日的分时图，可以更直观地看出主力在高位利用涨停板出货。

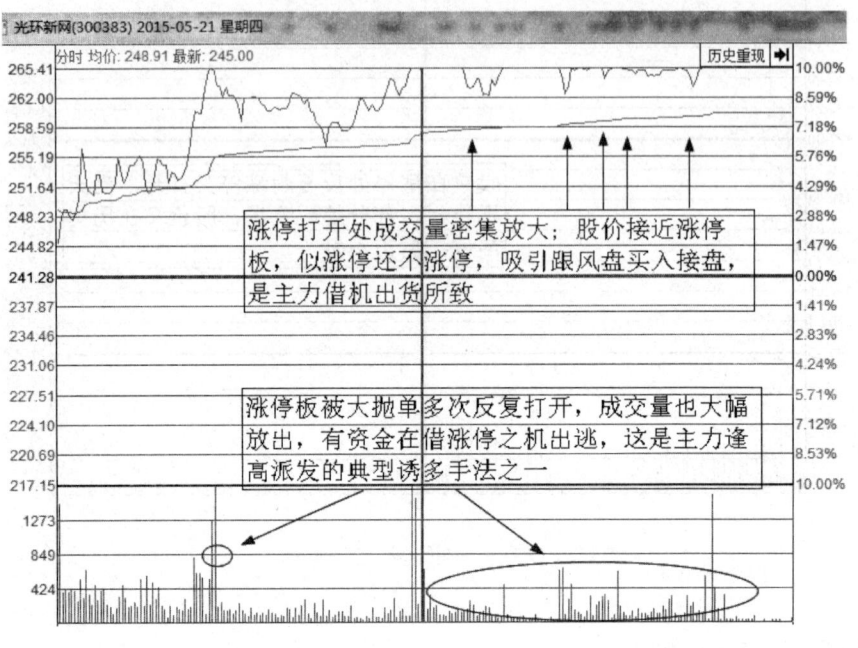

图6-6

从图6-6中可以看出，该股最后虽然以涨停收盘，但途中涨停屡次在盘中被打开，反复出现多次。冲击涨停却不去封住涨停板，泄露主力无心做多的行为，通过不断卖单、撤单和填单的方式制造虚假买盘，实则是出货，交易时间越往后，盘面就有越多的细节，更加暴露主力出货的行为。

投资者都爱涨停板，喜欢追涨，而主力恰恰利用投资者这种追涨的心态，通过涨停板的掩护，隐蔽小心地抛出手中的股票。主力通过先挂大单封涨停，等后边散户买盘量放大时就撤单，同时卖出自己手中的股票。

股市复杂多变，主力隐蔽狡猾，投资者应注意以下几种情况。

（1）股价在底部，涨停放量可以适当追。

（2）股价在相对低位，第一个涨停可以追。

（3）股价在相对高位，放量涨停坚决不追，特别是换手率在10%以上。

（4）涨停板封板越早越好。

（5）涨停板反复打开且放量，收盘封上涨停的，这时看情况，一般在底部的个股，主力在涨停板处洗盘的概率大。而在相对高位，大部分情况是出货。

投资者要留意涨停板处买卖单的微妙变化，也要关注其中是否存在频繁的挂换单的现象，涨停板是否经常被打开，才能作出准确的判断和掌控好股票的走势变化。

有的主力想在涨停板出货，就先用巨量的买单封住涨停板，吸引市场的关注度和人气，有些投资者会以涨停板的价格跟追进，这正中主力的下怀，主力偷偷地撤走买单，填上卖单，自然很快地就将筹码转移到股民的手中。当涨停板处的买盘消耗得差不多之时，主力又会在涨停板上挂上买单诱多，制造出买盘蜂拥的现象，等股民又再次追入时，主力则又开始撤单，股民的委托买单又排到前面去了，如此反复地操作，筹码在不知不觉中在高位转移给股民了。

利用涨停出货，这种情况对普通投资者危害很大，所以大家一定要有所了解。主力以涨停的操盘方法来吸引市场的注意力，引来人气，以此来吸引大量的市场跟风盘，此时，这是主力资金的派发区，也是危险的区域。

登云股份（002715）

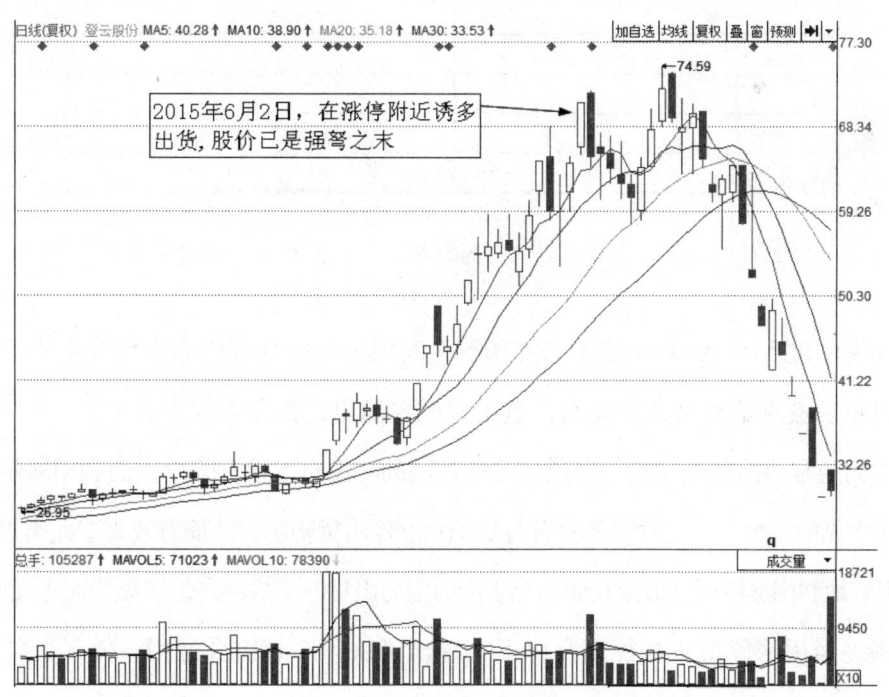

图6-7

如图6-7和图6-8登云股份（002715）所示，我们看图6-8中该股2015年6月2日的盘口，明显是主力通过大单拉升涨停，从而在涨停板出货所致，这预示着短期调整即将到来。如果大盘好的话，则横盘整理后有可能往上拉；如果碰上大盘不好，就不是特别乐观了，但主力想出货完毕还需要横盘震荡数日。图6-7也显示了股价处于波段涨幅末端，投资者应注意潜在风险，可要盯紧盘面了。

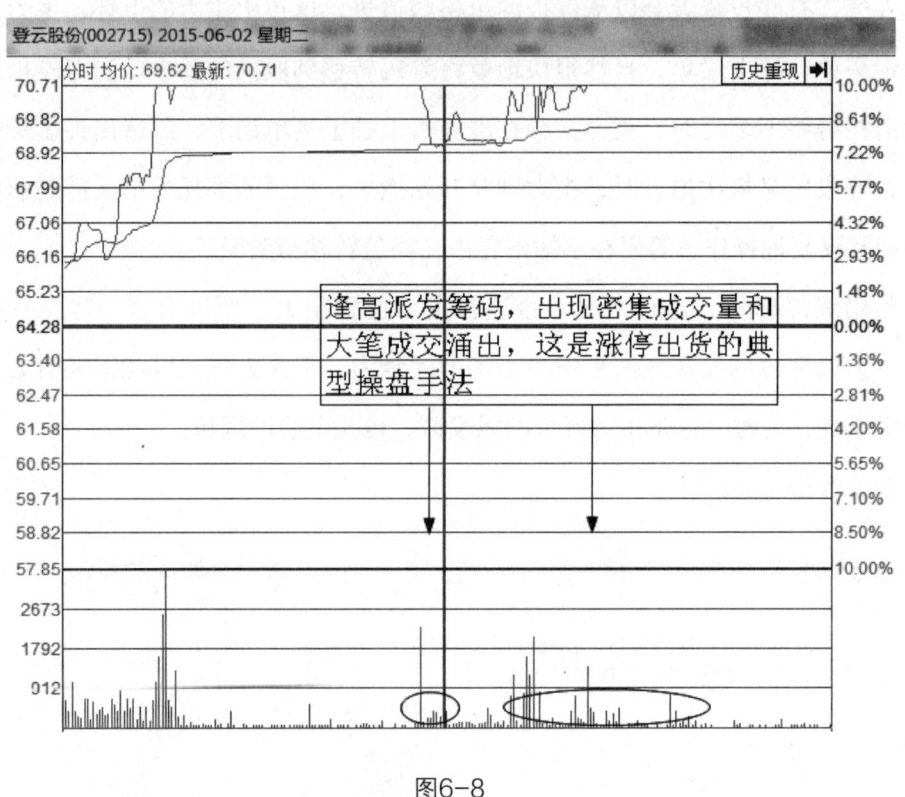

图6-8

如图6-8所示，登云股份（002715）在2015年6月2日利用涨停板在出货了，特别是封板后被巨量卖盘砸开盘面，盘中有抛单涌出，投资者要小心了。

主力通常会抓住中小投资者迫切希望盈利的心态布下投资陷阱，而利用涨停出货就是很常见的一种。广大投资者只有有效识别涨停出货陷阱，才能有效规避此类投资风险，更好地利用涨停板创造盈利而不至于沦为主力出货的工具，高位接盘后血本无归。

主力运用涨停出货往往配合以下三种出货法，一起组合运用，效果更佳，投资者要了解下：

（1）震荡出货法。

在高价区域反复制造震荡，让投资者误以为只是在整理而已，震荡中慢慢分批出货，这种出货时间长。

（2）拉高出货法。

拉升股价，吸引投资者跟进，这时主力一边放量对倒，一边出货，往往短时间内就完成出货操作。这种出货方式要求市场人气旺盛，适合中小盘股操作。但这种出货方式主力风险很大，只能在行情较为火爆时，才能有把握成功出货。

（3）诱多出货法。

股价调整或成交量萎缩之后，主力人为再次拉高股价，使得投资者认为现在的位置不是顶部，而只是一次调整，激发场外的买盘涌入，主力借此可以顺利出货，这种上涨是主力的诱多出货手法。

主力利用涨停出货的手法非常隐蔽，涨停处出现大量的散户跟风盘买入，给主力出货提供便利的时机，见图6-9、图6-10。

*ST天化（000912）

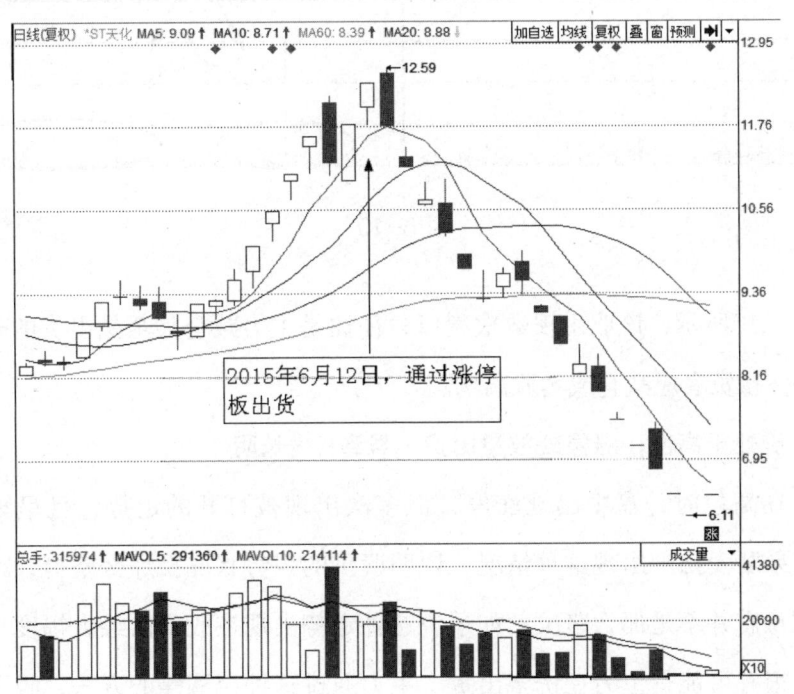

图6-9

图6-9是*ST天化（000912）的日K线走势图，该股波段涨幅已高，属于涨幅尾期。该股主力在高位通过涨停来吸引市场的关注度，诱惑大量的投资者跟风买入，制造强大的买盘吸引市场其他资金买入去封涨停，然后派发筹码，这是主力的出货区域，也是危险的地方，投资者要小心。

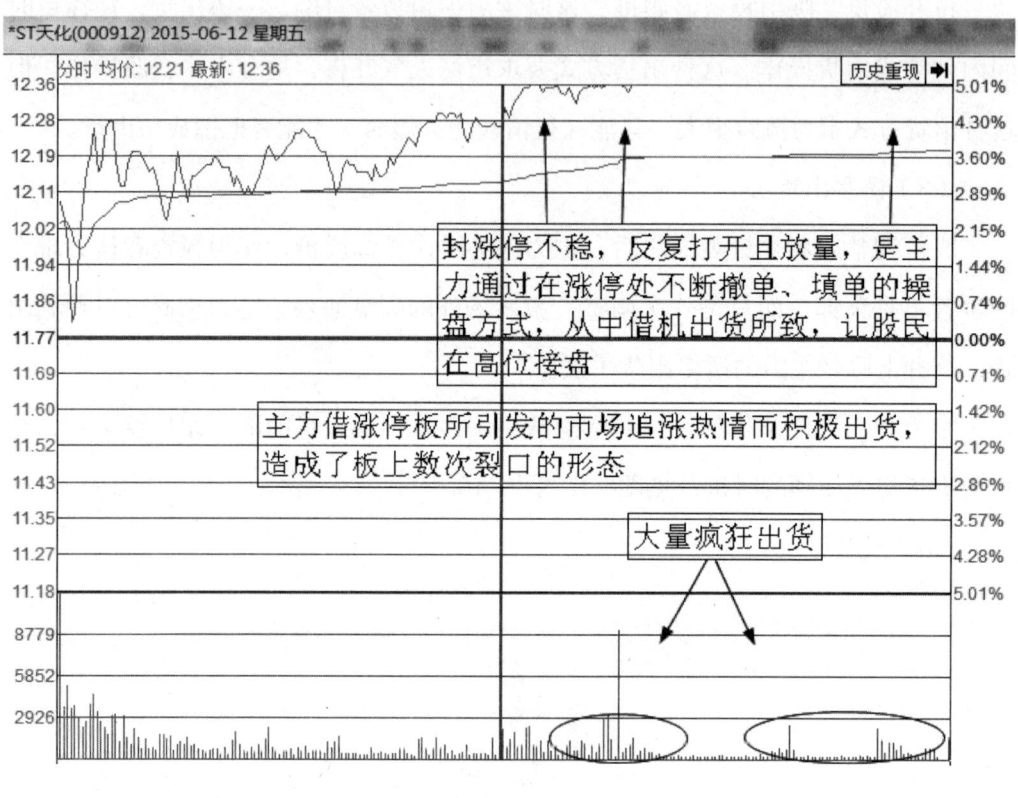

图6-10

如图6-10所示，该股出现数次裂口，往往是主力减仓甚至是出货的表现，后市不看好，投资者应减仓或卖股离场。

2. 股价处于高位，涨停处放量出货，导致K线长阴

股价在高位时，盘中出现涨停，但多次出现被打开的走势，且呈现放量，此时应该果断卖出。出现这种情况，说明股价的强势状况没那么坚挺，或者说股价上涨的意志并不是那么坚决。如果说这种走势出现在股价已经大幅度上涨的后期，那么很有可能是主力在诱多出货。主力通过这种拉涨停的方法，吸引场外资金的关注，让它们进来接盘，从而达到自己出货的目的。因此，投资者必须谨慎分析，防止被主力这种诱多出货的计谋所迷惑，导致损失。

南华仪器（300417）

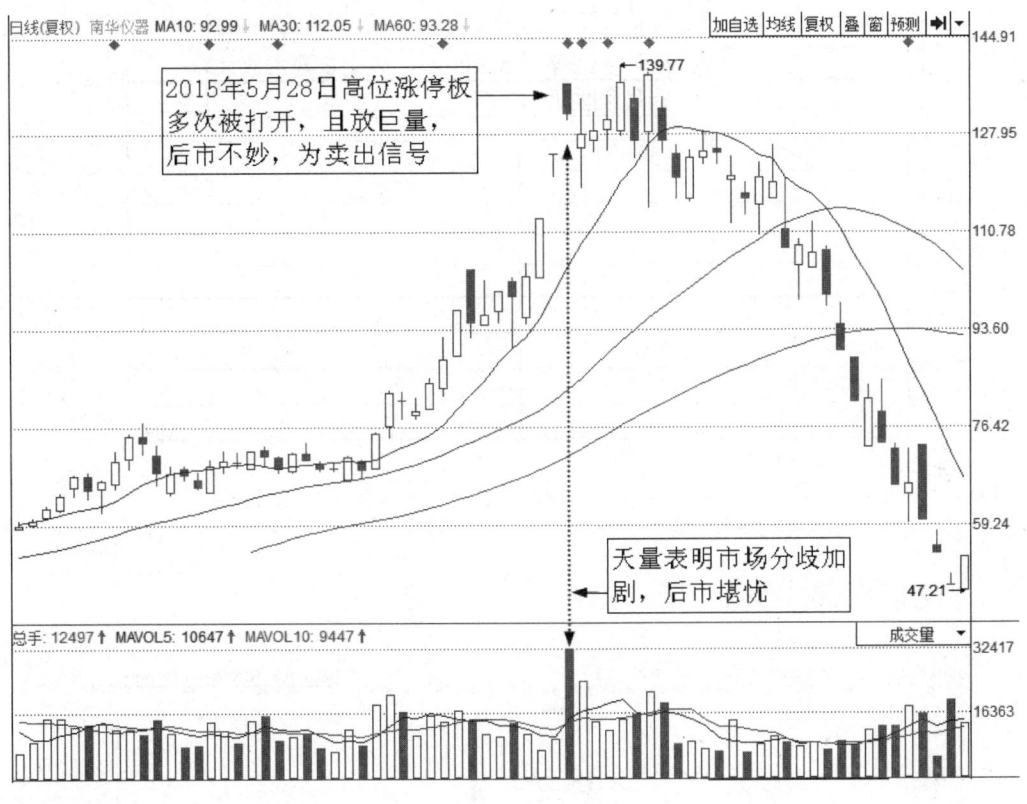

图6-11

如图6-11所示，南华仪器（300417）上涨过程非常猛，短短十几天，股价就从76元拉升到130多元。2015年5月28日，其在高位箭头处以涨停开盘，主力利用早盘的人气，涨停开盘，目的是把大量的交易时间用来出货，不断倒单，在同一时间内，撤单、挂单相同的数量，这样在盘口就显示不出撤单的痕迹，而主力的单子将会后移，把散户的单子顶上去，这样主力才能疯狂在高位出货。

图6-12是南华仪器2015年5月28日当天的分时图，该股开盘就把股价拉到涨停板，吸引大家的眼球，途中多次打开涨停板，让大家纷纷去追，主力趁机把筹码抛给新追入的人。收盘时全天放出巨量，这便是我们所说的高位天量出货。

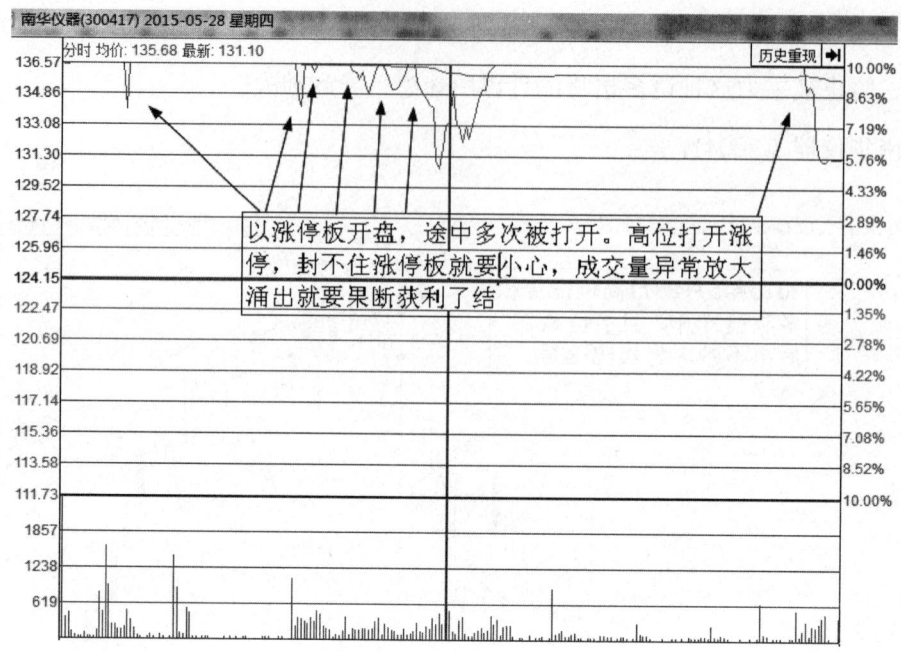

图6-12

光大证券（601788）

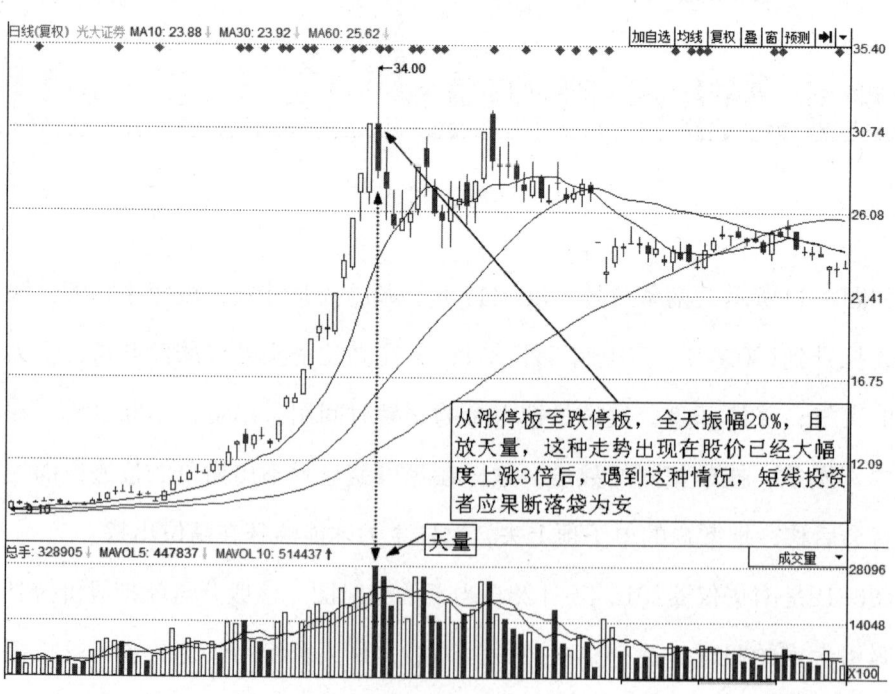

图6-13

如图6-13所示，光大证券（601788）的股价从9元多，一路上升至34元，翻了3倍多，在图中箭头处由涨停板跌至跌停板，而且伴随着天量，这是卖出信号。本例箭头处是出现连续暴涨之后，其见顶信号强度更强，遇到此种情况，短线投资者应果断卖出离场，规避调整风险。

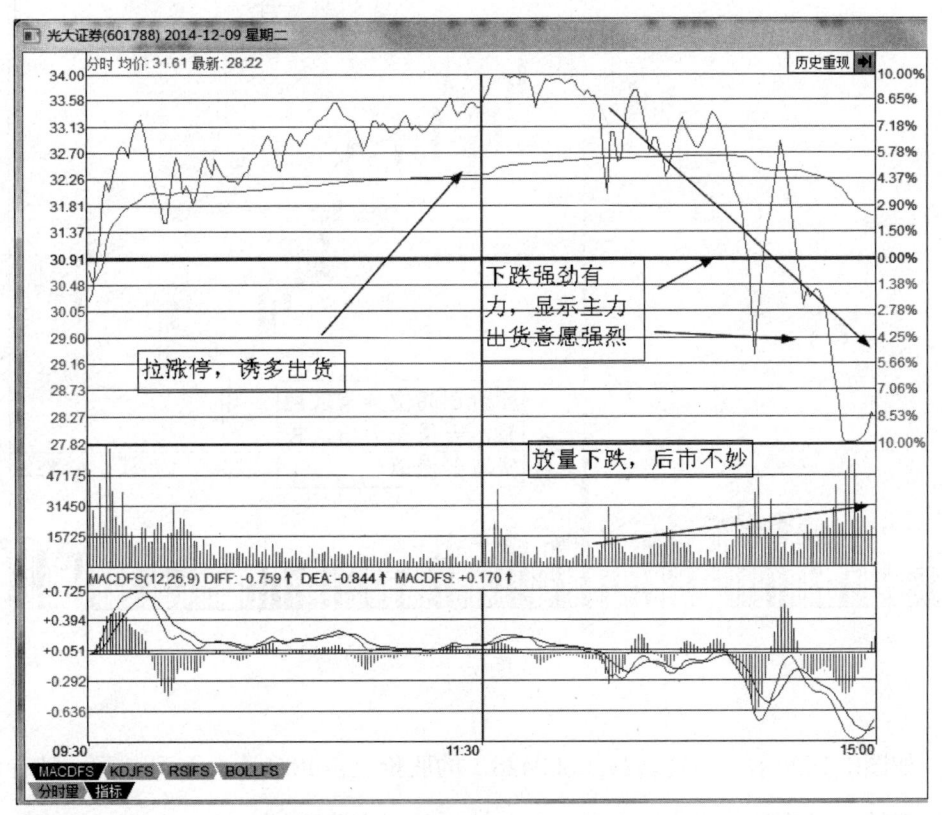

图6-14

图6-14是图6-13箭头处当天的分时图，该股开盘后就一路震荡走高，下午开盘后就封住涨停板，但没到10分钟，股价就开始打开涨停板，随后展开震荡下跌，尾盘抛盘较多，且成交量急剧放大，最后跌至跌停板，短短一天，从涨停板跌至跌停板，全天振幅达到20%。

涨停是股价运行的一种极端方式，它是由于股价在强大的资金推动下发生的一种剧烈运动。若股票在高位出现涨停板，反复被打开，并放巨量，说明主力利用涨停板反复打开来迷惑散户，招引跟风者接盘从而达到顺利出货的目的。

四通新材（300428）

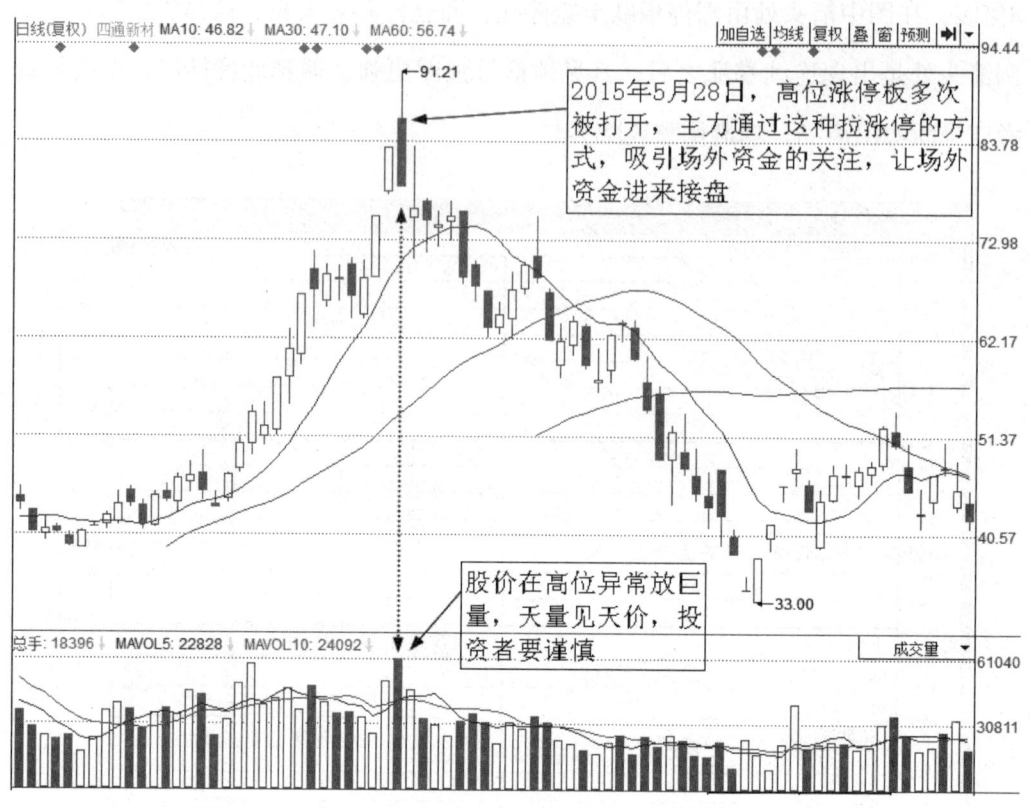

图6-15

如图6-15所示，四通新材（300428）的股价已由40多元上涨到91元，已有1倍多的涨幅，当前股价就整体而言，已经处于相对高位区域，该股在2015年5月28日反复打开涨停板且放量，是主力反复出货行为，因此建议短线投资者暂时离场观望为妙。

本例该股当天振幅为15.33%，换手率高达30.22%，尾盘涨停板又再次被放量打开，一路下跌，以一根上影线较长的大阴线收盘，说明多头上攻乏力，空头已深入多头大本营。投资者一定要十分谨慎，立刻出局，不要对后市抱有什么幻想，此时参与的风险要远远大于收益。

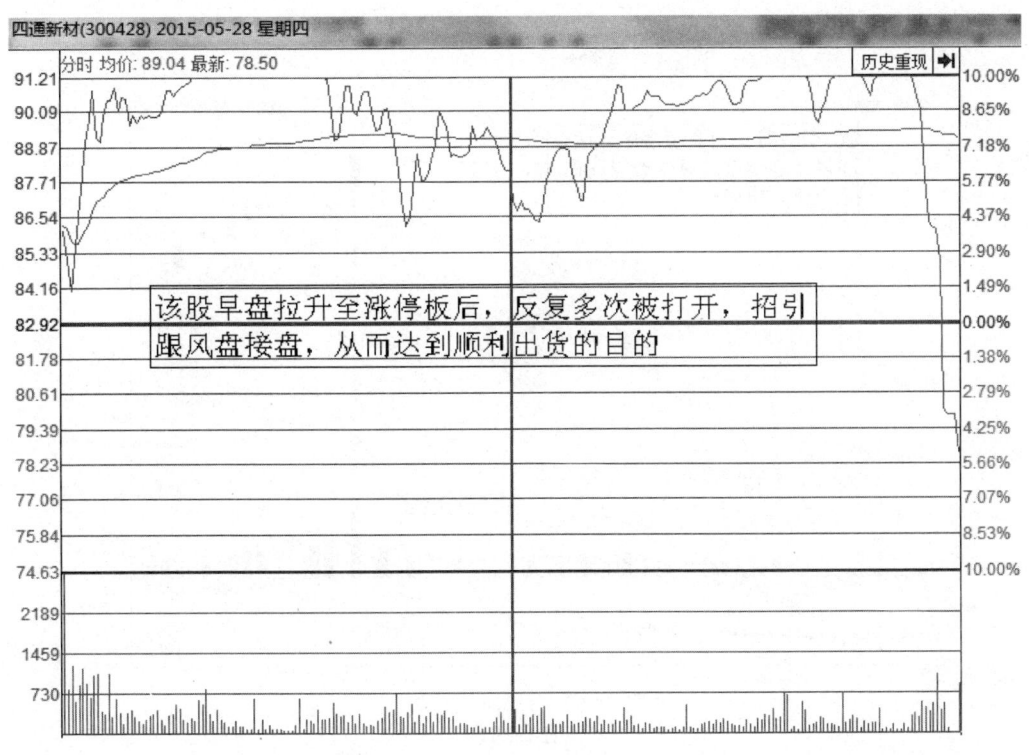

图6-16

图6-16是四通新材（300428）2015年5月28日的分时图，该股早盘就封住涨停板，期间反复被打开，成交量密集，最终股价以一路下跌收盘。不难看出，这是主力通过反复打开涨停板，以吸引散户跟风盘接手，从而拉动主力出货，顺利达到主力资金想要快速出货的目的。此时，投资者要分外当心，冷静决策，避免一时冲动被眼前利益所迷惑，看不透事实，中了主力的圈套，这就得不偿失了。

图6-17是斯米克（002162）的日K线走势图，2015年4月15日，该股继续上涨冲高至涨停板，但没站稳几分钟，涨停板便被迅速打开，随后一路震荡下跌，在相对高位走出了一根巨量的长阴线，阴线实体加上巨大的成交量对后市还是形成了巨大的压力。这种压力不仅仅是心理上的，同时也是技术上的，该股高开低走，盘中涨停追进的投资者都被一网打尽，成为套牢盘。图6-18是当日的分时图。

斯米克（002162）

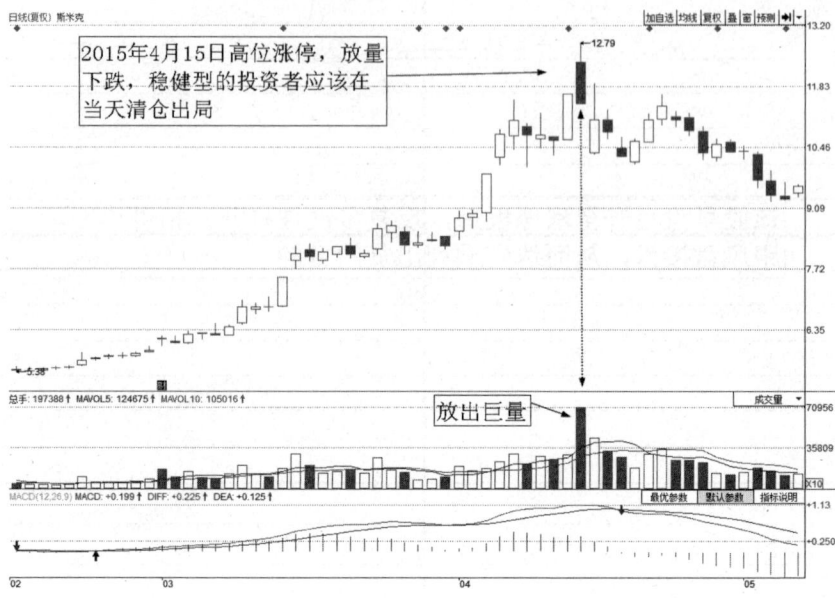

图6-17

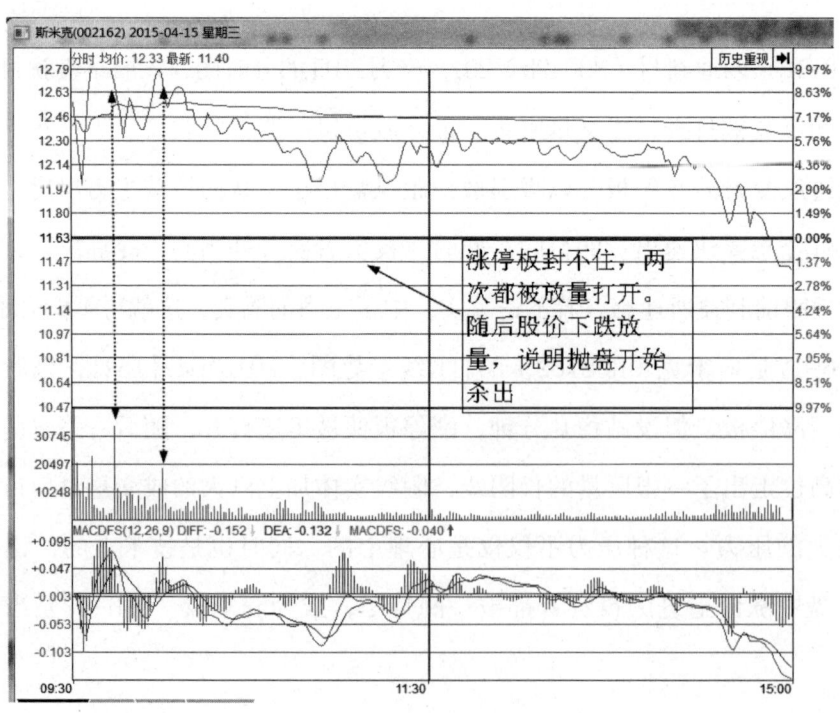

图6-18

如图6-18所示,斯米克(002162)的股价高开高走,冲击涨停板,但涨停板两次被放量打开,随后股价下跌放量。说明主力抛盘开始杀出,放量杀跌股价回落,继续下跌的可能性很大,投资者要逢高出局。

3. 股价处于下跌反弹阶段,主力利用涨停出货

中泰股份(300435)

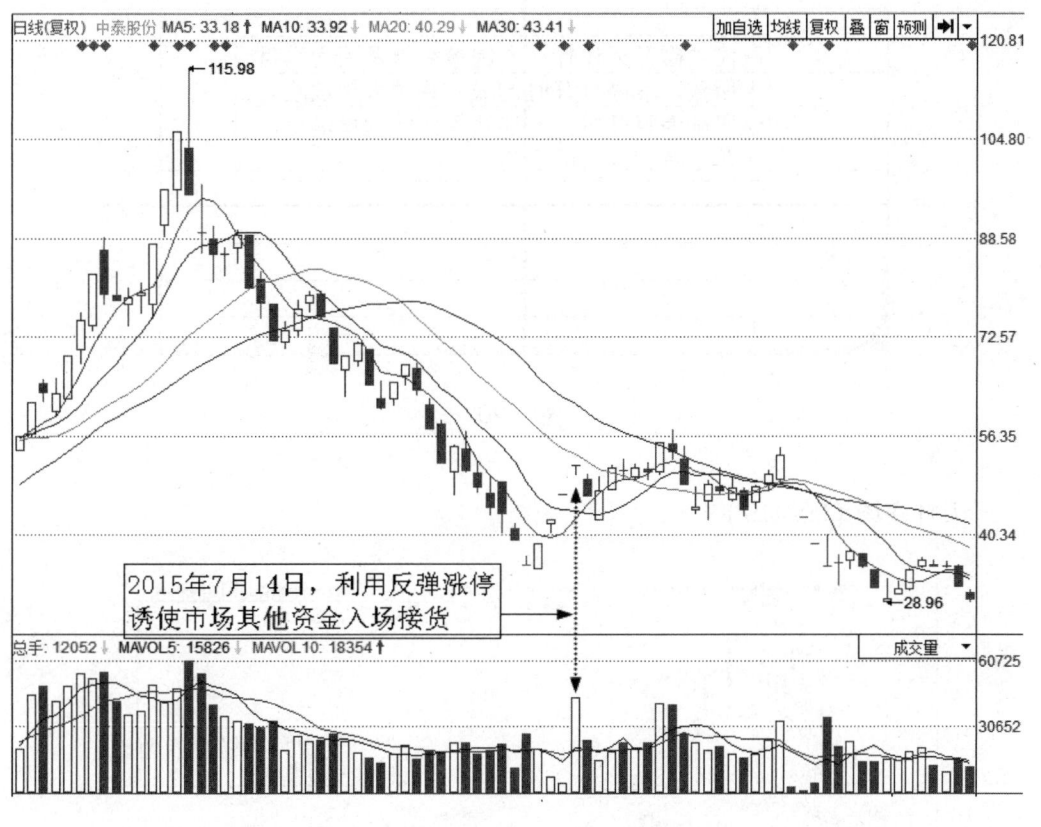

图6-19

如图6-19和图6-20所示,中泰股份(300435)在下跌趋势中,且受均线压制,拉出的涨停多半就是利用下跌中的反弹出货,临盘时切不可上当,从当日的分时走势图看也是清清楚楚的,主力在涨停板偷偷摸摸地出货。

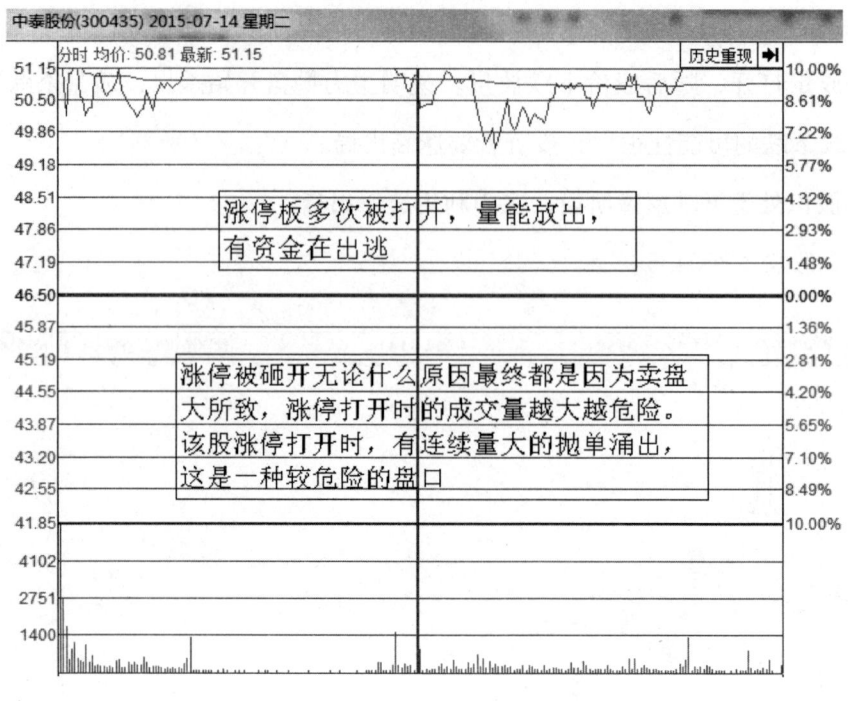

图6-20

天虹商场（002419）

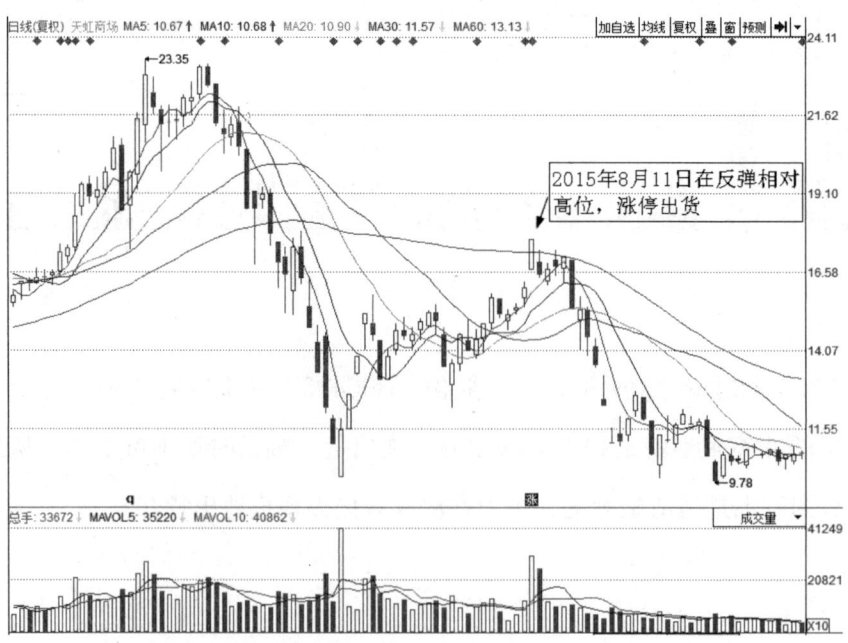

图6-21

如图6-21所示,天虹商场(002419)的股价见到高点之后开始了下跌,并且均线系统已经由之前的多头趋势变成空头趋势。重心不断下移,跌到一定价位的时候,股价再次出现技术反弹,止跌回升,2015年8月11日出现涨停,直接高开大幅拉升冲击60日均线,给人的感觉是要突破60日均线。但次日和后几日,该股就扭头向下大幅杀跌。这种骗线的杀伤力是很大的,因为主力是在有计划地撤退,后面接着连续下跌。让我们来看2015年8月11日当天的分时图,可以更清晰地看出主力在涨停的掩护下出货。

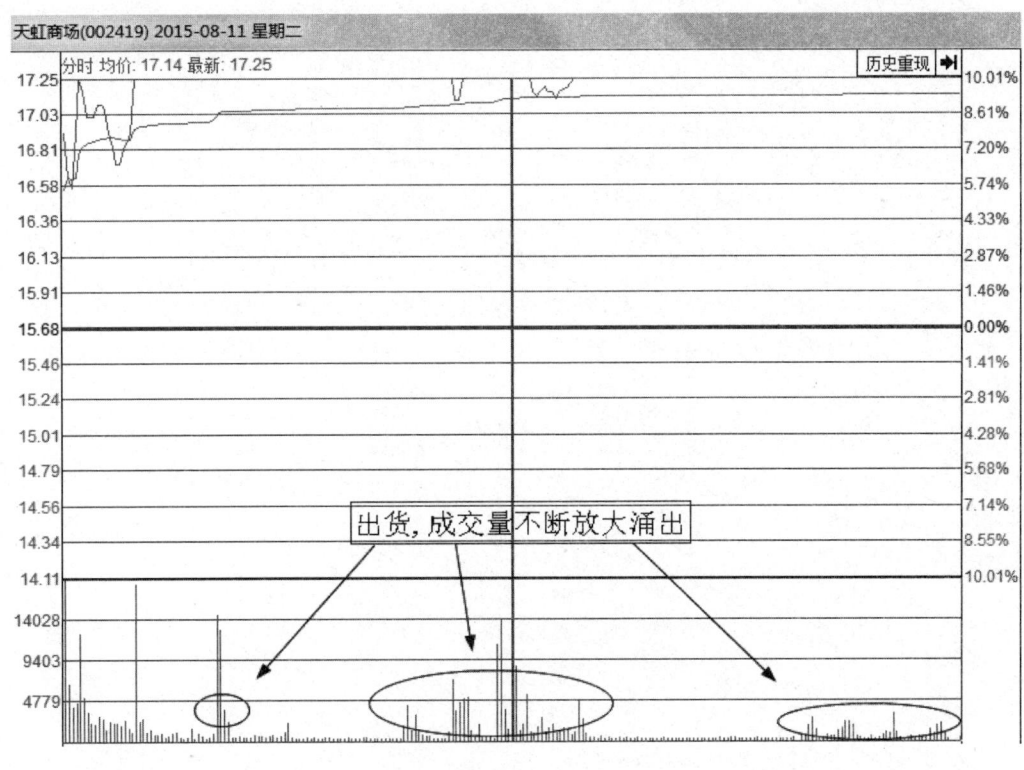

图6-22

图6-22是天虹商场2015年8月11日当日的分时图,该股主力会采取涨停板掩护出货手法。因为一般投资者会认为能涨停的股票会保持强势,后市依然能够看涨,所以部分投资者会在涨停价挂单,排队等待买入,或者等打开涨停后介入。此时主力进行出货操作不会引起股价的大幅下跌,具有一定的隐蔽性,又能保障出货获得较高的利润。

第七章

利用缺口捕捉涨停

一、基本原理

缺口是K线图分析中一个非常重要的形态，缺口对股价有重要的支撑和阻力作用，因此，每当股价回调运行到缺口位置时，投资者都应该特别注意。同时，缺口又是涨停板的多发区域，也就是说，缺口出现时，时常会伴随有涨停板的出现，投资者可以有效地狙击涨停板。

涨停板与向上跳空的缺口经常存在某些联系，要么是出现缺口前股价容易出现涨停，要么是出现缺口的当天股价容易出现涨停。下面看一个向上缺口的案例。

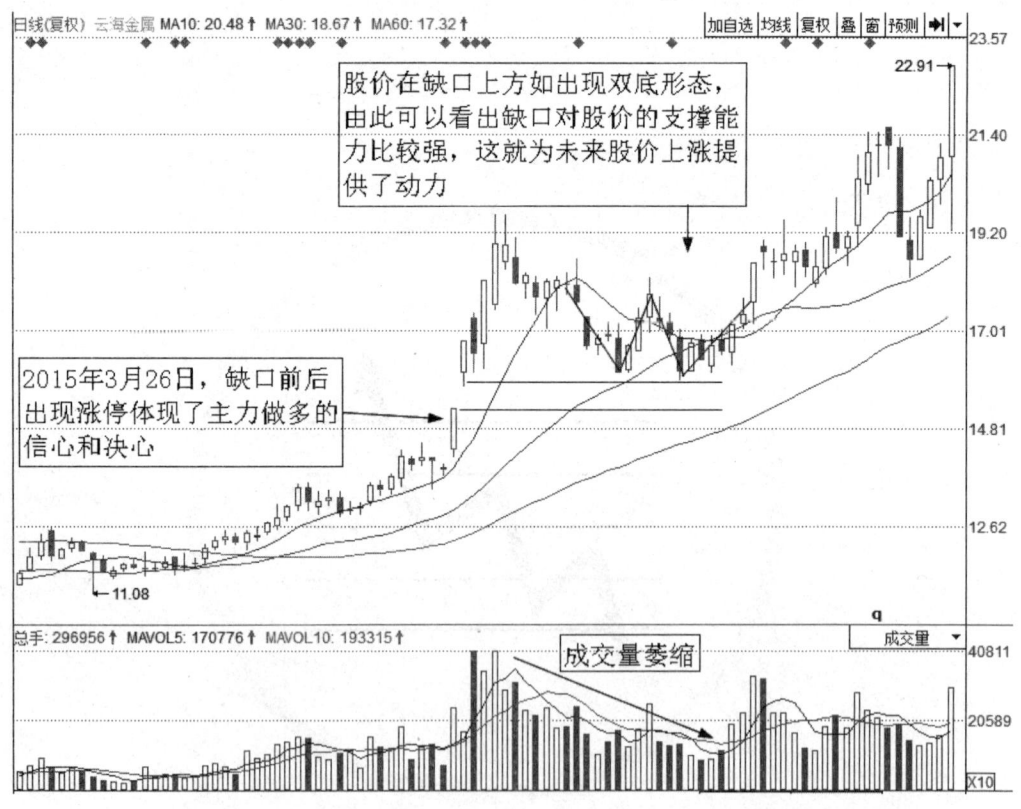

图7-1

二、实战操作要领

（1）缺口的出现是一种比较强烈的看涨信号，如果股价在上涨趋势初期或者盘整走势中出现向上的跳空缺口，说明盘中的多方力量强劲，股价上涨的动力充足，是看涨信号。通过研究发现，向上跳空的缺口，带来涨停板的概率要远远超过普通的K线。

（2）股价在上涨的过程中，出现的向上缺口越大，后市支撑能力就越强。

（3）个股形成向上缺口，创下阶段高点后出现回调，成交量呈萎缩的态势，表明主力没有完全出货，这也就为个股未来的上涨提供了必要的条件。

（4）缺口有很强的支撑或阻力作用，当股价出现向上突破缺口，缺口就成为重要的支撑地带，如果股价接下来没有回补缺口，就表明上涨趋势的彻底形成。

三、具体运用实例分析

1. 向上突破阻力位的缺口，买点

一些重要的阻力位都会对股价产生重要的压力，而一旦被以缺口的形式突破，那么，股价很有可能继续向着缺口所指示的方向发展。重要阻力位往往是多空双方激烈争夺的区域，而被以缺口形式突破说明两点：一是多空双方的力量对比已经出现变化，一方已经占据了绝对的优势地位；二是多空双方的一方实力强，所以股价就会按照其中一方的方向发展。

缺口有很多种，我们这里主要介绍的是价值最大的向上突破缺口。所谓"突破缺口"就是跳空突破盘整区或者其他压力线留下的缺口，股经过一段时间的盘整，跳空突破，显示了主力经过充分蓄势，开始启动攻势，且攻势比较凌厉，可以第一时间介入。有些个股跳空突破后有回踩的动作，只要缺口没有回补，就说明强势依旧，也是加仓的良机。

如图7-2所示，该股的股价在箭头处跳空高开，留下了一个跳空缺口。次日该股继续跳空高开，并再次封上涨停板，在K线图上出现连续的跳空空白。由于这两个跳空缺口是在股价突破前期高点时出现，由此可以判断，该股未来走高的可能性很大。

海南航空（600221）

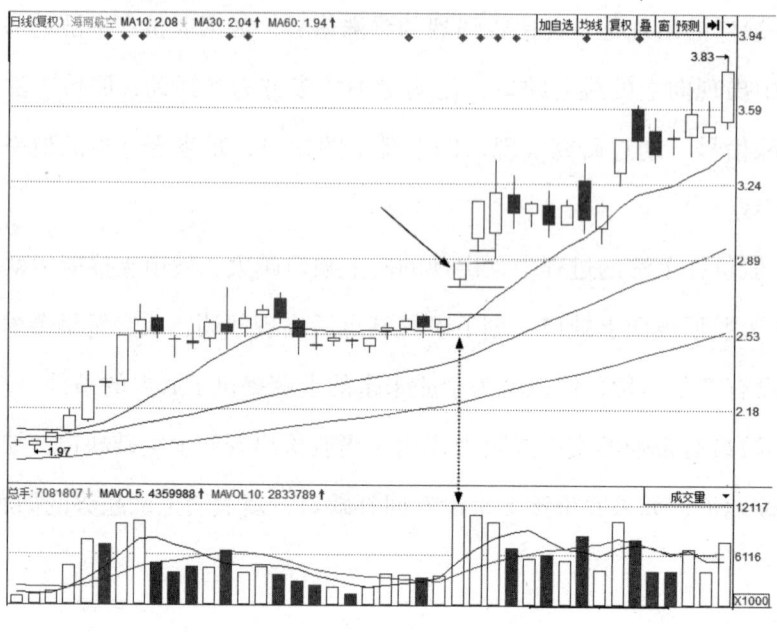

图7-2

浪潮信息（000977）

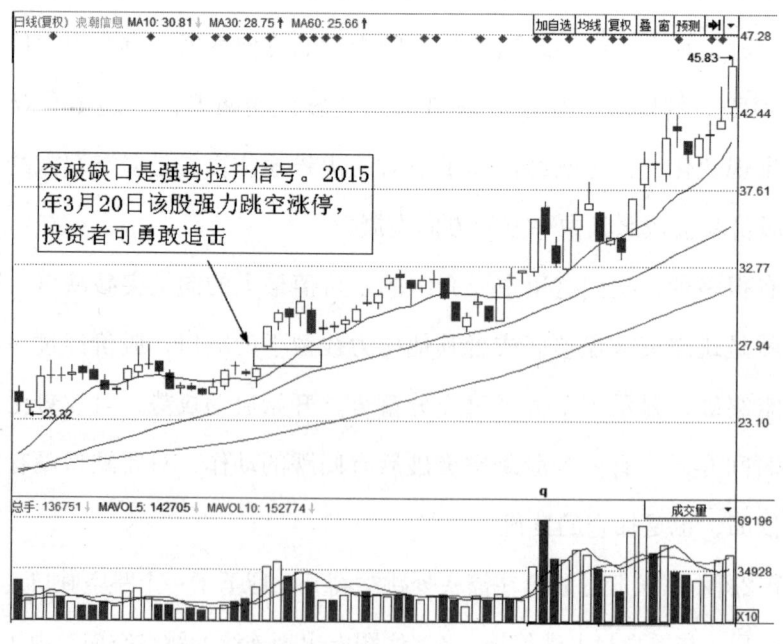

突破缺口是强势拉升信号。2015年3月20日该股强力跳空涨停，投资者可勇敢追击

图7-3

图7-3是浪潮信息（000977）的日K线走势图，该股此前有一段横盘震荡走势，2015年3月20日强力跳空涨停突破，留下一个缺口。这个缺口属于突破缺口，这说明横盘震荡走势已经结束，开始进入上升走势。突破缺口不仅是强势信号，同时具有很强的支撑作用。投资者可以在突破当日跟进买入，也可以在之后股价回踩时买入。

突破缺口是在上升途中出现的缺口，是主力强势攻击的表现，短线可适当跟进，最好在出现第一个突破缺口的时候进场。通过突破缺口寻找进场时机不失为一个方法，在股价不太高时可使用。

大东方（600327）

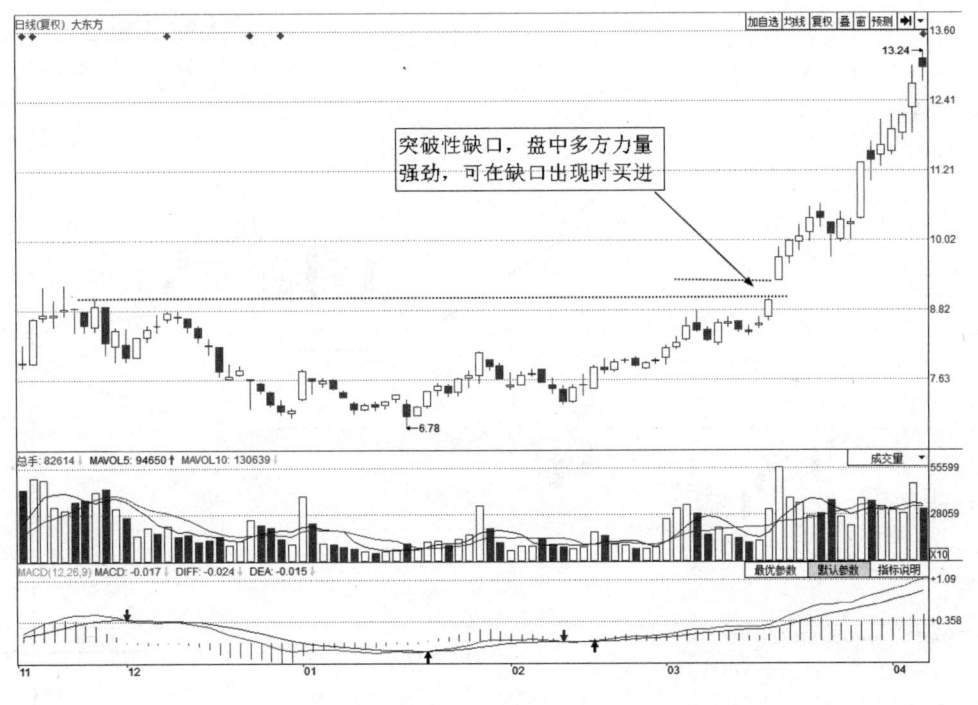

图7-4

如图7-4所示，大东方（600327）的股价在经过一段时间的下跌后再次走强，且出现一个向上的跳空缺口，该缺口一举突破了前期的高点，说明盘中的多方力量非常强劲，股价上涨动能充足，发出看涨信号，投资者可在缺口出现时第一时间进场买进。

突破缺口可帮助辨认突破信号的真伪。如果股价以一个缺口跳离阻力线，可见突破强而有力。

如果股价以缺口的形式，跳空突破某个重要的阻力位，那该缺口就称为"突破缺口"。突破缺口可以是突破前期重要阻力线，可以是前期高点，也可以是阻力线、均线等。

在上涨趋势中，如果出现一个向上的跳空缺口，一举突破前期的高位，那么说明盘中的多方力量强劲，股价上涨动力充沛，这是看涨信号，投资者可以在突破缺口出现时买进股票。

万业企业（600641）

图7-5

图7-5是万业企业（600641）的日K线走势图，该股在箭头处跳空上涨，当日强势放量涨停，留下跳空缺口，该股已经成功突破此前重要的压力线。该跳空缺

口后市应当有不小的涨幅，进场安全度比较高。果然后市留下缺口没有回踩，凸显了该股强势特征。

2. 放量向上缺口出现，个股未来上涨的可能性会更大

放量向上的缺口，说明多空双方经过激烈交锋之后，多方占据压倒性优势，如果缺口出现当天，成交量配合有明显的放大，那么，就说明该股的跳空上涨得到了市场的认可，该股未来上涨的可能性会更大。

武钢股份（600005）

图7-6

如图7-6所示，该股于2015年2月13日高开高走，并成功封上涨停板，在K线图上出现了一个巨大的跳空空白。再观察一下该股的成交量就可以看到，该股在拉出涨停板的同时，成交量出现异常放大的迹象，可以预测后市还有较大的涨幅，我们可以在盘中积极跟进。后市该股果然维持了较强的升势，涨幅不小。

宝馨科技（002514）

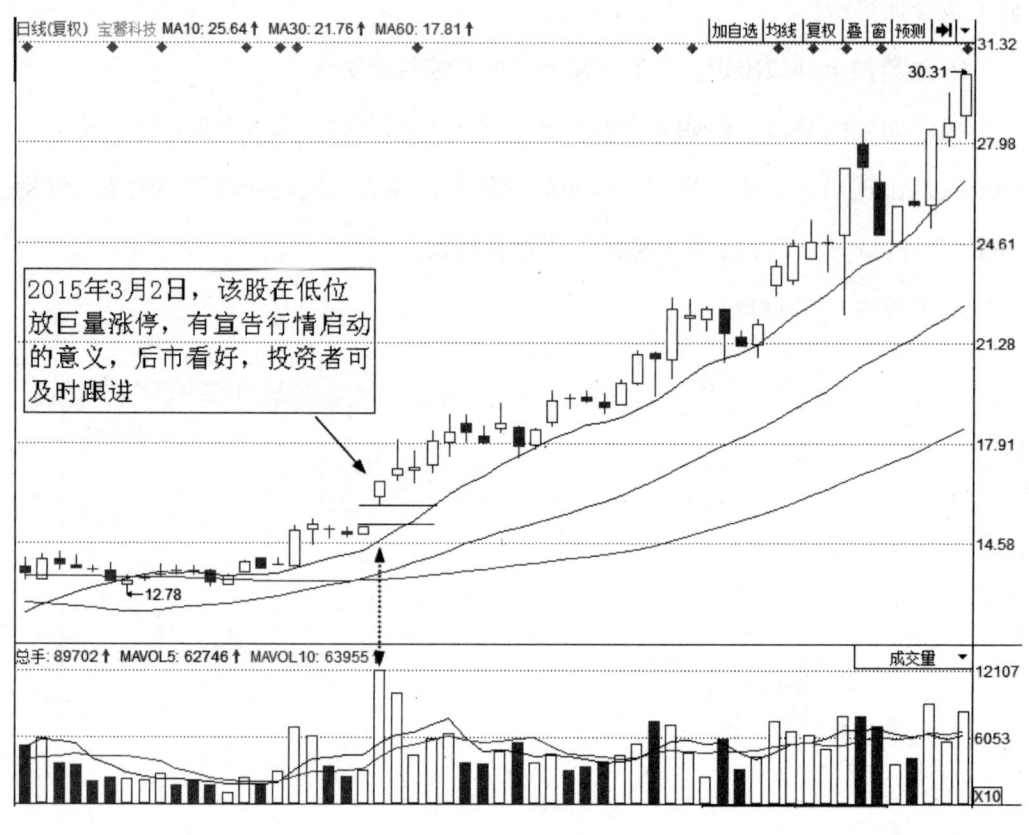

图7-7

从图7-7中可以看出，宝馨科技（002514）的股价于2015年3月2日拉出一个涨停板。当日的股价走势在K线图上留下了一个跳空缺口。再观察一下当天的成交量，我们就会发现，当天该股的成交量呈现异常放大的态势，预示该股后市还有继续上涨的可能，投资者宜跟进买入该股。

下面来看一个放量向上跳空缺口的实例，如图7-8所示。

图7-8是中南建设（000961）的日K线走势图，在图中箭头处该股跳空涨停，成交量放大，具有宣告启动行情的意义。此前该股横盘震荡，具有典型的洗盘蓄势特征。此后涨停突破，留下的缺口没有回踩，继续上涨，更显强势特征，投资者应该在盘中积极参与。

中南建设（000961）

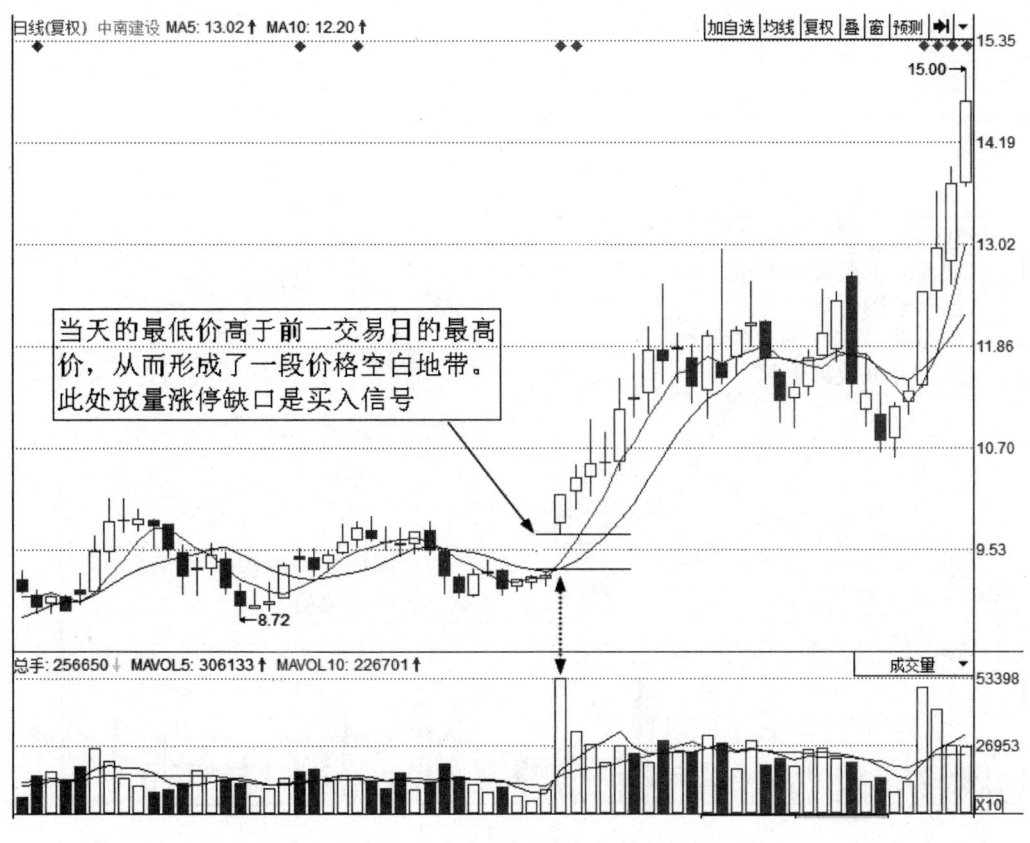

图7-8

3. 回调受缺口的支撑而重新上涨之时是买入的时机

向上跳空缺口反映了多空双方力量在对比中，多方占据了明显的优势，这就给了很多投资者一定的心理暗示：股价还会继续上涨。于是，越来越多的买盘就会出现，从而推动股价进一步上涨。而当股价出现回调，并下跌到缺口附近时，多方会将此形态看作股价的暂时整理，很多看好后市的投资者就会趁此机会买入股票，从而推动股价延续之前的上涨，这样，缺口的支撑作用就凸显出来了。

天保基建（000965）

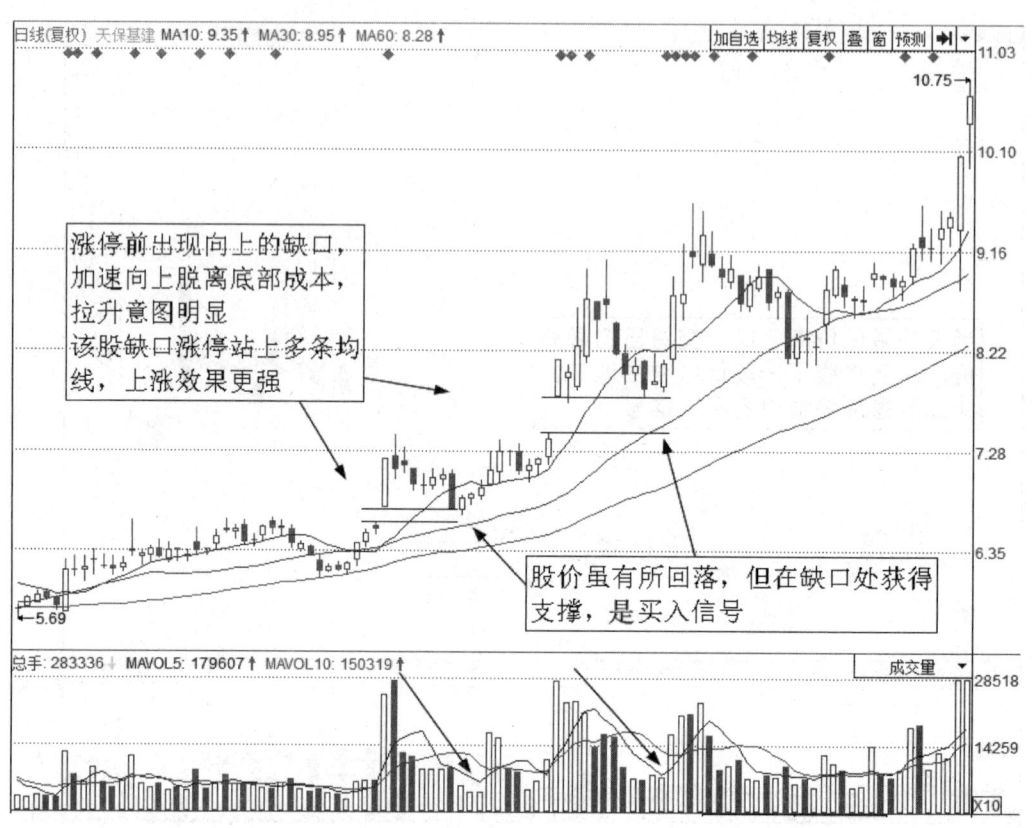

图7-9

图7-9是天保基建（000965）的日K线走势图，该股有两个跳空涨停上升，都是涨停突破前期压力线，形成一个突破缺口，其后，股价出现回调走势，下跌到缺口位置时，由于缺口的支撑，而重回升势。投资者应该注意，一旦股价受缺口支撑而重新上涨之时，就是买入该股的时机。

另外，通过对成交量的观察可知，本例该股在回落缺口的过程中，成交量一直呈现明显缩小状态。获得缺口支撑之后，股价又重新开始拐头向上上涨，说明该股后市可期。

舒泰神（300204）

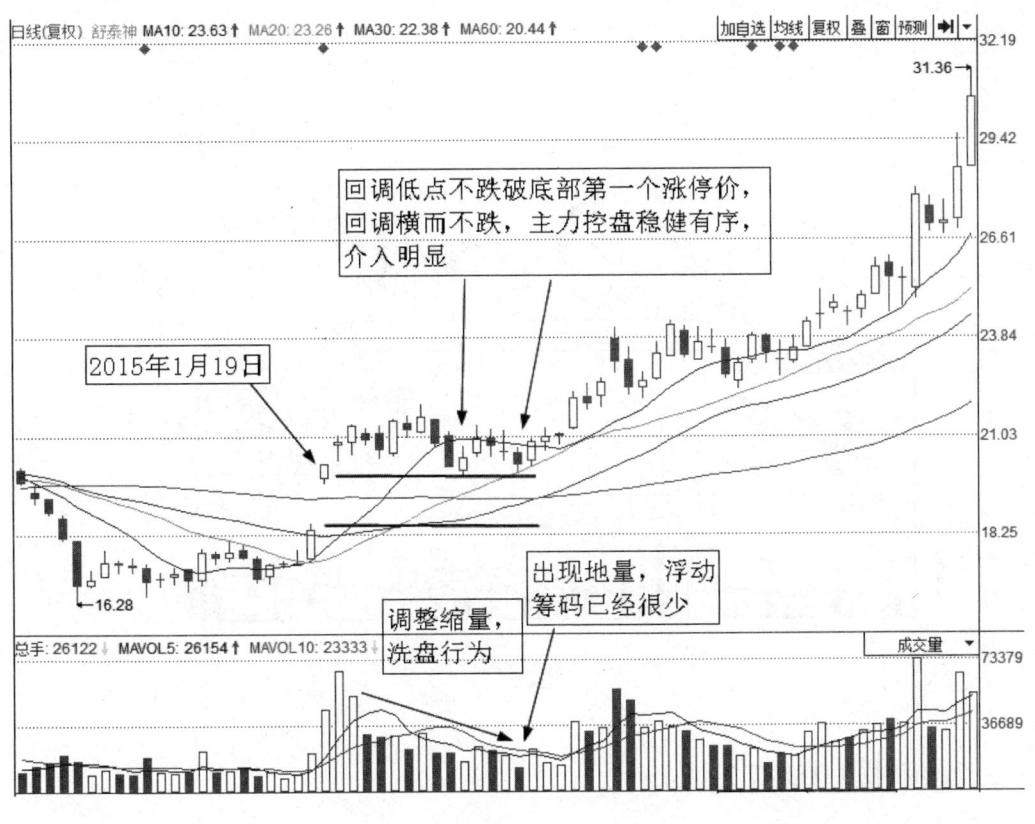

图7-10

如图7-10所示，2015年1月19日该股在K线图上留下了一个大大的缺口，这类向上跳空缺口，对日后股价走势有较强的支撑作用。此后，该股出现回调走势，连续下跌到缺口附近，都因缺口的支撑作用而重新向上，投资者看到缺口没有被回补之时，可以考虑逢低买入该股。

图7-11是山东威达（002026）的日K线走势图，2015年3月25日，该股两个涨停快速上涨，形成一个缺口，此后该股受支撑作用而重新向上运行，此时，投资者可以跟进买入股票。

山东威达（002026）

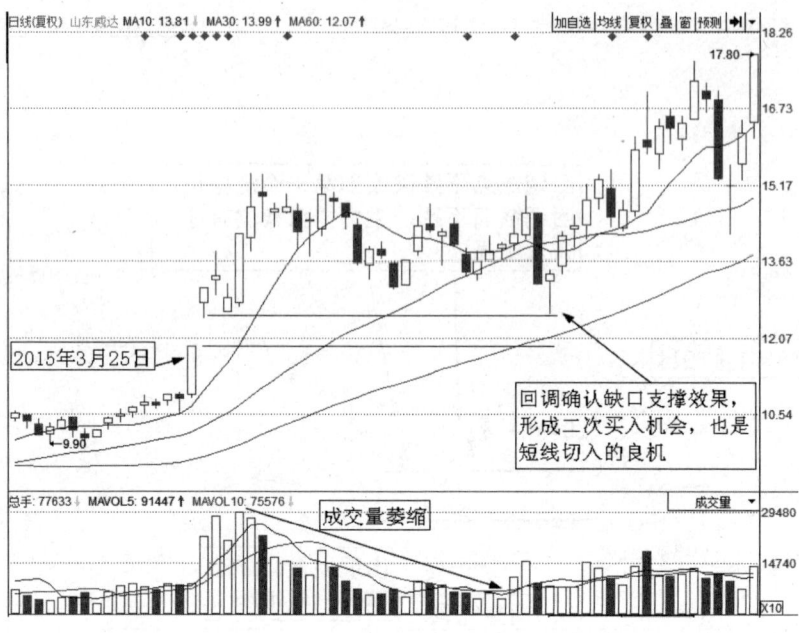

图7-11

雷柏科技（002577）

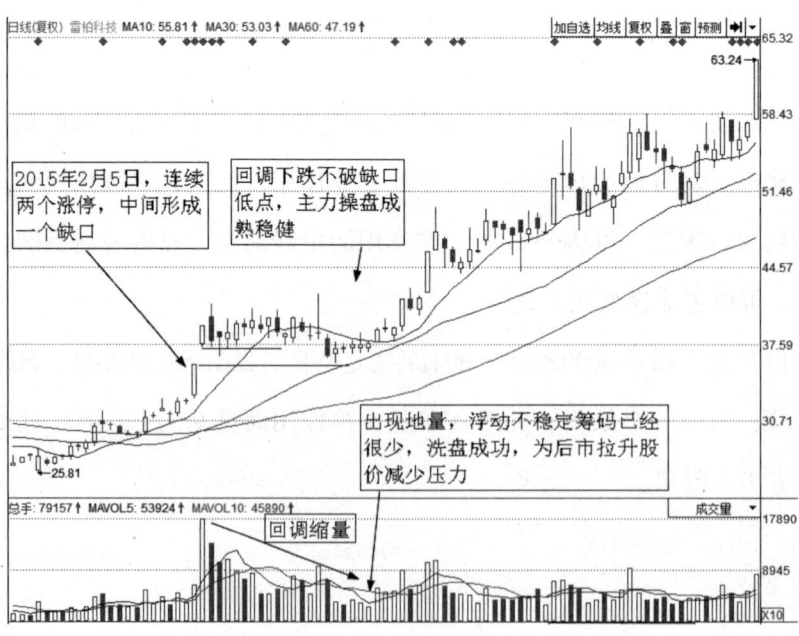

图7-12

图7-12是雷柏科技（002577）的日K线走势图，该股两个涨停形成一个缺口，股价经过一段时间上涨后回踩，成交量大幅萎缩，很可能是洗盘，投资者可以关注缺口的支撑。果然此后该股在缺口的支撑上方企稳，形成二次买入机会。正是因这个缺口的存在，该股才得以保持足够的做多动力，回调到位就是二次爆发行情的机会，也是短线切入的良好时机。该股回调后上涨强劲，显示出非凡的上涨动力，也得益于此前的缺口支撑。

股价在上涨过程中，如果出现缺口，那么，股价回落到缺口位置时，就会获得一定的支撑。缺口对股价的支撑力量如果足够强大，就会促使股价发动新的一轮上涨，而涨停板就可能蕴含在其中。

万通地产（600246）

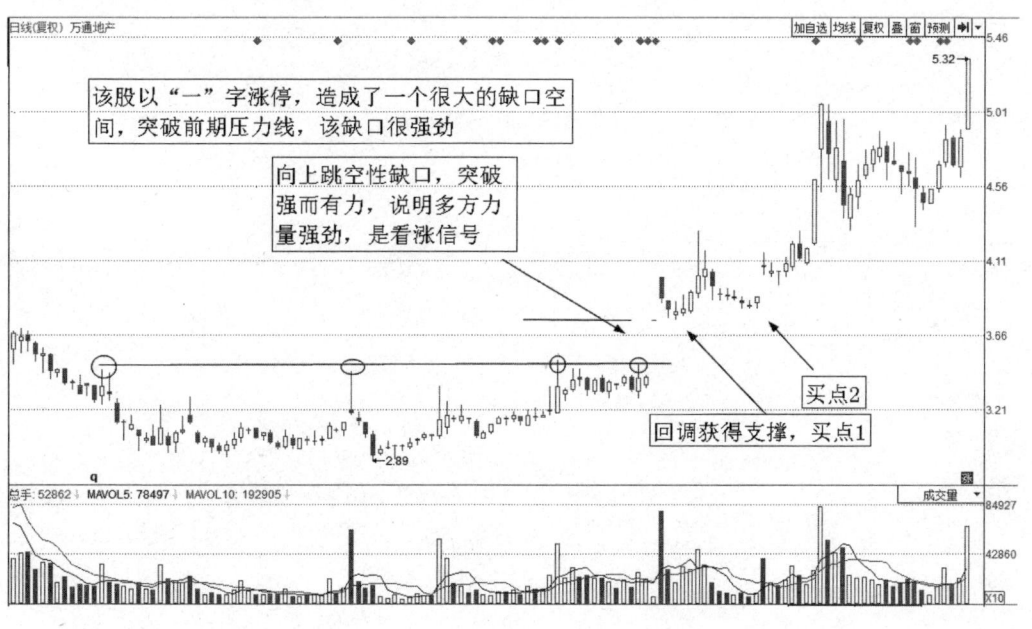

图7-13

图7-13是万通地产（600246）的日K线走势图，该股股价经过一段时间的整理后，逐渐走稳，突然该股以"一"字涨停板的形式直接突破前期的高点，形成一个向上的突破大缺口，显示空方已经没有还手之力，股价涨势强烈。没有买进

的投资者，也可在股价回调时买入，买点1出现。随后股价在冲高后出现短暂回调，但股价在缺口处获得支撑再次翘起，说明股价回调结束，将要再次进入上涨走势中，买点2出现，果断跟进。

第八章

上升趋势中回调涨停技法

一、基本原理

股价在一波快速拉升后回调整理,在整理末端,股价涨停,这说明回调整理结束,此时是短线投资者跟进的较好时机。回调整理可以消化和清洗此前的获利盘,此后涨停说明主力的实力非凡,后市应该还有更大的涨幅。

二、实战操作要领

股价运行在上升趋势中,短暂回调整理,而后以涨停回升,投资者若在回调时没有介入,在涨停回升时还可以继续伺机跟进。

三、具体运用实例分析

1. 短暂回调后涨停买入

在上升趋势中,短暂回调后以涨停方式重归涨势,这说明该股还会继续上涨,投资者应该积极买入。

图8-1是长电科技(600584)的日K线走势图,2015年1月14日,该股再度来到前高的位置,可是收出一根巨量小阴线,看似上升的走势再度受阻,这足以让信心不足的投资者抛售,次日(2015年1月15日)主力低开快速拉升至涨停,做盘手法可谓经验老到,此举既消灭了不坚定的持股者,也避免了追涨者。

本例该股稳健上行,下跌回调后再度上行,狡猾精明的主力在前期高点时再次玩了小花招,来一根放量假阴线,吓退意志不坚定者,以使投资者看不清后市的方向。此后才涨停突破,骗倒不少人,既然主力费尽心机做盘,我们也不能错过这样的机会,该股后市的涨幅也证明追涨是值得的。

长电科技（600584）

图8-1

彩虹股份（600707）

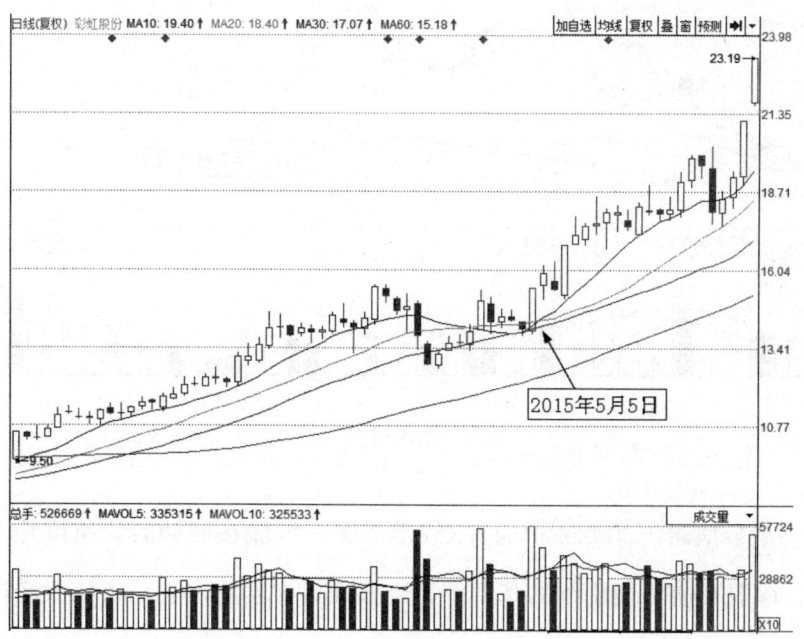

图8-2

图8-2是彩虹股份（600707）的日K线走势图，该股一路上行后出现回调调整走势。2015年5月5日，该股突然强势涨停，其实这正是主力老谋深算的做盘方法，先做出调整阴线，让犹豫的持股者自动出局，然后涨停突破，避免了散户的追涨。这种走势意味着后市还有很大的上升空间，因此提前下车的投资者可以返身追进。

本例该股在股价再次启动时便是非常好的跟进时机，而该股能以涨停方式突破前高，则更说明主力的实力，跟进的风险自然比较小。该股后市继续上行，涨幅可观。

金信诺（300252）

图8-3

图8-3是金信诺（300252）的日K线走势图，该股在回调后快速拉升，2015年4月23日，该股在前日假阴线的基础上，当日强势封于涨停。后市该股经过整理后大幅拉升。

本例该股在突破前高时出现假阴线，而且在假阴线后强势涨停。假阴线属于洗盘，走势本来就够强，此后以涨停的方式重回涨势，则是强上加强，后市自然看好。

纽威股份（603699）

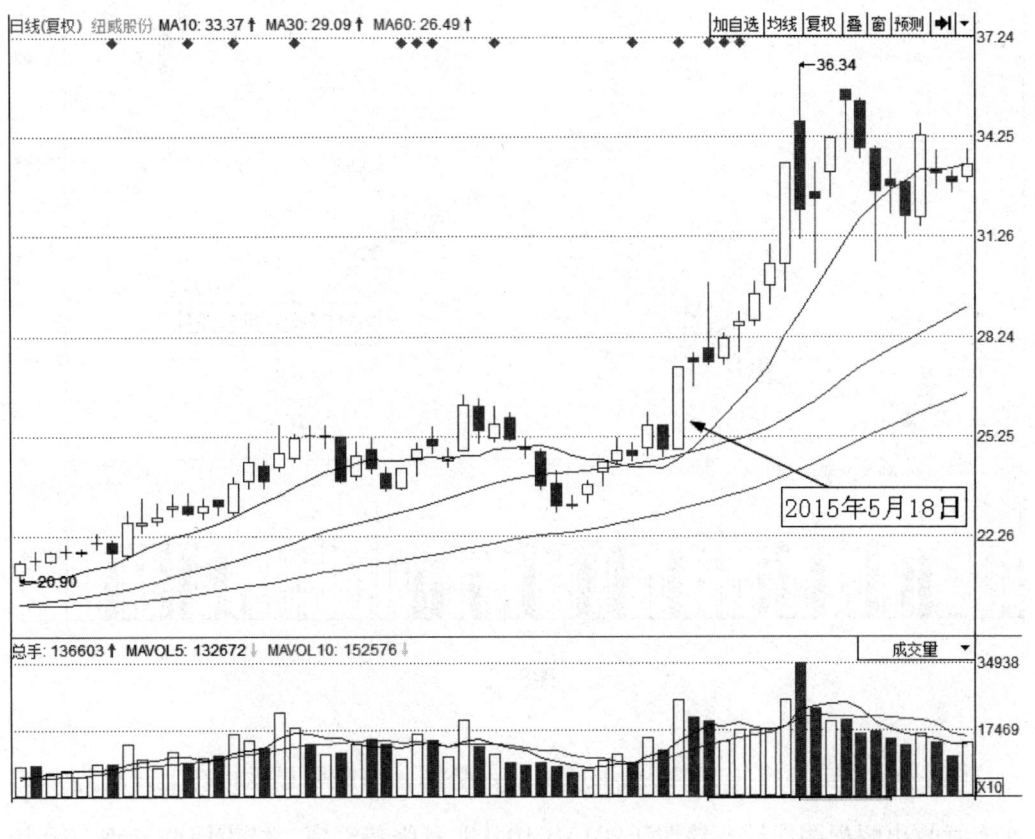

图8-4

图8-4是纽威股份（603699）的日K线走势图，该股在上升趋势中运行，60日均线持续上扬，说明中长期走势整体向好。2015年5月18日该股涨停突破前高，是一个很好的买入机会。短暂洗盘震荡说明主力不想过多耽误时间，随后强行拉高，说明行情已经启动，后市继续看好，此类拉升机会不能错过。

本例该股的长期走势没有因为短暂下跌而被破坏，回调整理是洗盘动作，而一旦以涨停的方式突破，则说明主力全力出击，此时是短线投资者追进的绝佳时机。

浩丰科技（300419）

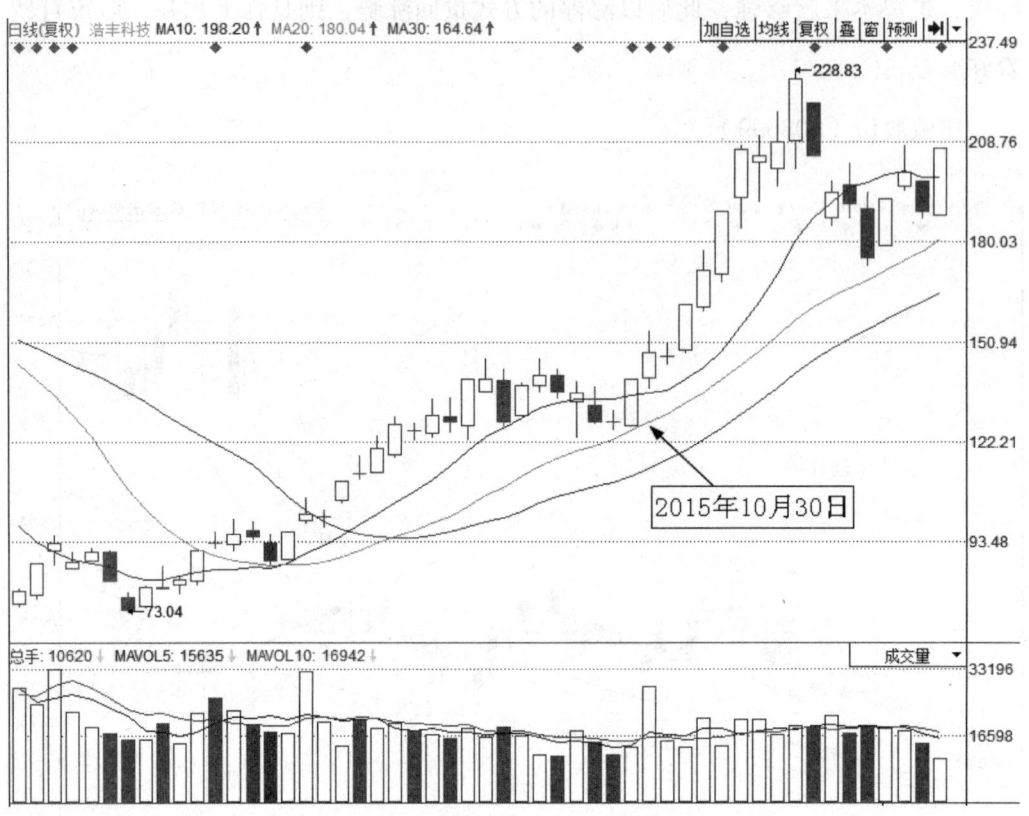

图8-5

图8-5是浩丰科技（300419）的日K线走势图，该股明显运行在上升趋势中。在连续收出两根阴线后，该股于2015年10月30日强势涨停，结束回调走势，后市继续上涨，涨幅较大。本例该股上涨走势明确。投资者如果在回调时没有及时买入，那么在此后的涨停时应积极跟进。

图8-6是世纪鼎利（300050）的日K线走势图，该股运行在上升趋势中，中长期均线向上发散，该股有两天回调，而2015年3月13日又快速拉高，最后封于涨停，投资者可以在盘中积极买进。

这种时候买进是有理由的，首先，该股是在上升趋势中，且股价整体涨幅不大。其次，该股经过回调，更利于拉升。以涨停的方式重归升势，说明主力的决心和实力，是很好的追进时机，此后该股继续拉升，整体涨幅不小。

世纪鼎利（300050）

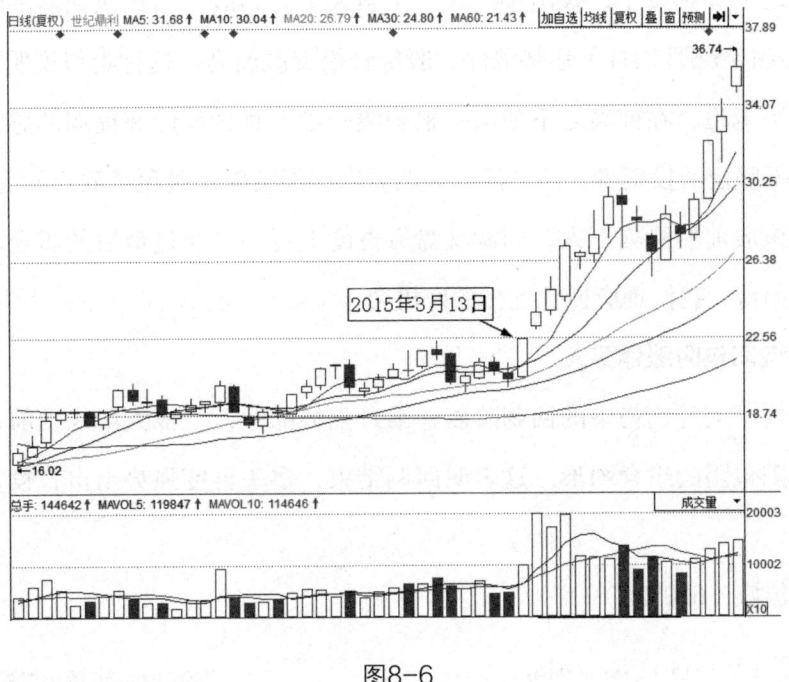

图8-6

红豆股份（600400）

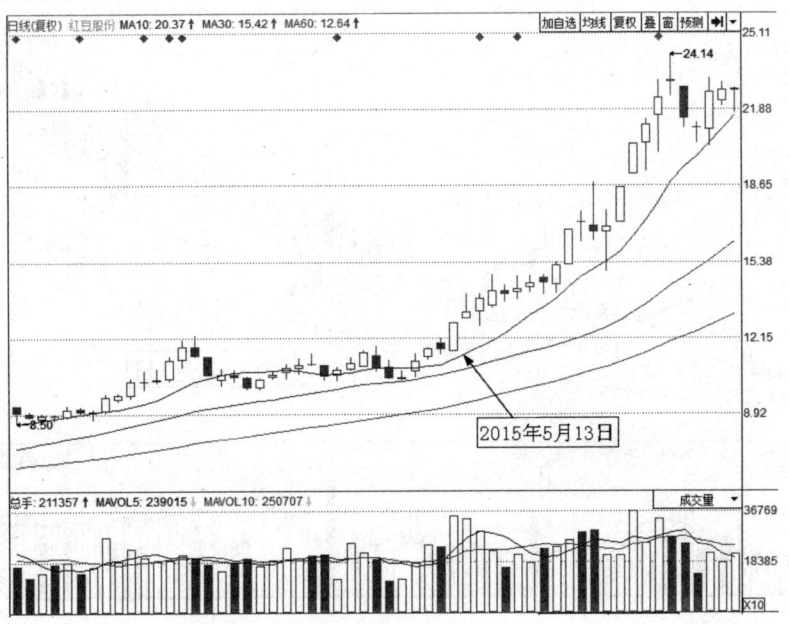

图8-7

图8-7是红豆股份（600400）的日K线走势图，该股短暂回调后再度回升，但是在前高之下却犹豫了，收出小阴线，正当大家以为股价会再次回落的时候，该股次日（2015年5月13日）强势涨停，股价轻松突破前高。这种走势说明主力的做盘手法相当老道，在前高之下放出一根阴线，给人犹犹豫豫和虚弱的感觉，可以吓跑一些不坚定的投资者，清洗浮筹，然后以涨停突破，避免了散户的追涨。

本例该股前期涨幅不大，回调洗盘后再度上行，又经过最后的震仓才涨停，后市值得期待，我们理应抓住这样的好机会。

2. 回调阳包阴涨停买入

股价处于上升趋势中的回调阶段，某日强势涨停，一根大阳线把前日阴线吞没，形成阳包阴的组合图形。这表明回调结束，多头再度强势出击，投资者可以积极跟进。

新华传媒（600825）

图8-8

图8-8是新华传媒（600825）的日K线走势图，该股在盘中快速回调，2015年5月7日，盘中多头绝地反击，股价被大幅度推高，最后封于涨停，与前日阴线形成阳包阴组合，这说明此前的回调洗盘已经结束，下一波拉升即将展开，投资者可积极买进。

本例该股的阳包阴发生在上升趋势中，股价回落是主力洗盘的行为，而阳包阴就是洗盘结束的标志，也是短线投资者买进的好机会，涨停则增加了信号的可靠性。

珠江控股（000505）

图8-9

图8-9珠江控股（000505）的日K线走势图，该股运行在明显的上升趋势中，期间有一段小幅横盘走势，2015年4月9日该股略微低开后便开始大涨，最后收于涨停板，与前日小阴线形成一个阳包阴的组合形态。这是多头强势进攻的表现，

说明多头已经占据绝对优势，后市上涨的可能性很大，投资者可介入。

本例该股的阳包阴显示了多头的强劲实力，同时又在当天突破前高，上升空间彻底打开，后市进入加速上行阶段，此时是投资者买入的良机。

新华龙（603399）

图8-10

图8-10是新华龙（603399）的日K线走势图，2015年3月26日该股在前日小阴线位置小幅低开，之后强势上攻，牢牢封于涨停，形成阳包阴的K线组合。这说明多头重新进攻，空头没有多少抵抗就全线崩溃。此时的股价也突破前高，前途一片光明，投资者可以积极介入。

阳包阴是多头强势的表现，空头在搏杀中没有还手之力，致使多头能轻易收复失地。而本例该股以涨停的方式吞没前日阴线，更显强势，后市很有可能继续上涨。

银信科技（300231）

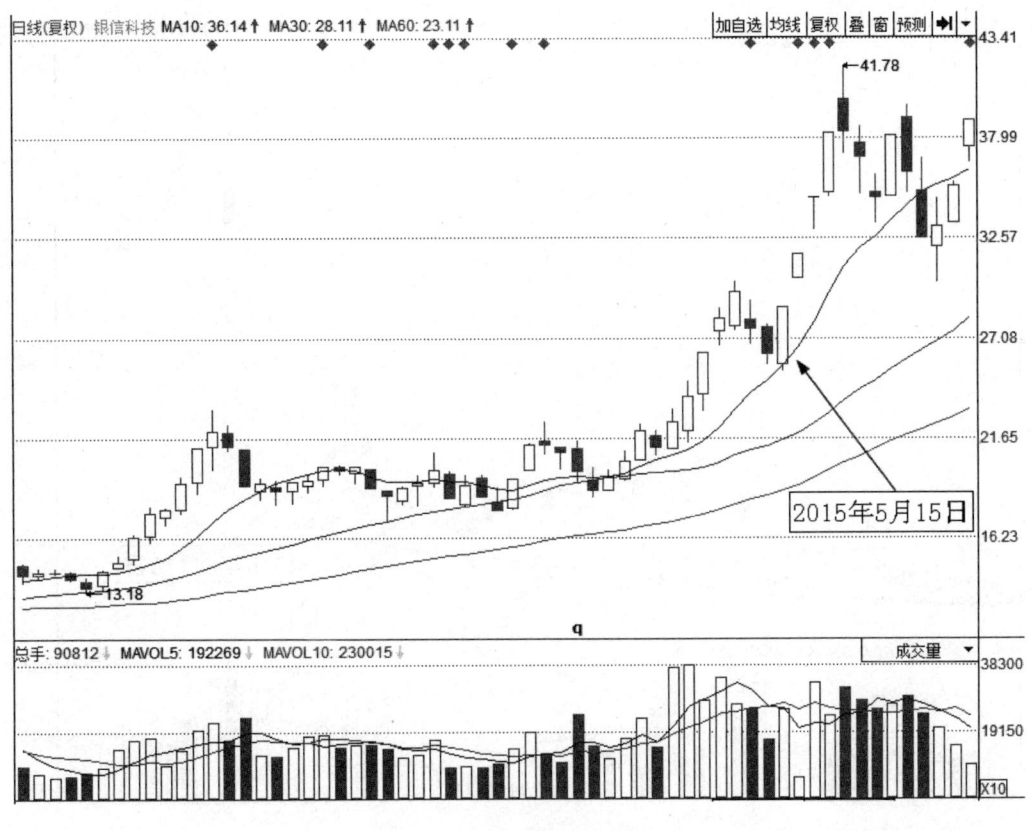

图8-11

图8-11是银信科技（300231）的日K线走势图，该股运行在上升趋势中，均线呈多头排列。2015年5月15日，一根涨停大阳线轻松地把前日小阴线包裹起来，形成阳包阴的组合图形，这是短线投资者进场的较好时机。水平较高的投资者不需要等到涨停再买进，只要股价回到前日最高价之上即可买入。涨停证明多头强势，当天没有及时反应的投资者，也可在第二天追涨买入。

本例该股的阳包阴发生在上升趋势中，均线系统多头发散，其可靠性更高。这种小阴线回调，之后被涨停大阳线包裹的走势本身就说明多头的强势，投资者可介入。

今世缘（603369）

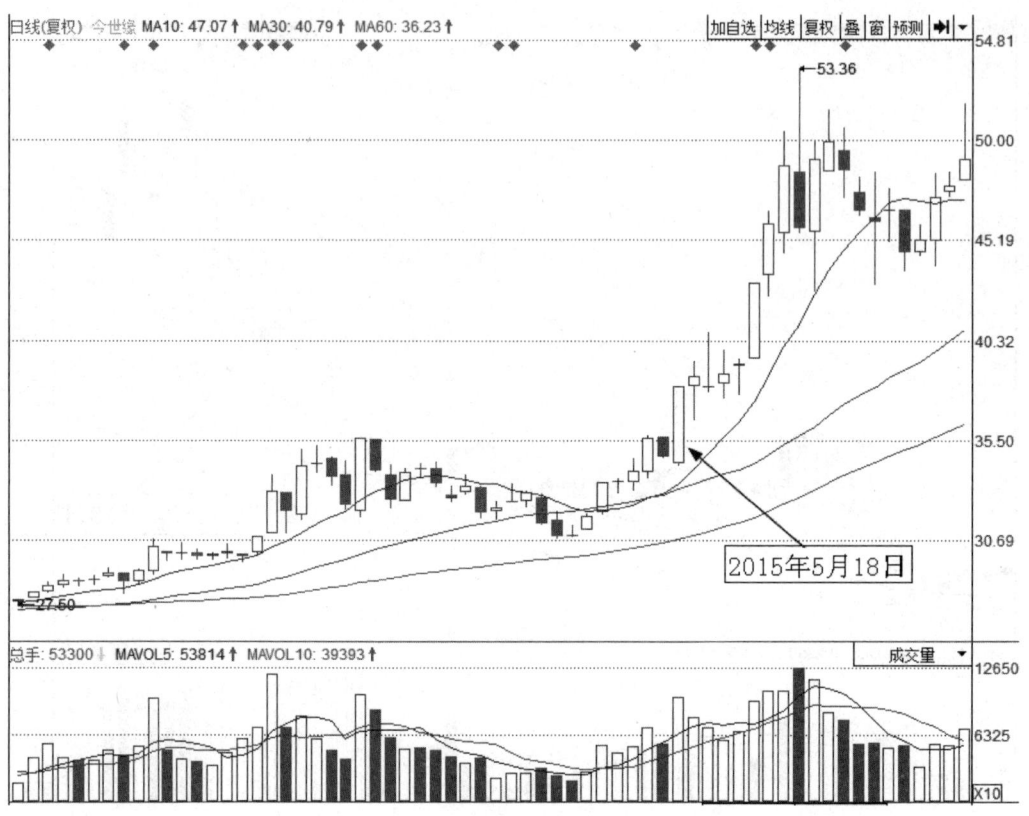

图8-12

图8-12是今世缘（603369）的日K线走势图，该股在经过较长时间的运行之后，均线呈多头发散的状态，2015年5月18日该股以涨停突破前高报收，与前日小阴线形成阳包阴的组合图形。这说明该股后市可能进入加速上涨阶段，投资者可及时买入。

本例该股有一段震荡的时间，蓄势充分，此后股价快速拉高，应当不会很快止步，涨停前日的小阴线是一个洗盘陷阱。

金花股份（600080）

图8-13

图8-13是金花股份（600080）的日K线走势图，该股在一波快速上涨后又快速回落，2015年5月21日该股走出一根大阳线，最后封于涨停。这根大阳线从头到脚把前日阴线包裹起来，形成阳包阴的组合图形，这是一个很好的买入信号，说明多头的反击非常强势，投资者可以在盘中积极追进，短线高手还可以在临涨停时追涨买进。

本例该股以涨停的方式，走出阳包阴的组合后，后市果然快速上行，短线有一定涨幅，如果投资者能及时跟进，短线获利还是非常可观的。

西部建设（002302）

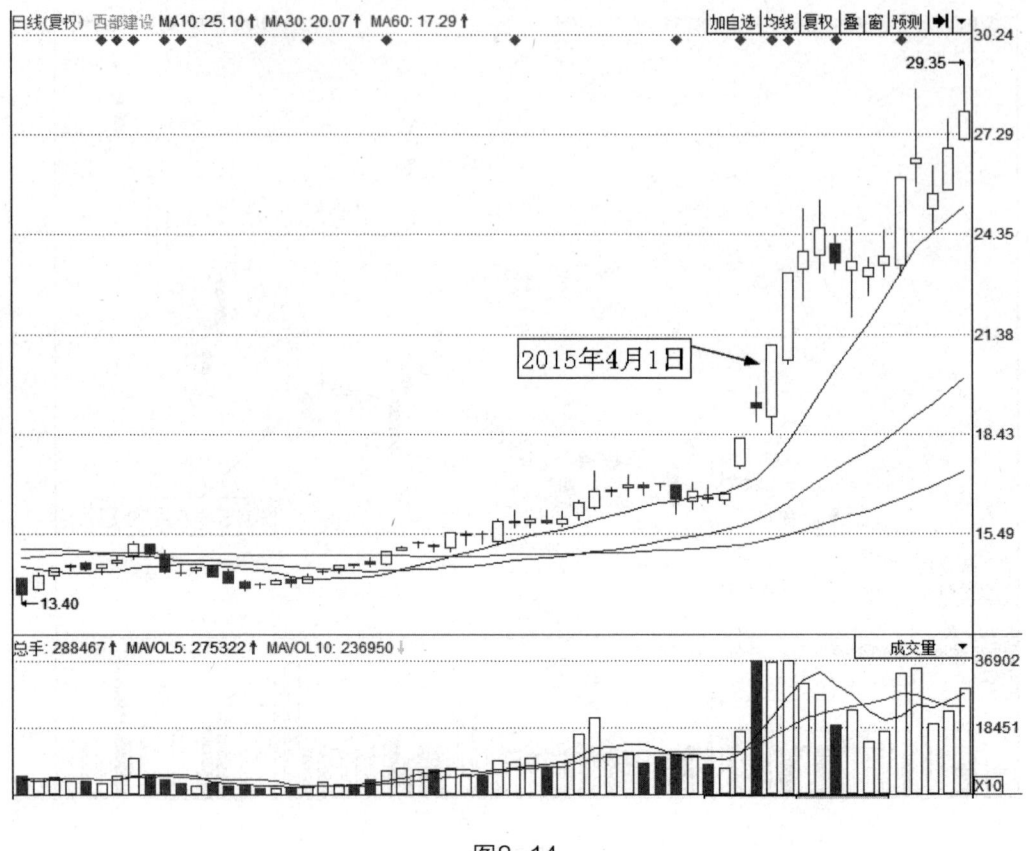

图8-14

图8-14是西部建设（002302）的日K线走势图，该股于2015年4月1日略微低开后强势上涨，最后牢牢封于涨停。一根大阳线把前日阴线全部包裹，形成阳包阴的组合图形，后市还会继续上涨。

该股在涨停前日跳空走出假阴线，要涨不涨，有点主力出逃的架势，还伴随着巨量，看似吓人，但只要跳空缺口仍在，则说明依然是多头强势，要不然空头不至于连缺口都补不上，事实上这样的假阴线多是主力强势洗盘行为。因此只要假阴线之后股价再度走强，就可以继续追进。

金智科技（002090）

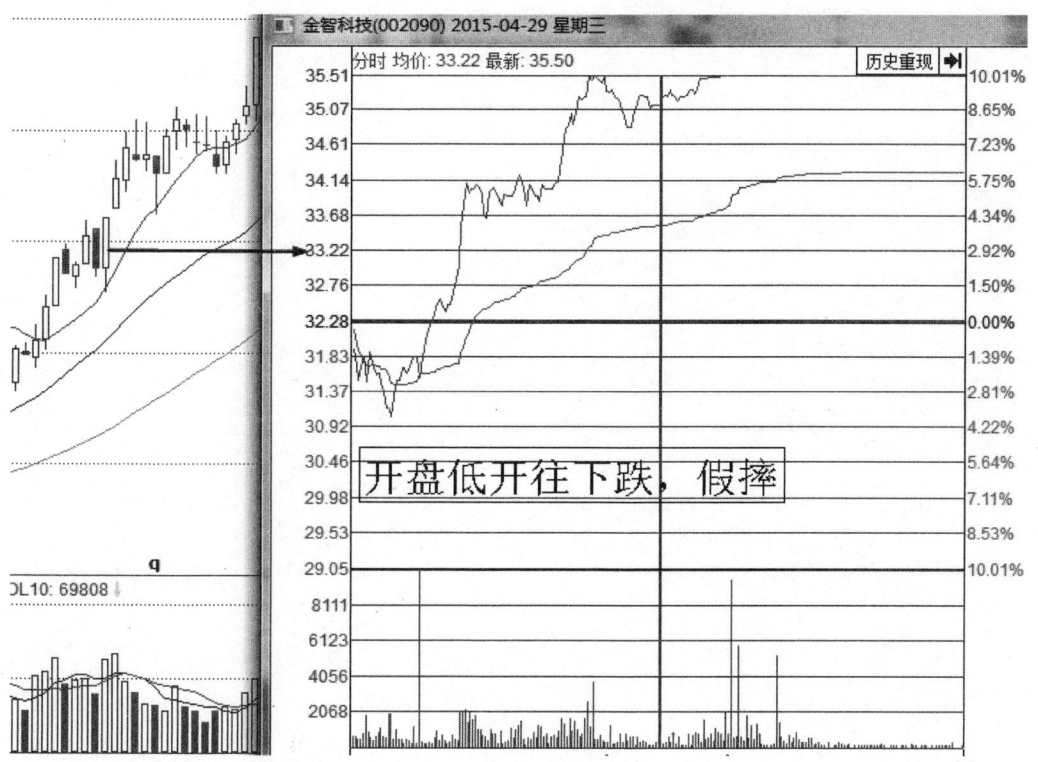

图8-15

图8-15是金智科技（002090）的走势图，该股低于前一交易日收盘价开盘后，一路往下走，给投资者一种要深幅下跌的感觉，引诱恐慌者抛售股票，而后快速拉升至涨停，形成阳包阴的涨停走势，主力意图表露无遗。低开后拉涨停可以较好地隐藏主力的操作意向，使其在一种并不明了的背景下实现意图。通常情况下，涨停阳包阴出现在上涨行情中，往往蕴含更大的涨升动力，后市看好。

第九章

多线突破涨停技法

一、基本原理

　　涨停突破多条均线形态，说明股价经过一段时间整理后，多方已经积聚了足够的动能，此时出现一根向上突破的大阳线，就说明多方强势集中爆发，这是未来股价会上涨的信号。

　　当涨停大阳线突破多根均线形态时，多方的强势已经可以确定，此时投资者可以积极买入股票建仓。

二、实战操作要领

　　（1）突破多根均线的K线涨幅越大，越说明多方强势，该形态的看涨信号也就越强。当这是一根涨停阳线时，可能投资者在当天并没有机会买入，可以等到下一个交易日开盘时积极介入。

　　（2）如果在股价大幅上涨的同时成交量也跟随放大，则验证了多方强势推升股价的信号，这样的情况下，该形态的看涨信号会更加可靠。

三、具体运用实例分析

　　图9-1是海虹控股（000503）的日K线走势图，该股前期运行在明显的下跌趋势中，股价即便反弹，也受到向下均线的牵引，这说明空头占据着绝对的优势。图中箭头处，该股在前期企稳的基础上加速上行，当日强势放量向上涨停，一举突破此前的长期下降均线，形成涨停突破多线的形态。后市虽然不一定会直接上

行，但至少不再是空头走势了。投资者在此时可以适当介入，如果后市继续上涨，可以继续加仓。

股价以涨停的方式突破多根均线，这是多头强势的表现，说明主力的实力十分雄厚，后市自然看好。

涨停突破多根均线往往发生在回调整理的末期，此时均线逐渐靠近，此后涨停突破标志着主力启动涨势，投资者应该及时介入，获取收益。

海虹控股（000503）

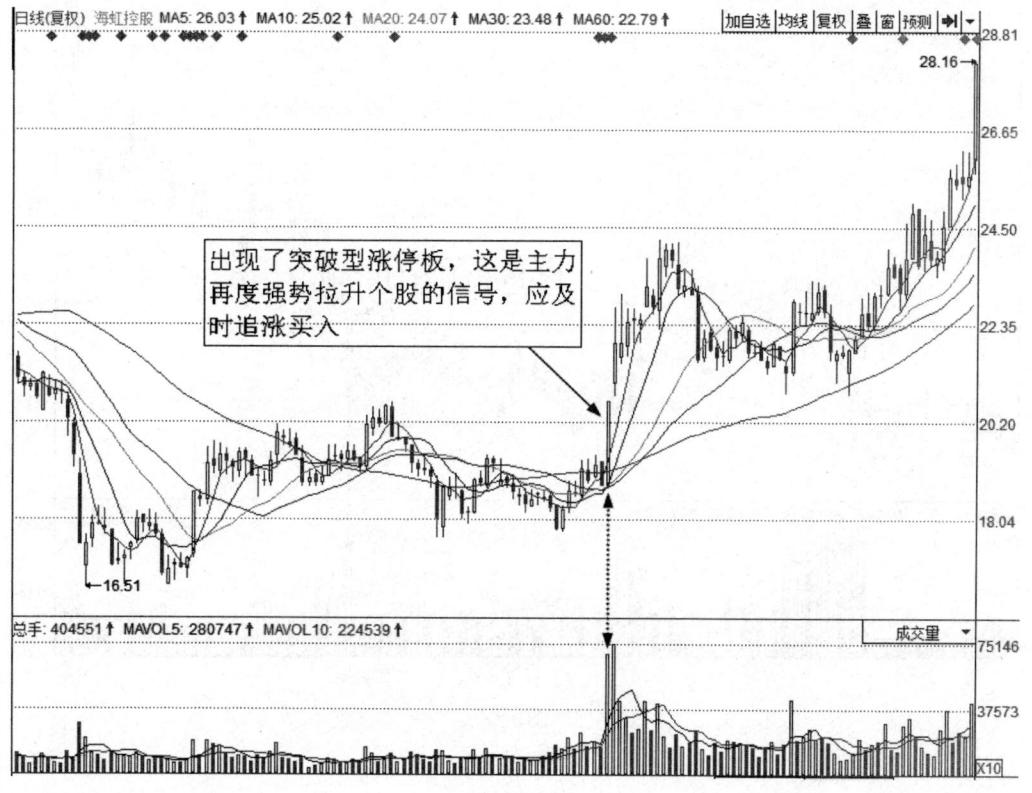

图9-1

图9-2是探路者（300005）日K线走势图，该股在上升途中，出现震荡整理走势，因为此前该股已有一定的涨幅，所以这一整理区的出现说明个股升势受阻，受阻的原因可能是主力减仓行为，也可能是主力借大盘震荡之机进行一次洗盘。但是，该股在整理之后，2015年1月21日出现了涨停板的强势突破形态，这一涨停

板就是主力再度拉升个股的可靠信号，它也预示着此前的整理走势仅仅是主力拉升途中的洗盘行为。我们可以积极地追涨买入，毕竟，主力再度拉升个股也预示着新一轮上涨行情的展开，此时追涨买入，也是买在了这一波上涨行情的初始阶段。

探路者（300005）

图9-2

涨停突破多根均线，说明市场多头全力出击，买入积极，导致股价突破多个周期的平均价格。这种形态反映多头强劲的态势，后市上涨的可能性更大。

图9-3是岭南园林（002717）的日K线走势图，该股经过长期的下跌后企稳，在低位整理了一段时间后，于2015年10月9日以一根涨停强势突破多根均线，并牢牢站在均线上方，走出涨停突破多线的形态，说明经过一段时间积聚力量后，多方开始发力推升股价，后势看涨，投资者可介入。

岭南园林（002717）

图9-3

黑牛食品（002387）

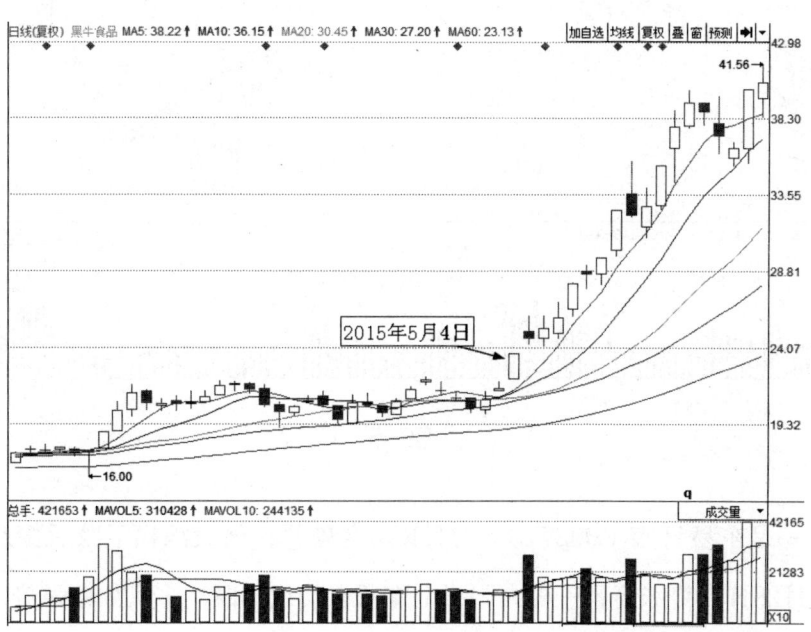

图9-4

图9-4是黑牛食品（002387）的日K线走势图，该股在上升途中出现了较长时间的横向整理走势，在横向整理区，个股的上下波动幅度不大，随后在2015年5月4日，一个涨停板运行在中短期均线之上，突破了这一整理区，这是主力再度强势拉升个股的信号，它预示着新一轮的上升行情即将展开，是升势仍将延续下去的明确标志，投资者可以积极追涨买入。

该股股价经过横盘后，一根涨停阳线向上突破多根均线，且在60日均线上方，是典型的上涨信号。

东易日盛（002713）

图9-5

图9-5是东易日盛（002713）的日K线走势图，该股深幅下跌后探底回升，2015年1月28日强势涨停，一根大阳线上穿所有均线，既然多头如此强势，我们自然不能放过买入的机会。

西藏珠峰（600338）

图9-6

图9-6是西藏珠峰（600338）的日K线走势图，该股缓慢上升，上涨趋势明显，此后该股横盘震荡，在60日均线上方获得支撑。2015年5月7日该股放量暴涨，当日收于涨停板。此时股价也突破多根均线，说明多头已经发动袭击了，导致股价快速上扬。

本例该股先是缓慢上行，然后横盘震荡洗盘，洗盘结束后快速拉抬股价。涨停突破多根均线是多头强力进攻的体现，此时是投资者买进的良机。

千山药机（300216）

图9-7

图9-7是千山药机（300216）的日K线走势图，该股运行在上升趋势中，在一个位置止跌企稳，均线逐渐黏合在一起，于该股图中箭头处强势封于涨停，一根"一"字涨停突破所有均线，这是多头发动攻势的表现，后市应该还有更大涨幅，投资者后市可以积极买入。

本例该股的涨停突破多根均线，发生在股价大幅度回落的背景下，成交量萎缩，主力没有出逃，后市再度上涨是自然的事。

彩虹精化（002256）

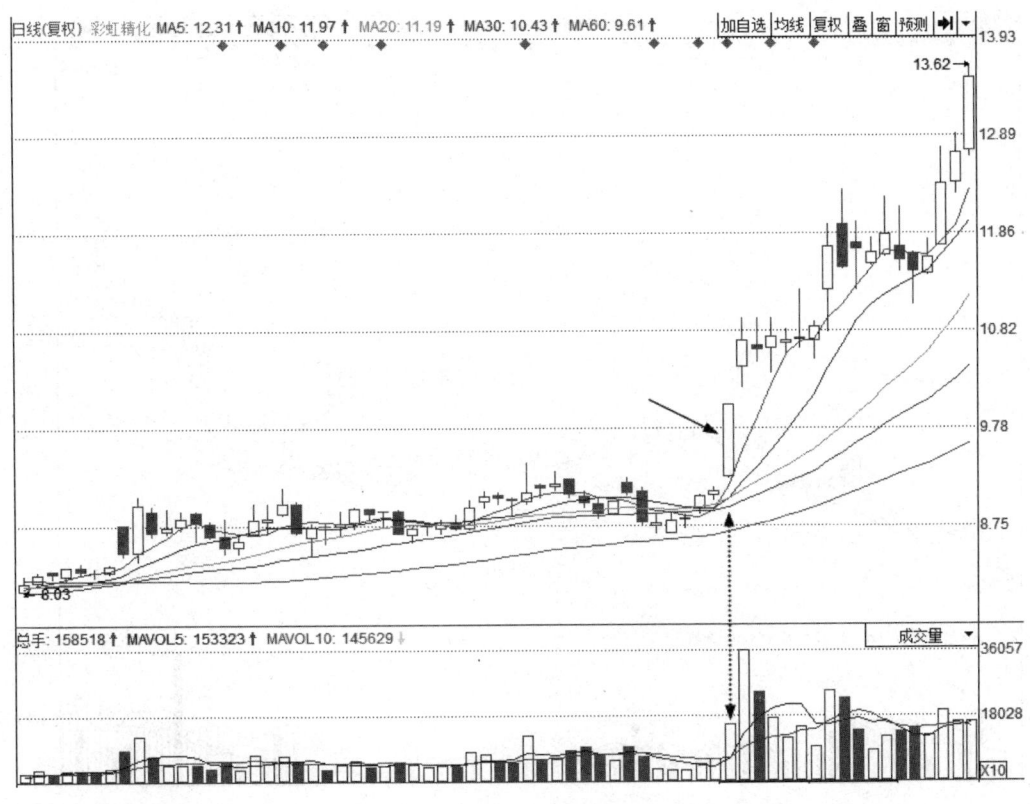

图9-8

图9-8是彩虹精化（002256）的日K线走势图，该股缓慢上行，60日均线呈向上趋势。该股在图中箭头处大幅上涨，当日收于涨停板。一根涨停大阳线轻松突破所有均线，这是多头强势启动上涨的表现，导致成交量放大。投资者在盘中可以积极伺机介入。

本例该股的涨停突破多根均线发生在上涨途中，股价没有经过大幅拉升，且有一个较长时间横盘，均线逐渐黏合在一起，说明各路资金持股成本逐渐接近，浮筹被清洗。该股后市大幅度上涨，投资者如果能及时买进，获利丰厚。

美晨科技（300237）

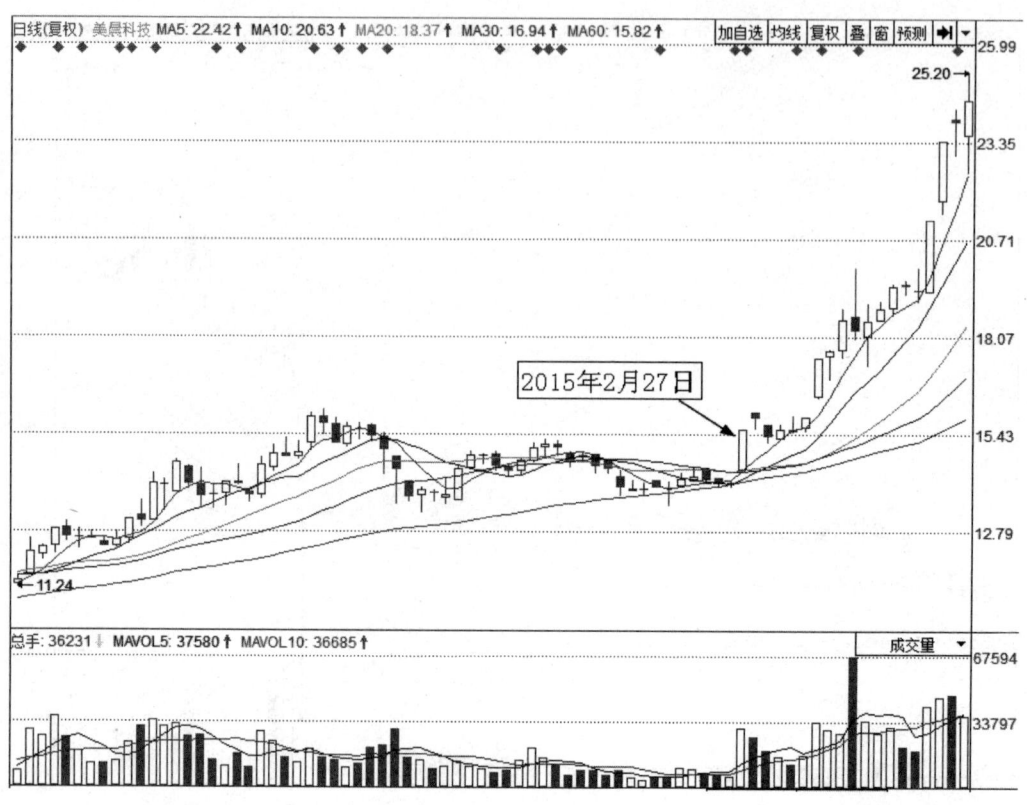

图9-9

图9-9是美晨科技（300237）的日K线走势图，该股前期缓慢上升，走势非常稳健，但此后却回调震荡调整，不过成交量萎缩，有回调洗盘的嫌疑。该股在60日均线之上止跌企稳，均线逐渐靠拢在一起。2015年2月27日，该股强势上涨，最后收于涨停。一根放量涨停大阳线上穿多根均线，后市值得期待，投资者要积极介入。

本例该股运行在上升趋势中，回调整理时间较长，蓄势充分，此后涨停启动，后市上涨空间必定不小，因此买入的安全性比较高。

金螳螂（002081）

图9-10

图9-10是金螳螂（002081）的日K线走势图，该股在一段上涨后调头下行，股价逐波下挫。经过较长时间的下跌后该股终于止跌，均线也逐渐缠绕在一起，这说明场内多周期的持股价格在接近。2015年1月5日，该股大幅度上涨，最后封于涨停，一根放量大阳线轻松突破图中所有均线，多头重新占据优势，后市值得期待。

该股以放量涨停方式突破多根均线，是一个很好的买进机会。此前较长时间的下跌，使空头能量得到有效的释放，此时的涨停上涨至少可以维持一段时间，投资者可以买入。

TCL集团（000100）

图9-11

图9-11是TCL集团（000100）的日K线走势图，该股在短暂回调后重新上涨，且涨势凶猛，2015年2月11日当日强势放量封于涨停，突破多根均线。该股的涨停突破多根均线发生在上涨趋势中，这是多头启动行情的标志，投资者可以跟随进场，该股后市的表现也证明了这一点。

本例该股的涨停突破多根均线发生在股价整体向上的背景下，经过短期回调整理后，均线再度呈现多头发散，是短线投资者买进的绝佳时机，该股后势果然进入一段涨势。

中国重汽（000951）

图9-12

图9-12是中国重汽（000951）的日K线走势图，该股前期在缓慢上升途中突然调头快速下行，不过成交量萎缩，有挖坑洗盘的嫌疑，此后股价止跌后开始回升。该股在图中箭头处封于涨停，突破多根均线。这是多头非常强势的特征，既然多头如此强势，投资者自然也要积极追涨。另外，主力能以涨停的方式发动进攻，说明主力实力非凡，后市继续拉升的可能性很大。

本例该股在此后果然拉升，短线涨幅不小，这样的强势走势还源于此前的挖坑洗盘，主力这样的动作可谓诡计多端，拉升前下跌清洗浮筹，后市快速上涨也是情理之中的事了。

莱茵体育（000558）

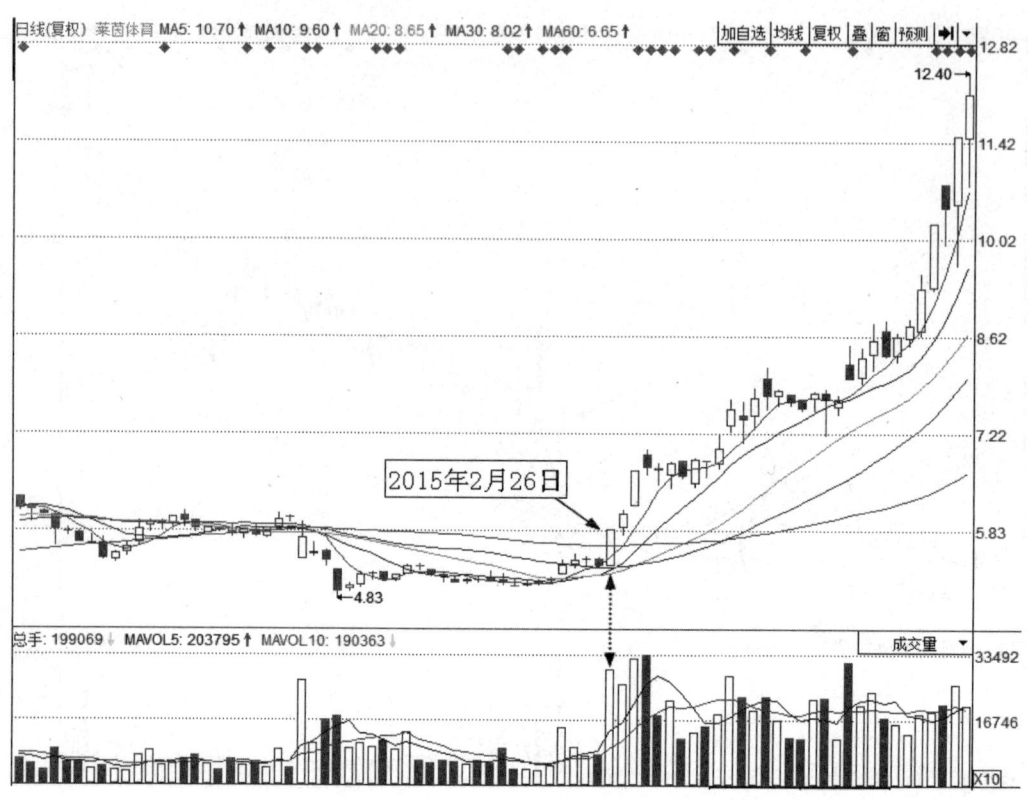

图9-13

图9-13是莱茵体育（000558）的日K线走势图，该股在2015年2月26日开盘后飙升，涨停突破多根均线，甚至站上60日均线，不仅短期多头爆发，而且中期走势也相对看好。该股此后的上涨幅度也确实没有让人失望。

本例该股的涨停突破多根均线发生在股价大幅调整之后，且当时有成交量的配合，因此相对看好后市走势。特别是股价攀上60日均线，足见多头的实力。投资者可以适当介入。

图9-14是游久游戏（600652）的日K线走势图，该股经过一段时间的下跌后开始止跌企稳，于2015年2月5日形成放量涨停突破多根均线的形态，发出了买入的信号，股价站上所有均线，说明股价走势脱离下跌局面，正是介入的好时机。后市该股果然开始攀升上行，涨幅较大。

游久游戏（600652）

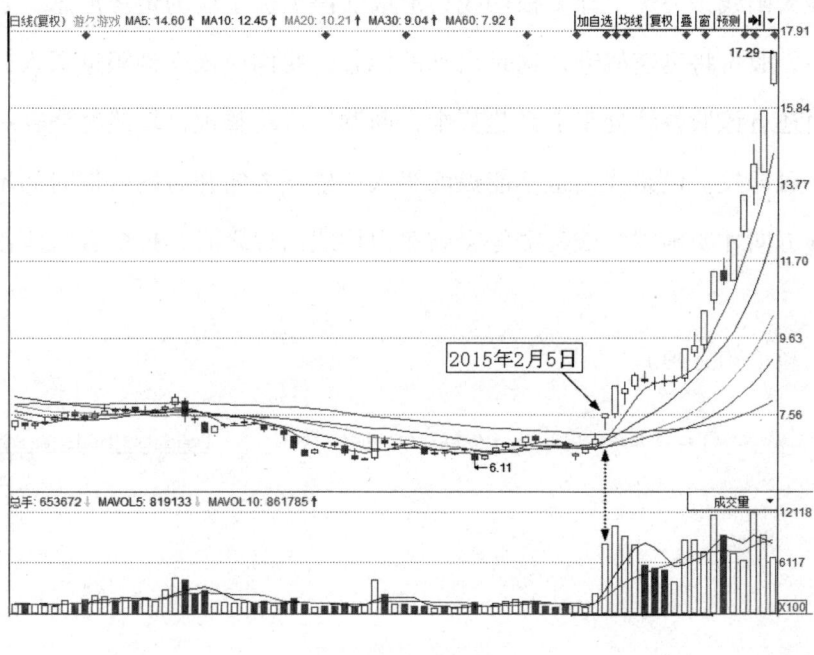

图9-14

精工钢构（600496）

图9-15

图9-15是精工钢构（600496）的日K线走势图，该股在2015年1月7日走出了一根涨停大阳线，一举上穿多根均线，形成涨停突破多线的走势形态，表明多头开始发力，股价将迅速飙升，这是启动的标志，我们应该立刻跟进买入。当然买入的理由还有该股整体处于上升趋势中，回调后震荡整理，均线缠绕在一起，再次启动一触即发。但是我们也不能提前买入，毕竟方向和启动行情时间不明。那什么时候方向才明确呢？就是涨停突破多根均线出现之时，投资者就应该及时果断买进。

维尔利（300190）

图9-16

图9-16是维尔利（300190）的日K线走势图，该股在2015年1月21日大幅上涨，收出涨停阳线，股价一举突破多根均线，同时均线开始呈多头发散，说明多头已经明确发动攻势，投资者在盘中可伺机买进。

这一次涨停突破多线发生的背景我们也不能忽略，该股此前处于横盘走势中，均线逐渐缠绕在一起，说明市场的持有成本越来越接近，变盘随时可能发生。一旦向上突破将意味着后市有较大的涨幅。该股此后的表现也证明了这一点。

健康元（600380）

图9-17

图9-17是健康元（600380）的日K线走势图，前期在窄幅整理，多根均线逐渐黏合在一起。这一段整理有震荡洗盘的嫌疑，因为此时的中长线均线仍处于多头走势中。既然中长期走势未变，那么短期的整理走势多是主力的洗盘行为，投资者要做的就是等待行情启动，2015年2月13日，该股盘中收出一根大阳线，股价涨停突破多根均线的缠绕，均线也有多头发散的迹象，投资者可择机进场买入。

九洲药业（603456）

图9-18

图9-18是九洲药业（603456）的日K线走势图，该股在低价区域内长时间横盘震荡整理，成交量由大到小不断萎缩，换手充分。在整理末端，2015年2月16日股价突然放量跳空涨停板，突破多根均线，其后股价走出一波凌厉的上涨行情。股价上涨的高度难以定量预测，投资者只能采取走一步、看一步的投资策略。

本例该股走势呈横盘震荡整理态势，这为涨停板的拉出做好前期准备工作，筹码锁定良好，上涨基础扎实。涨停板是主力发动行情的标志信号，上涨动能充足。投资者可以大胆参与。

第十章

涨停前后假阴线洗盘技法

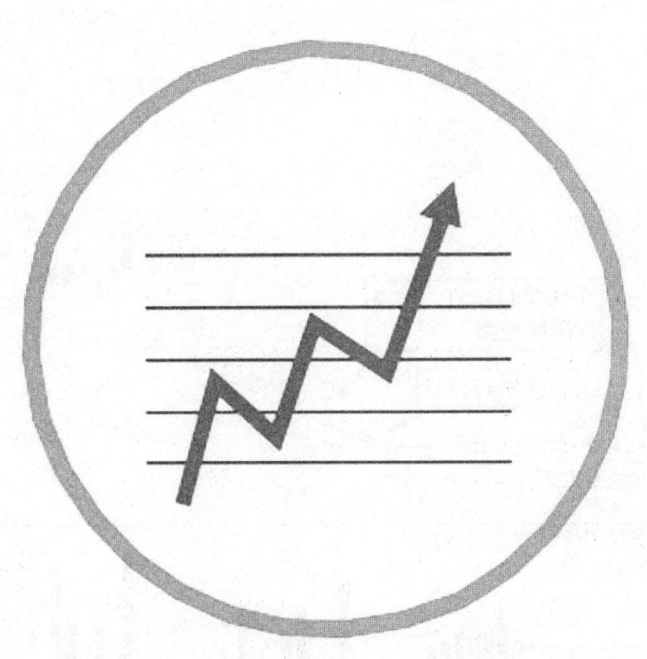

一、基本原理

假阴线主要是指股市K线情况，就是当天收盘价低于开盘价，但却高于上个交易日的收盘价，K线虽然呈阴线，但是股价则是正的。比如说，一只股票昨天的收盘价是10元。它今天的开盘价是11元，收盘价是10.1元，那它今天就收了阴线，但是今天的收盘价10.1元实际上是比昨天的价格高的，这就是我们所说的假阴线。

假阴线的出现，说明主力也不想让股价下跌，又要洗出心态不稳的跟风投资者，于是，刻意作出这种阴线以达到快速洗盘的目的。投资者碰上这种假阴线后，千万别被它所蒙骗而卖出股票或者不敢介入。当次日股价上涨突破了假阴线的开盘价，就可确认假阴线是一次快速的洗盘。

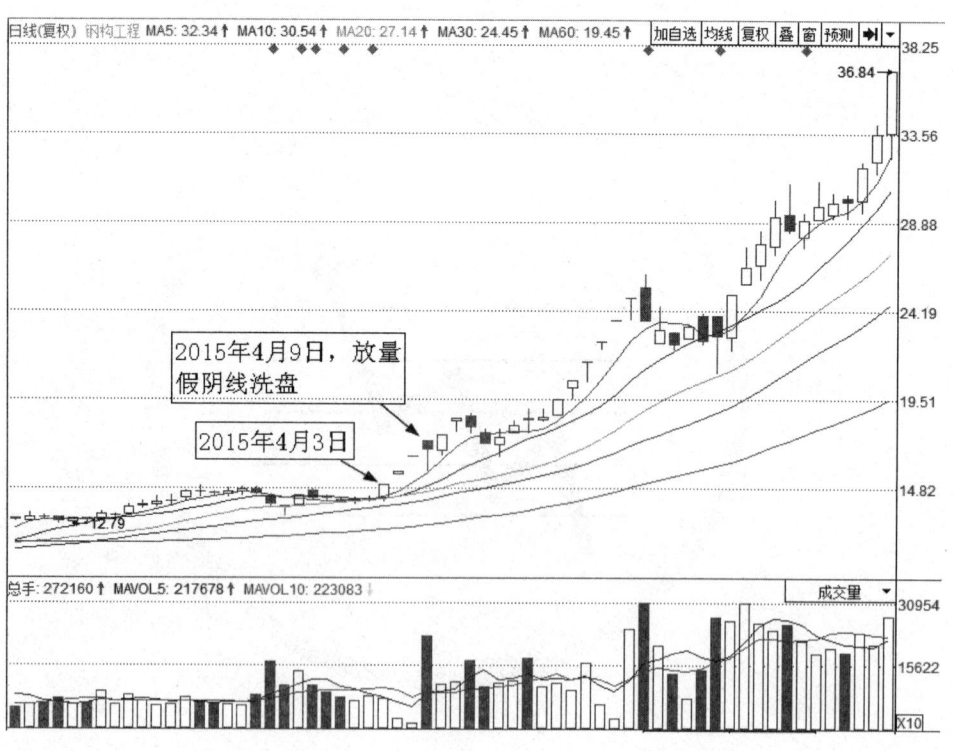

图10-1

图10-1是钢构工程（600072）的日K线走势图，该股当时处于上升趋势的技术走势图形，2015年4月3日，连续三个涨停板，股价站在所有均线的上方。2015年4月9日，高开低走，放量收出一根阴线，但阴线的收盘价并没有跌破前一根涨停板，隔天股价开盘后再次震荡走高涨停。当股价盘中价位越过前一天阴线的最高点位时，假阴线放量洗盘的行为暴露无遗。

二、实战操作要领

运用此方法必须要注意的是：

（1）要区分好股价的趋势，本章的方法在下跌趋势和震荡趋势中尽量不要用，而在上涨趋势里运用成功率就较高。

（2）投资者应关注股价目前走势所处的位置，如果股价处在中、低价区域内，未被市场大幅炒作过，投资者可以及时跟进买入，后市仍然有上涨空间。如果股价短期涨幅已经翻倍，或者股价涨幅远离均价线之上，乖离率过大，以及均线短期形成加速上扬型形势之后，股价连续拉出多个涨停板，在股价较高的位置出现放量大阴线，则假阴线的概率并不大，极有可能是股价的短期见顶回落，是主力盘中的放量出货行为，所以股价相对高位出现的放量阴线时，不应作为考虑介入的时机。

图10-2是爱康科技（002610）的日K线走势图，图中箭头处该股出现一根假阴线，第二天却强势放量涨停，这种涨停板出现时，股价的后市上涨概率较高，但前提条件是该股处于上涨趋势中，并且股价处于相对偏低的位置。如果该股的股价已处于高位，投资者需要谨慎对待，不宜盲目追涨。

股价高开后，未能维持高开高走的强势状态，股价冲高回落，部分投资者害怕，便见小利即抛，这正中主力下怀，这正是主力骗取筹码的一种手法。

不过，假阴线的技术意义与出现的位置密切相关，若在相对高位收出带量的假阴线，有可能是股价见顶的信号。而在启动初期出现假阴线，多为主力吸筹的一种形式，特别是收假阴线的第二天能拉出涨停，这种K线组合便构成上升中继形态。

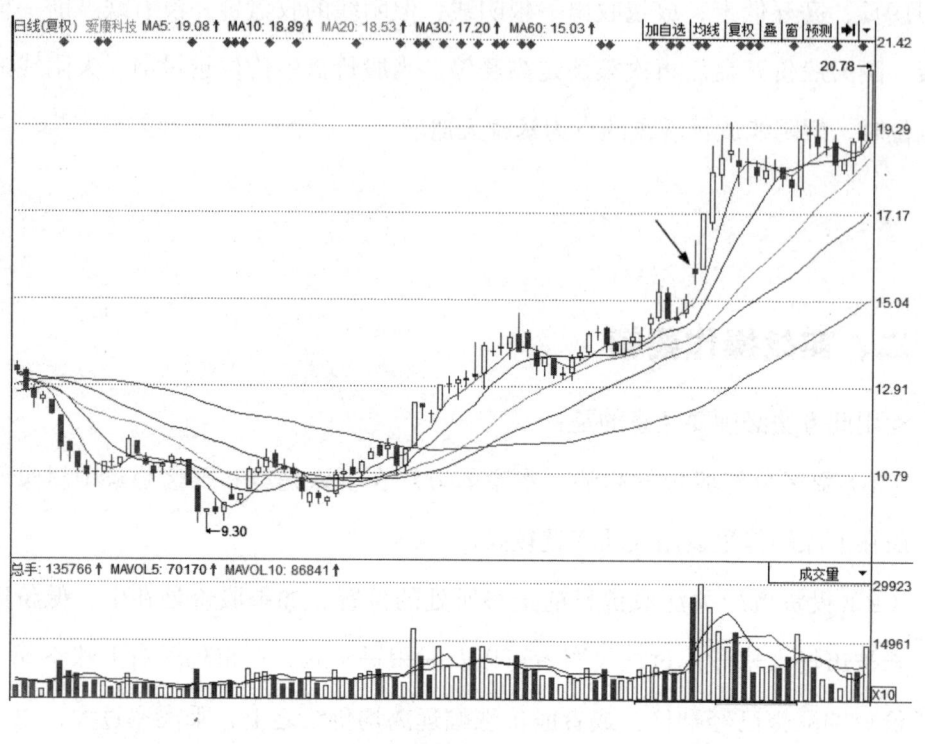

图10-2

三、具体运用实例分析

1. 涨停前假阴线洗盘

图10-3是博林特（002689）的日K线走势图，该股在2015年4月20日出现放量阴线走势，但在次日却大幅上涨封在涨停，从而为投资者带来阶段性的短线介入机会。

该股出现放量阴线的走势，这根阴线起到恐吓的作用，让投资者误以为后市还将继续下跌，但在随后一交易日却出现涨停行情的情况，投资者可以实施短线操作。由于受到前一天放量阴线的洗盘效果影响，第二天的涨停，不会引来太多的跟风盘，为此后的上涨减轻压力。

让我们来看一下2015年4月20日的分时走势图。

博林特（002689）

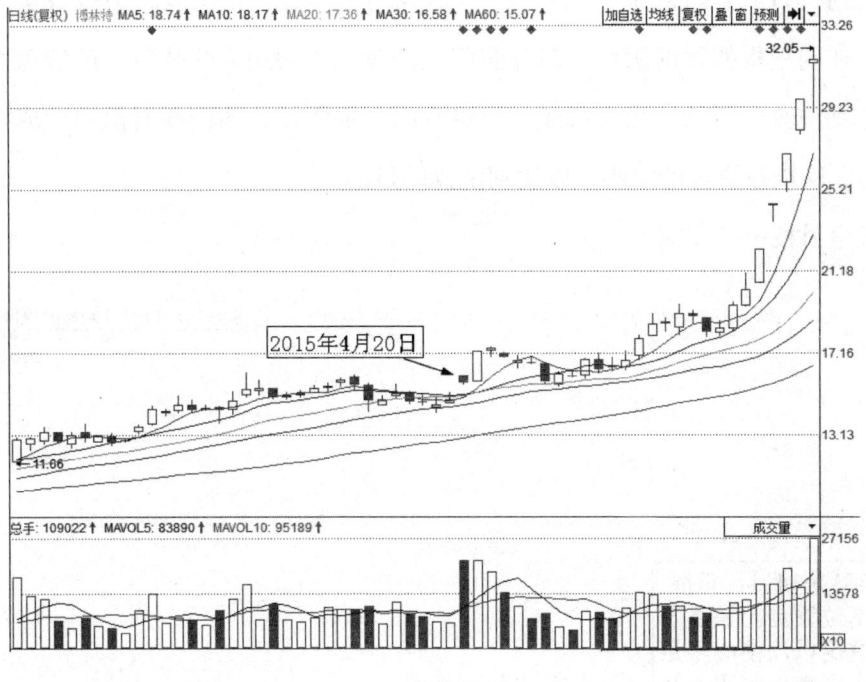

图10-3

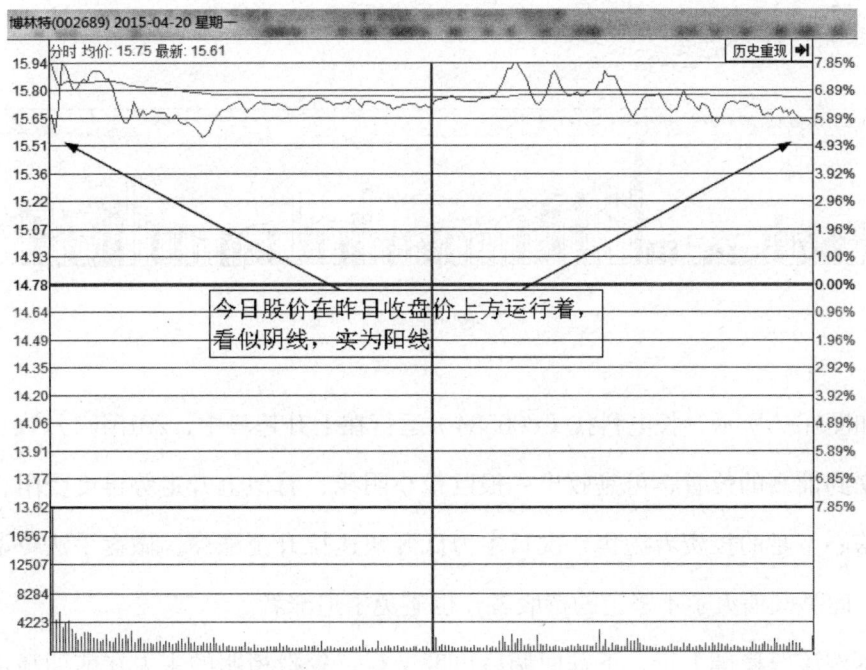

图10-4

如图10-4所示,该股的股价以高出前一日的收盘价开盘,收盘下跌,但价位依然在前一日收盘价之上,只是微跌,K线图上形成一根阴线,但股价实际并未走低,如同一根假冒的阴线。高开假阴线洗盘是主力用来吓唬散户的洗盘手法,为了达到洗盘的目的。当天形成一根难看的放量阴线,该阴线对散户形成极大的震慑力,骗取投资者的筹码,以达到洗盘的目的。

长电科技(600584)

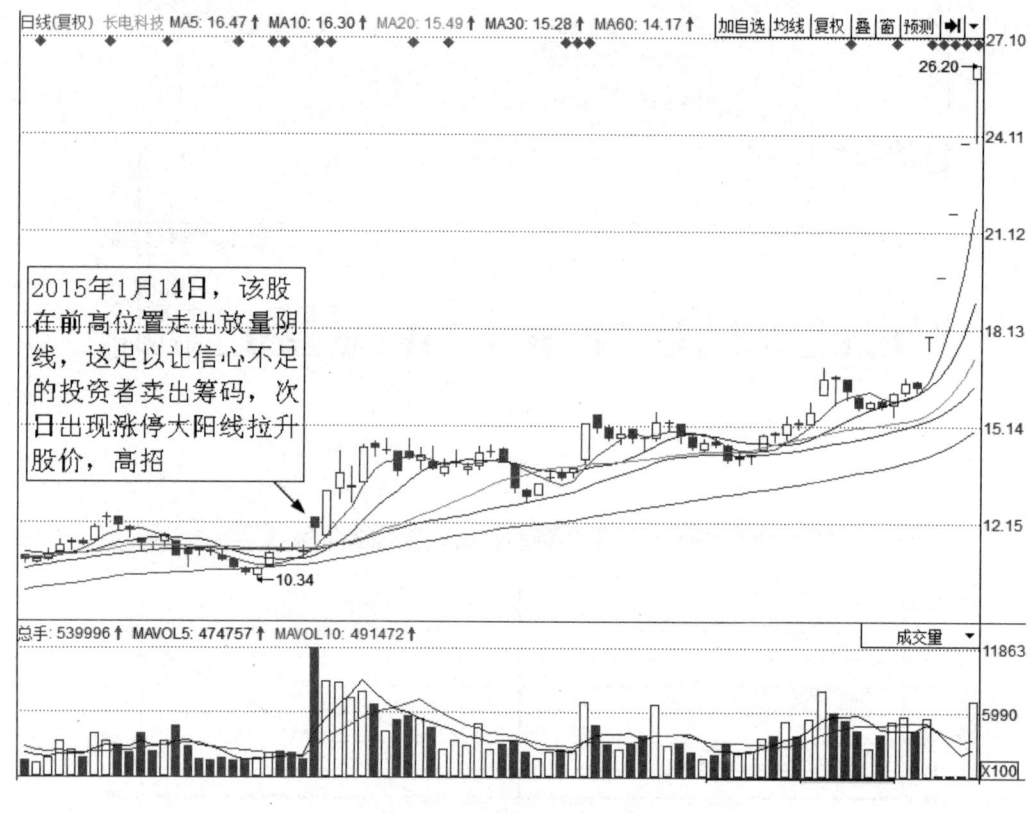

图10-5

如图10-5所示,长电科技(600584)运行在上升趋势中,2015年1月14日该股再度来到前高的位置,可是收出一根巨量小阴线,看似上升走势再度受阻,这足以让信心不足的投资者抛售,次日主力低开快速拉升至涨停,做盘手法可谓经验老到,此举既消灭了不坚定的持股者,也避免了追涨者。

本例该股稳健上行,下跌回调后再度上行,狡猾精明的主力在前期高点时再次玩了小花招，来一根放量假阴线，吓退意志不坚定者，以使投资者看不清后市的方向。此后才涨停突破，骗倒不少人，既然主力费尽心机做盘，我们也不能错过这样的机会，该股后市的涨幅也证明追涨是值得的。

西部建设（002302）

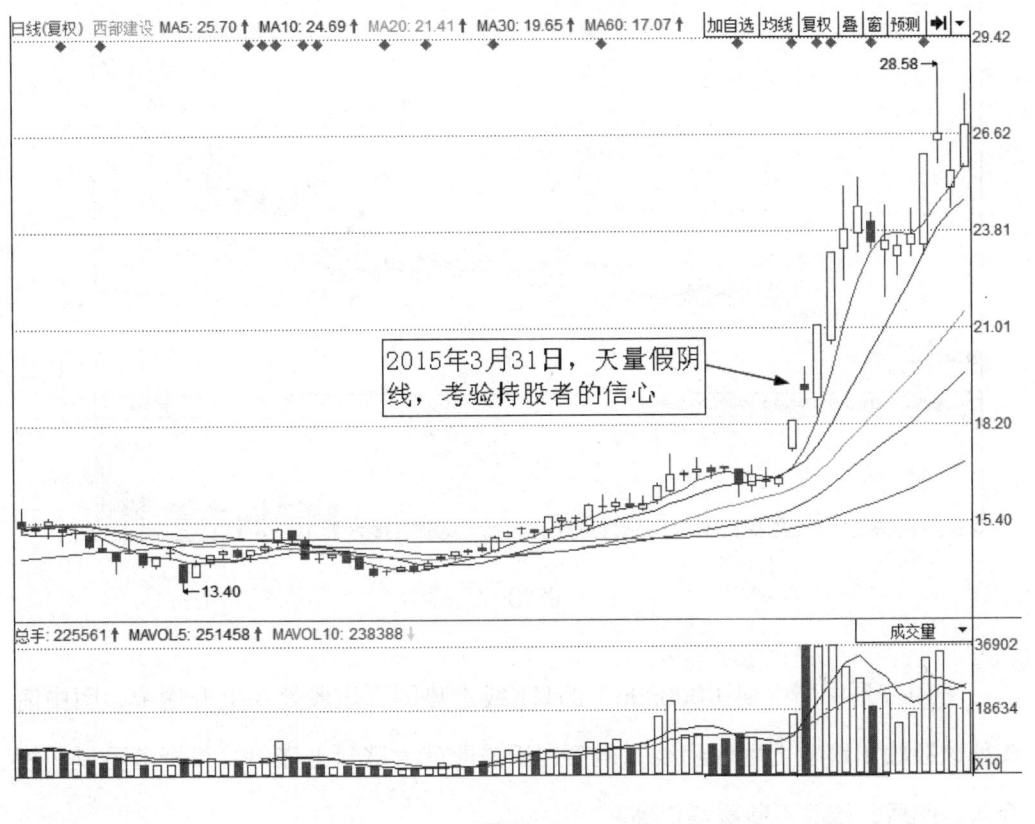

图10-6

图10-6是西部建设（002302）的日K线走势图，该股于2015年3月31日跳空高开走出假阴线，要涨不涨，有点主力出逃的架势，还伴随着巨量，看似吓人，但只要跳空缺口仍在，则说明依然是多头强势，要不然空头不至于连缺口都补不上，事实上这样的假阴线多是主力强势洗盘行为。因此只要出现伪阴线之后股价再度走强，投资者就可以继续追进。次日该股略微低开后强势上涨，最后牢牢封于涨停，一根大阳线把前日假阴线全部包裹，形成阳包阴的组合图形，后市继续上涨。

中国中期（000996）

图10-7

图10-7是中国中期（000996）的日K线走势图，该股处在上升途中，图中箭头处该股收出跳空上涨假阴线，但第二天该股就大涨封上涨停，投资者可以积极介入。此后，该股不断震荡走高。

一般情况下收出阴线说明市场行情不强，但第二天就涨停，说明此前的假阴线是主力有意洗盘，以此蒙骗投资者来获取市场中的廉价筹码，减少后期拉升的阻力。涨停板的出现表明主力短暂洗盘的工作已完成，新的上涨势头即将开始。

图10-8是彩虹精化（002256）的日K线走势图，2015年3月6日和次日，该股连续两天下跌，第三日该股止跌反弹，并封住涨停，投资者可伺机买入。此后该股展开一轮短线强势行情。

彩虹精化（002256）

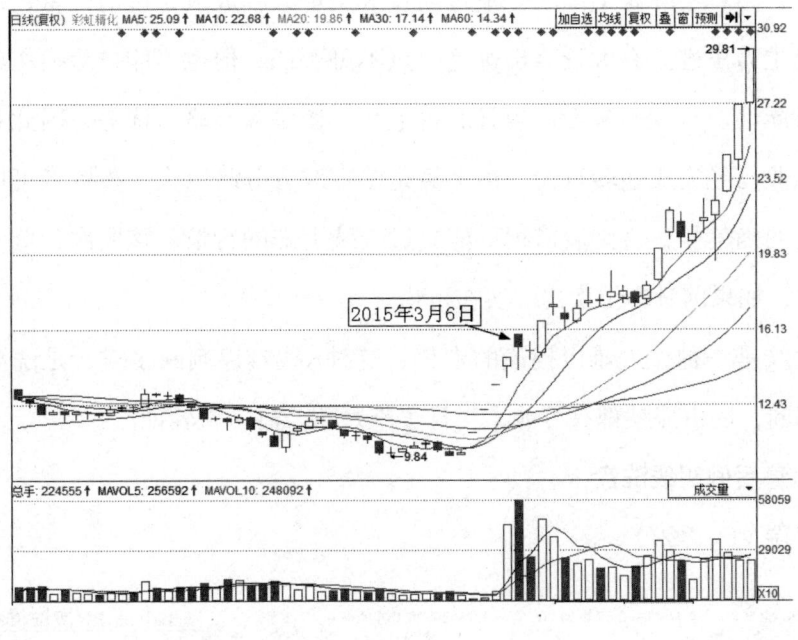

图10-8

海特高新（002023）

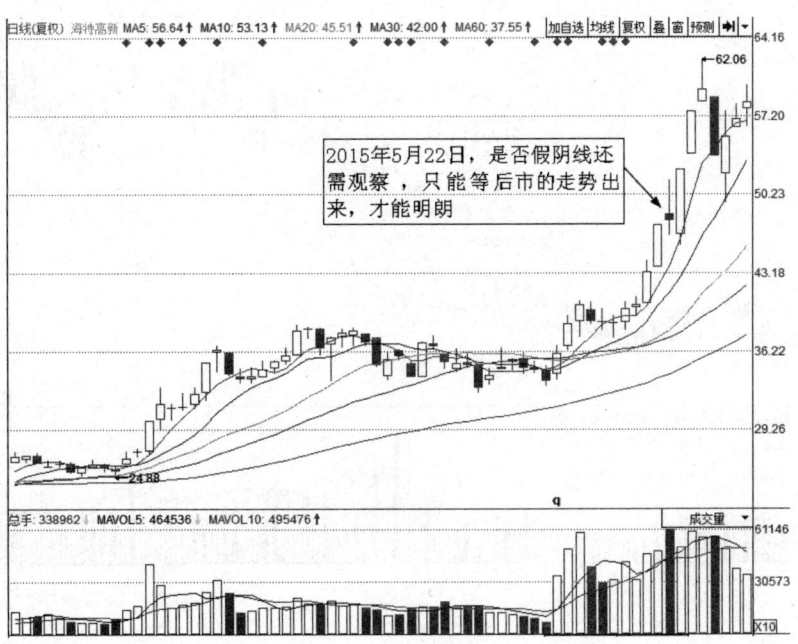

图10-9

图10-9是海特高新（002023）的日K线走势图，该股在2015年5月22日收出一根假阴线，当日实际是上涨的。不过当日成交量大幅放大，可谓巨量，往往都会被认为是主力出逃。有大资金出逃这一点不可否认，但也不能排除换庄或者主力对敲的可能性。从盘面来看，当日股价上涨，还是多头略占优势，因此并不能就此判断该股已经完成逆转行情，最多算是多空双方分歧巨大。投资者可以留部分仓位等待明确信号，否则后市很可能错过继续上涨的行情。该股次日低开高走，再度涨停。如果前日匆忙卖出，实在可惜。

假阴线是一种让人难以捉摸的走势，这种K线难以判断多空，是洗盘还是见顶不好判断，后市涨跌都有可能，当日很难判断，需后市验证。

2. 涨停后假阴线洗盘

海普瑞（002399）

图10-10

图10-10是海普瑞（002399）的日K线走势图，该股缓慢上行，均线呈多头趋势排列。2015年3月19日该股强势涨停，看似快速拉升开始。可是次日该股高开低走，收出假阴线，同时成交量急剧放大，有主力出货的嫌疑。难道主力就此出货？隔日该股再度强势暴涨，说明前日的假阴线只是主力洗盘的一个动作。后市该股大幅上涨，如果在假阴线时卖出的投资者必定非常后悔，上了假阴线的当。

该股前期涨幅不大，假阴线只是主力洗盘的动作。至于成交量那么大，有可能是主力对倒吓唬散户的结果。

康盛股份（002418）

图10-11

图10-11是康盛股份（002418）的日K线走势图，该股经过长时间的横盘整理后开始拉升。2015年1月22日该股强势放量涨停。次日继续高开高走，可惜遭遇空头的阻击，最后收出假阴线。当日成交量密集放大，这通常是主力出货的特征。

但是该股刚突破横盘整理区域不久，而且整体涨幅不大，主力在此出货似乎有点不值得。第三天该股收出吞没大阳线，这基本可以确定前日的假阴线是洗盘，投资者可以在盘中伺机买进。

股价运行在上升趋势中，某日强势涨停，按理会继续上涨，可是第二日却收出阴线，还有点主力出逃的迹象，事实上这样的阴线多是主力强势洗盘的行为，一旦随后止跌回升，就可以确认是洗盘动作，投资者可以积极买入。

达安基因（002030）

图10-12

图10-12是达安基因（002030）的日K线走势图，2015年2月16日该股延续前日涨停走势，跳空上行，不过最后收出假阴线，同时成交量放大。这是出货还是洗盘呢？还需要继续观察后市走势才知。次日该股平开高走，最后收出大阳线，股价创出新高。这说明假阴线是洗盘无疑，我们可以在盘中伺机买入。

本例该股在涨幅不大的情况下，假阴线很可能是洗盘，特别是在涨停后出现的假阴线。当然我们仍要谨慎行事，等待信号明朗。该股次日假阴线被阳线覆盖，基本可以确定是洗盘。

山东地矿（000409）

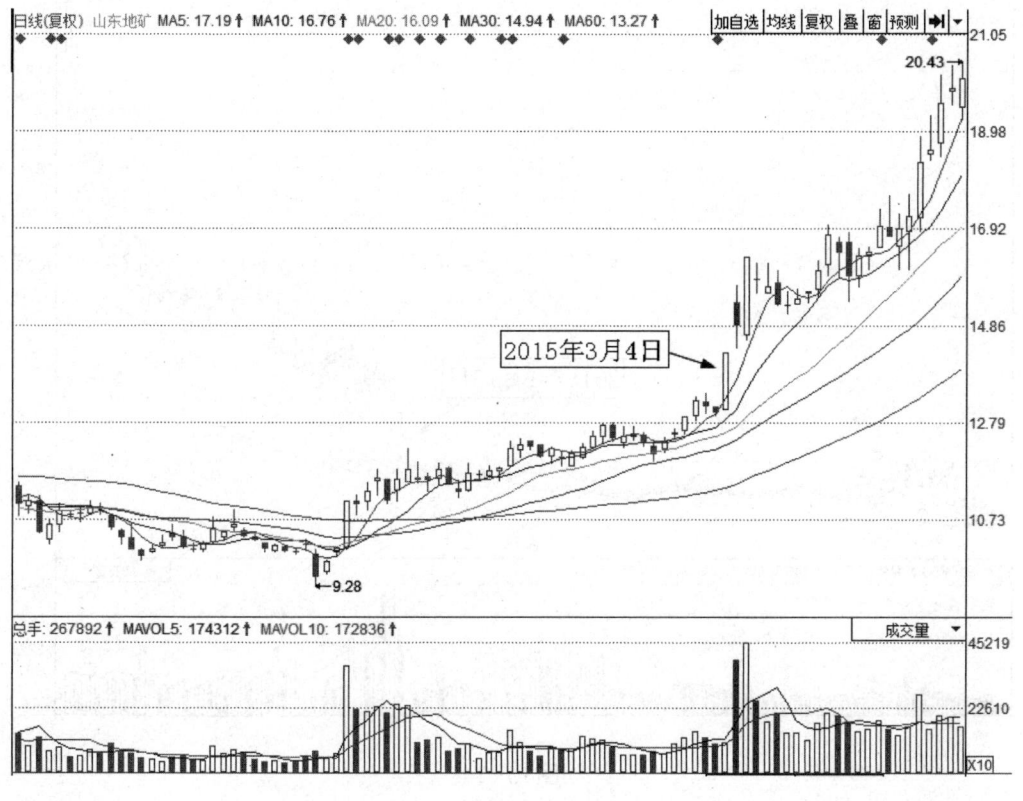

图10-13

图10-13是山东地矿（000409）的日K线走势图，该股在低位经过震荡整理后终于突破中长期均线，进入上升趋势中。此后该股沿着10日均线上行。2015年3月4日该股加速上涨，当日收于涨停板。次日该股继续高开，但没有继续强势表现，最后收出一根放量阴线，不过实际上股价仍是上涨的。第三日股价创出新高。这说明前面的假阴线是主力的强势洗盘动作，也可以说是上涨的中继点，反而给了投资者买进的好时机。后市该股果然继续上涨，涨幅不小。

本例该股的假阴线出现在上升途中，股价已有一定涨幅，此时买入的投资者有一定的风险。但对于激进型的短线投资者来说，也可以买进，但也要做好止损的准备。

延华智能（002178）

图10-14

图10-14是延华智能（002178）的日K线走势图，该股从相对低位缓慢上涨，均线开始呈多头排列。2015年1月16日，该股缩量"一"字涨停突破前期高点。次日该股继续跳空开盘，可是尾盘股价却下跌，最后收出一根长下引线的假阴线，实际上股价仍是上涨的。假阴线当日放出大的成交量，这让人不禁有点担心，因为只有主力才能造出如此大的量。可是第三天该股高开后一路上涨，再次封于涨停板。这说明前面的这根阴线只是个诱空陷阱，是主力强势短暂洗盘的动作，后市还会重拾涨势。这样的假阴线下，估计很多投资者都被放量吓跑了。

本例该股的涨停发生在相对低位，刚突破前高，上升空间刚打开，所以上涨走势不太可能就此打住。那么随后的假阴线很可能就是主力的诱空陷阱，激进型投资者可以将计就计买入。

兆驰股份（002429）

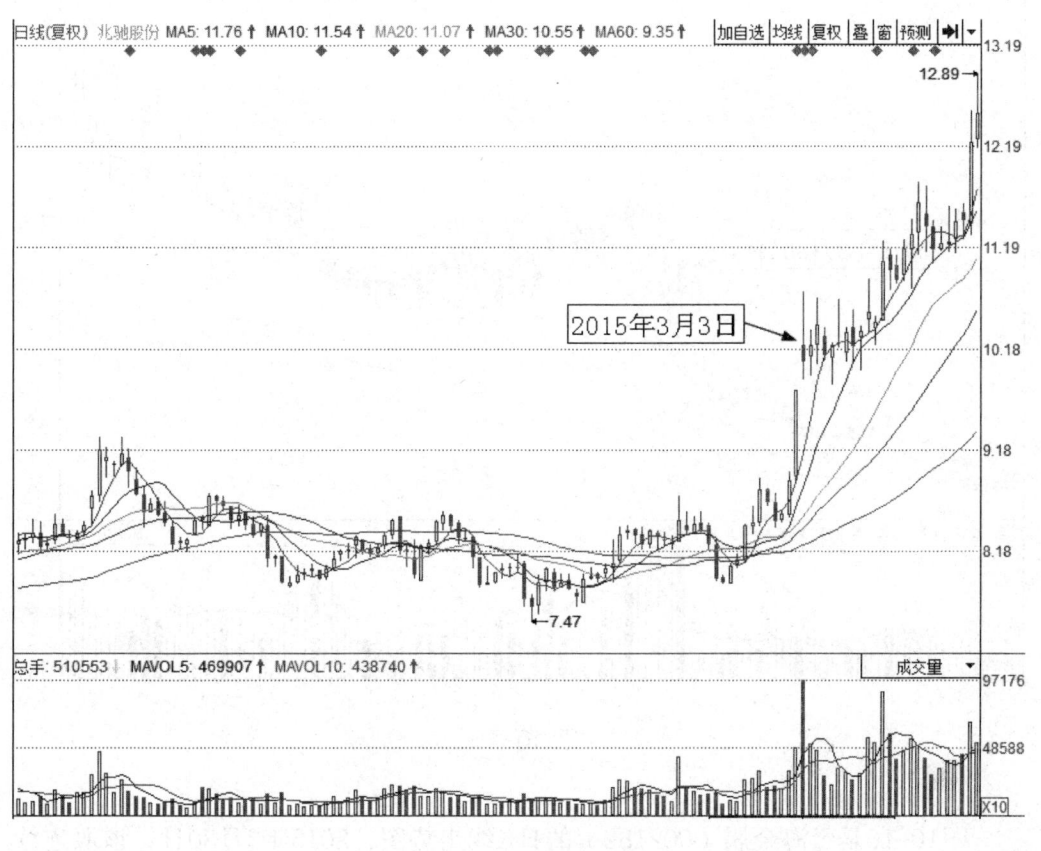

图10-15

图10-15是兆驰股份（002429）的日K线走势图，该股在2015年3月3日收出一根跳空上涨阴线，表面为阴线，实为假阴线，因为股价是上涨的。这根假阴线显示多空双方的分歧，难以判断谁强谁弱。不过从整体来看，这根假阴线的十字星很可能是上升的中继，因为该股此前刚涨停突破前高的压力，上涨幅度不大，理应还有上升空间，后市的上涨可能性更大。因此这根假阴线只是上升途中的暂时休息，我们可以继续持有该股。

云海金属（002182）

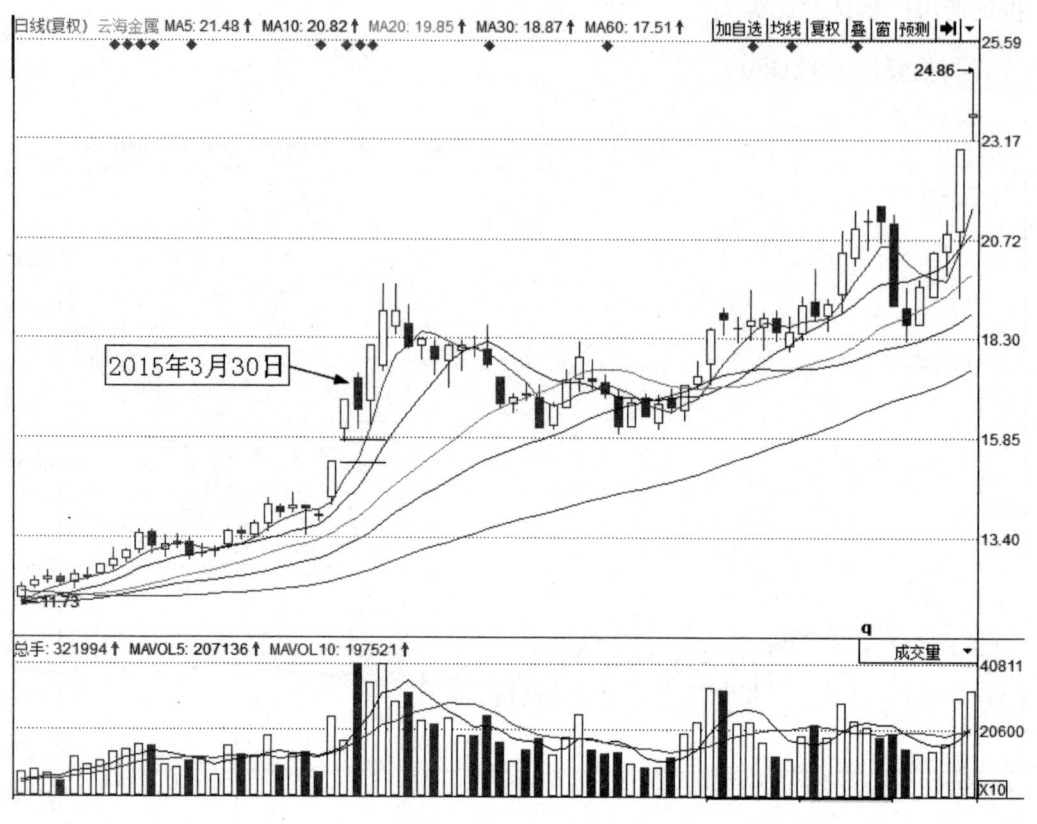

图10-16

图10-16是云海金属（002182）的日K线走势图，2015年3月30日，该股连续两个涨停后的阴线还伴随着巨量涌出，看似吓人，但只要跳空缺口仍在，依旧说明是多头强势，要不空头会回补上跳空缺口。投资者可以在股价再度走强时，择机继续买入。当然这还得看股价的整体涨幅，如果股价涨幅已大，则需要小心。后市该股进行了回调整理，但仍未回补跳空缺口，这预示着股价还将继续上涨。

黑牛食品（002387）

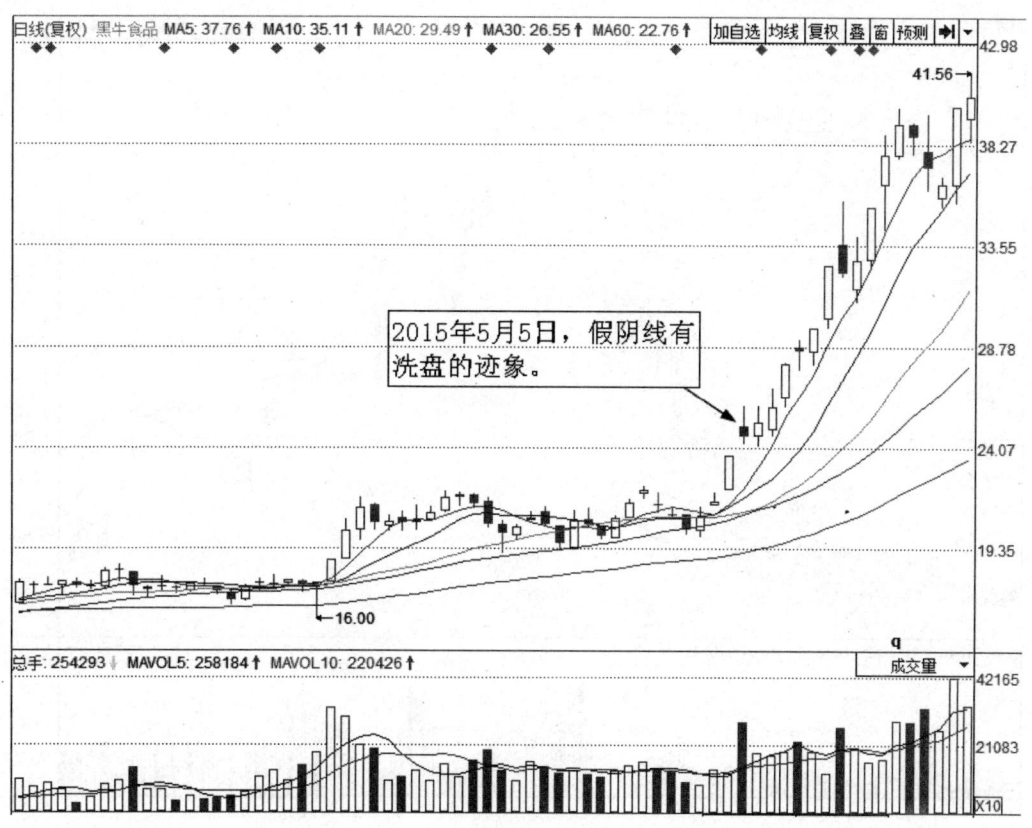

图10-17

图10-17是黑牛食品（002387）的日K线走势图，在2015年5月5日，该股大幅跳高开盘，当日成交量大幅放大，可谓阶段巨量。这样一根巨量的阴线颇让人费解，从成交量来看，显然有大资金在出逃，但股价当日大幅收高，说明还是多头占优。从盘面来看，多空双方分歧巨大，后市走势不好判断。此时我们就要进一步思考。前日该股已经明确涨停突破前高的阻力，说明此处的套牢盘已经全部解套，暂时再无上升压力。既然主力已经花费资金扫清套牢盘的阻力，没理由就此罢休，后市应有更大的上涨空间。

万安科技（002590）

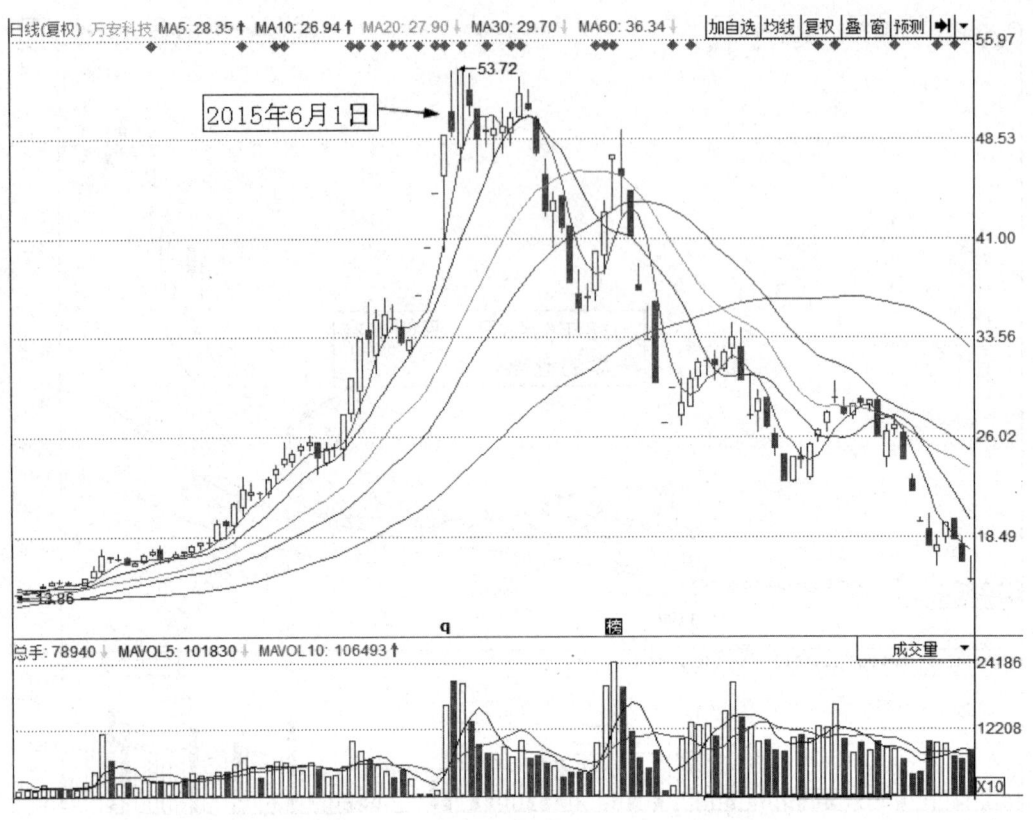

图10-18

图10-18是万安科技（002590）的日K线走势图，该股股价快速拉升。2015年6月1日，该股跳空开盘，大幅冲高后回落，形成假阴线，同时成交量巨幅放大，可见多空双方厮杀的激烈，当然也难以掩护主力出逃的痕迹。可是该股次日继续强势涨停，追涨买入还是不买呢？在股价整体涨幅已大的背景下，我们还是要小心一点，不要贸然追高。

本例该股的假阴线发生在股价整体涨幅较大的情况下，此时买入风险大于收益，还是放弃买入为好。这并不是事后诸葛亮，因为评判的标准在于股价整体涨幅的大小。本例该股短线涨幅显然已经很大，此后可能会面临回调，更可能上升空间有限。

岳阳兴长（000819）

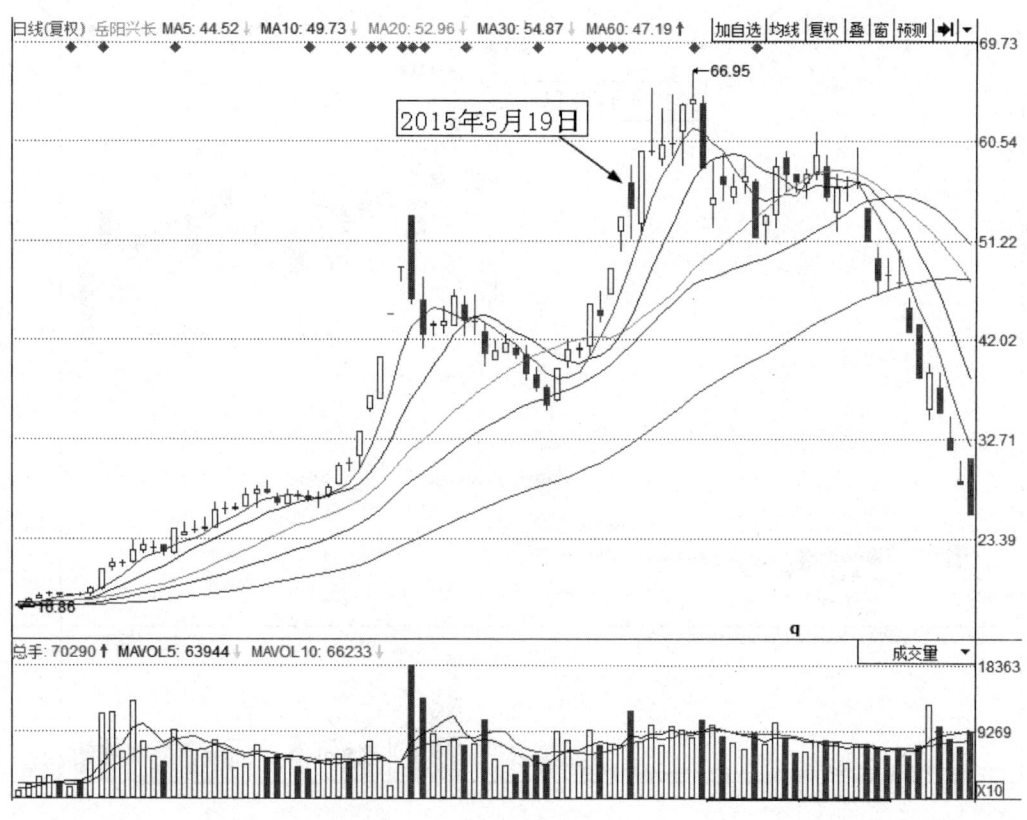

图10-19

图10-19是岳阳兴长（000819）的日K线走势图，该股受利好消息的刺激，连续上涨。2015年5月19日该股在前两日连续涨停的基础上大幅高开，但冲高回落，最后收出假阴线，同时成交量大幅放出。这是主力出逃还是洗盘呢？该股隔日低开高走，涨停收复失地。此后五天该股继续上升，不过连连收出上影线，显然压力重重，这是空头出击的表现，投资者可以逢高卖出。

本例该股的假阴线出现在股价大幅度上涨之后，获利盘积累得太多，风险加大。假阴线是主力出逃的表现，至于此后该股还能上涨，也是主力趁市场行情好继续拉高出货的表现，投资者应该小心谨慎啦。

天马股份（002122）

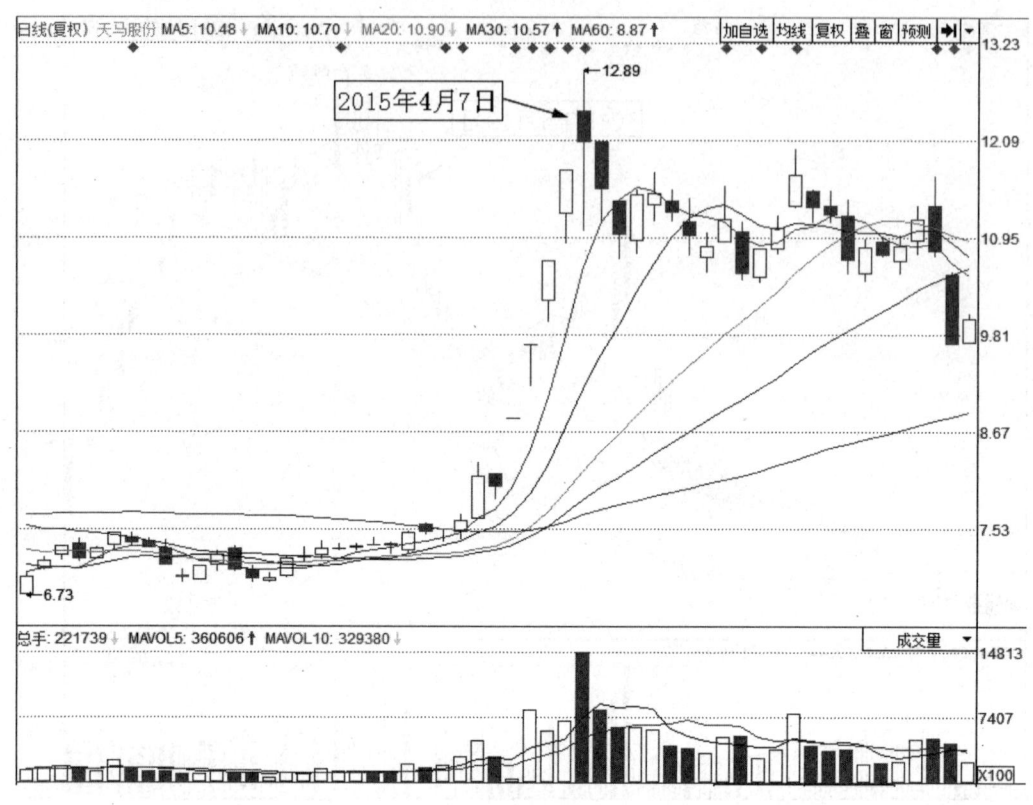

图10-20

图10-20是天马股份（002122）的日K线走势图，2015年4月7日，该股连续四个涨停后收出一根假阴线，这是主力出货还是洗盘，投资者是买还是卖呢？该股隔日放量下行的阴线就给出了答案，主力已经在出货。这种反转行情的杀伤力很大，投资者应迅速果断卖出。本例该股短线涨幅巨大，连续四个涨停后的阴线加上放量，基本上可以确认是主力在出货，此时可不是买入的时机。

图10-21是欣龙控股（000955）的日K线走势图，该股在低位快速反弹，2015年7月24日收出一根十字星，且是阴线，不过当日股价事实上小幅收高2.81%，也就是说这根K线是假阴线，同时成交量巨幅放大。这根假阴线就让人困惑，是洗盘还是见顶呢？让人无法确认多空动向。此处看不清后市，只能等待。隔日股价收跌，空头进一步增强，投资者则需要暂时离场，回避下跌。

欣龙控股（000955）

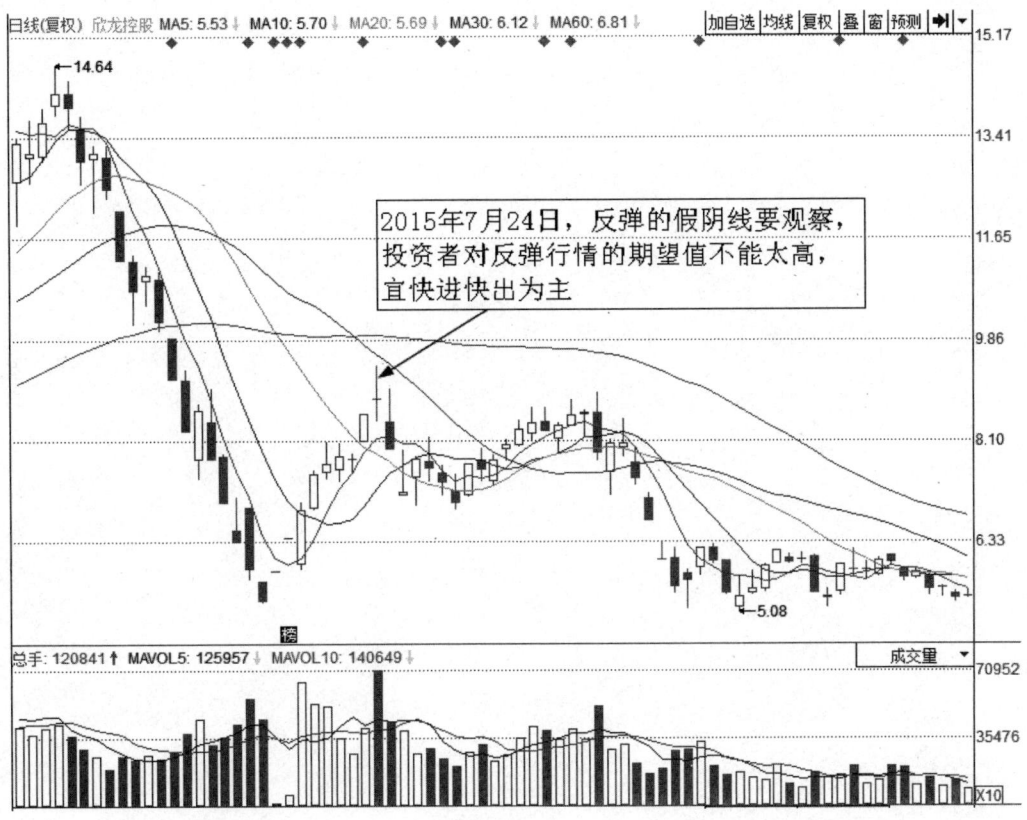

图10-21

第十一章

三重金叉共振技法

一、基本原理

古人云:"射人先射马,擒贼先擒王",说明要解决问题,首先要注意事物的主要方面,抓住其本质对症下药,这样才有事半功倍的效果。投资者在炒股时也应该如此,运用技术方法投资、投机更是如此,例如技术分析的三宝:均线、均量线、MACD,如果能有效地运用好这三者的关系,炒股的技巧基本上是没有问题的,当均线、均量线和MACD零轴线上同时金叉,说明个股已经有着强烈的上涨要求,这种方法功效奇特,成功率较高,是捕捉强势股上涨的一把利剑。

三重金叉共振并不难,它是股市操作中常用的技术,倒不一定次次都能捕获连续涨停板,但作为相对简单实用的一种技巧,有必要熟练掌握,借此提高自己的操作能力。

技术指标作为一种参考工具,投资者不应该单以一项指标的信号而对行情作出绝对的判断,因为指标所起的只是一种辅助的作用而不是绝对的作用。采用多种指标可以增加信号的客观性与准确性,也可以增加相对的可信度,如果多种指标同时皆发出买卖信号的话,将极大地提高研判准确性的概率,而三重金叉共振就是其中最实用的一例。

三重金叉共振技法落实到日常买卖交易中去是一种较好的量化技术,看上去简单易学,但对多数股市新手来说,要掌握并灵活运用这种技巧,需反复历练才行。

这里所说的三重金叉共振是:均线+均量线+MACD在零轴线上的黄金交叉点同时出现。MA均线设置成5日均线,VOL量价线和MACD选择默认参数即可,不需要修改。参数之所以这样设置主要是参照了短线操作思路,5日线是攻击线,能很好地反映出股价短期内量价第一动态。MACD则是趋势型指标,能够在零轴线上金叉的个股,一旦短线出现调整那么还有趋势作为参考,所以买进趋势之上的个股其安全性和稳定性会更高。

所谓的三重金叉共振并非绝对要求同时或同一天金叉的，这仅是一种简单的描述，事实上均线、均量线及MACD零轴线只要在几个交易日之内发生金叉，都可视同于三重金叉共振。

二、实战操作要领

（1）只要你有心，认真去翻看个股走势，你将会发现在三重金叉共振的地方都是机会，这里重点要提一下，MACD若是在零轴线上金叉，买入的成功率更高，对于投资者来说，买股就要买那些行情确定性强的股票，后市才能够演变成一波强劲上升行情。为什么要强调零轴线上呢？那是因为通过大量的观察，零轴线下的金叉一般先视其为反弹行情，股价还有可能在反弹后重回下跌，相对来说，在MACD零轴线上买入的可靠性更强。

（2）一般来说，技术图形构造越是经典完美，越说明介入的主力资金的实力强大。"线乱不看，形散不买"，投资者要远离那些股价和均线走势混乱的股票。

（3）三重金叉的出现从技术角度来看有三层含义：①均线的金叉表明市场的平均持仓成本已朝有利于多头的方向发展，随着多头赚钱效应的不断扩大，将吸引更多的场外资金入市；②均量线的金叉表明了市场人气得以进一步恢复，场外新增资金在不断地进场，从而使量价配合越来越理想；③MACD的黄金交叉，不管是在零轴之上还是在零轴之下，当DIF向上突破DEA时皆为短期的买点，只不过在零轴之上为较好的买点，而在零轴之下仅为空头暂时回补的反弹。总而言之，随着三重金叉共振的出现，将极大地提高研判个股准确性的概率，因此三重金叉共振为强烈的买入信号。

（4）需要指出的是，符合三重金叉共振技术的个股，未必每次都能够走出行情，也有因各种原因失败的案例，在此提醒读者，无论采用何种战术交易，都必须灵活运用，因时制宜，特别是达到卖出条件时，坚决执行交易纪律卖出，绝不拖泥带水，才能在股市里活得长久。

（5）三重金叉同时出现同步共振的个股并不太多，频率也不太高，大多数股票只发生其中两种金叉共振。

三、具体运用实例分析

（1）均线+均量线+MACD零轴线上同时金叉是上涨信号，后市看涨，买入。

长江传媒（600757）

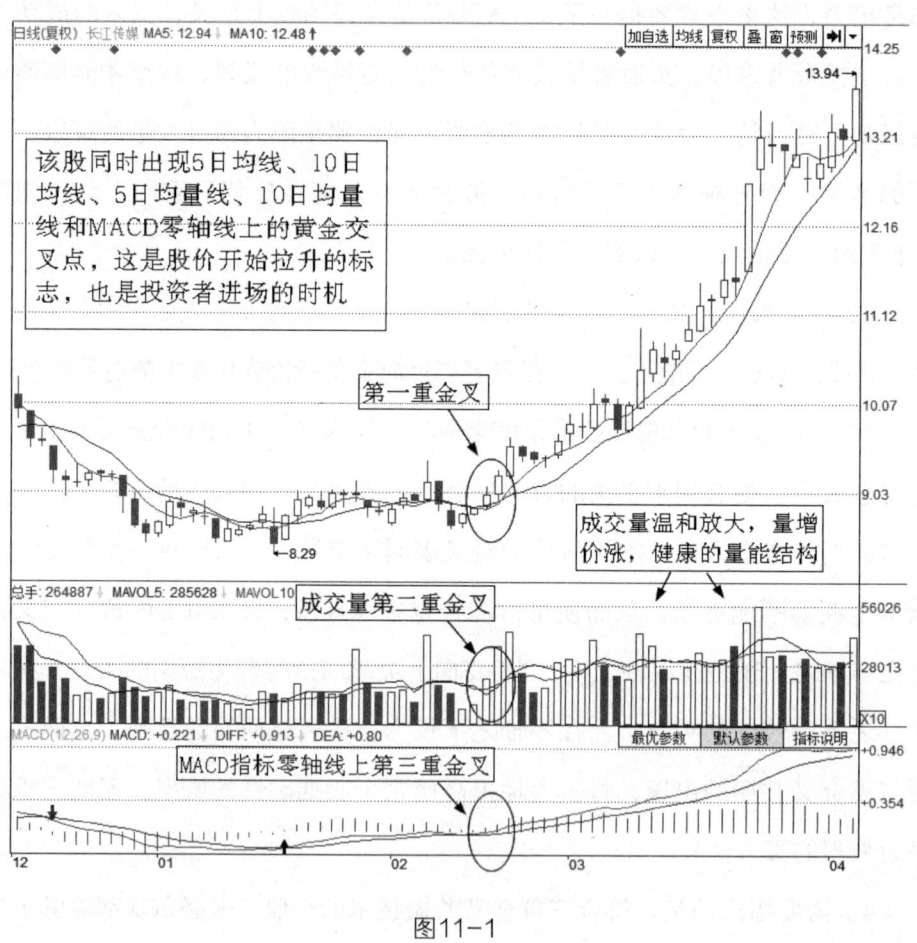

图11-1

图11-1是长江传媒（600757）的日K线走势图，该股出现三重金叉共振后，股价不断抬高步入上行趋势，成交量有规律地放大，技术指标MACD多头，股价

由9元涨至13.94元，短期升幅较大，途中也能捕获住涨停板。

MACD零轴线之上的金叉强于零轴线之下的金叉，所以大行情的发生往往在零轴之上；成交量金叉则表明成交量走出递增走势，同时也代表了个股的活跃度，只有活跃度高的股票才会成为操作首选；均线金叉则表明股价已经受到趋势保护，当然如果均线、均量线以及MACD零轴线上同时出现金叉共振，这类股票更具备短线起爆机会，顺势跟进，即可把握住短线大牛股，也可以从中捕获涨停板。

美晨科技（300237）

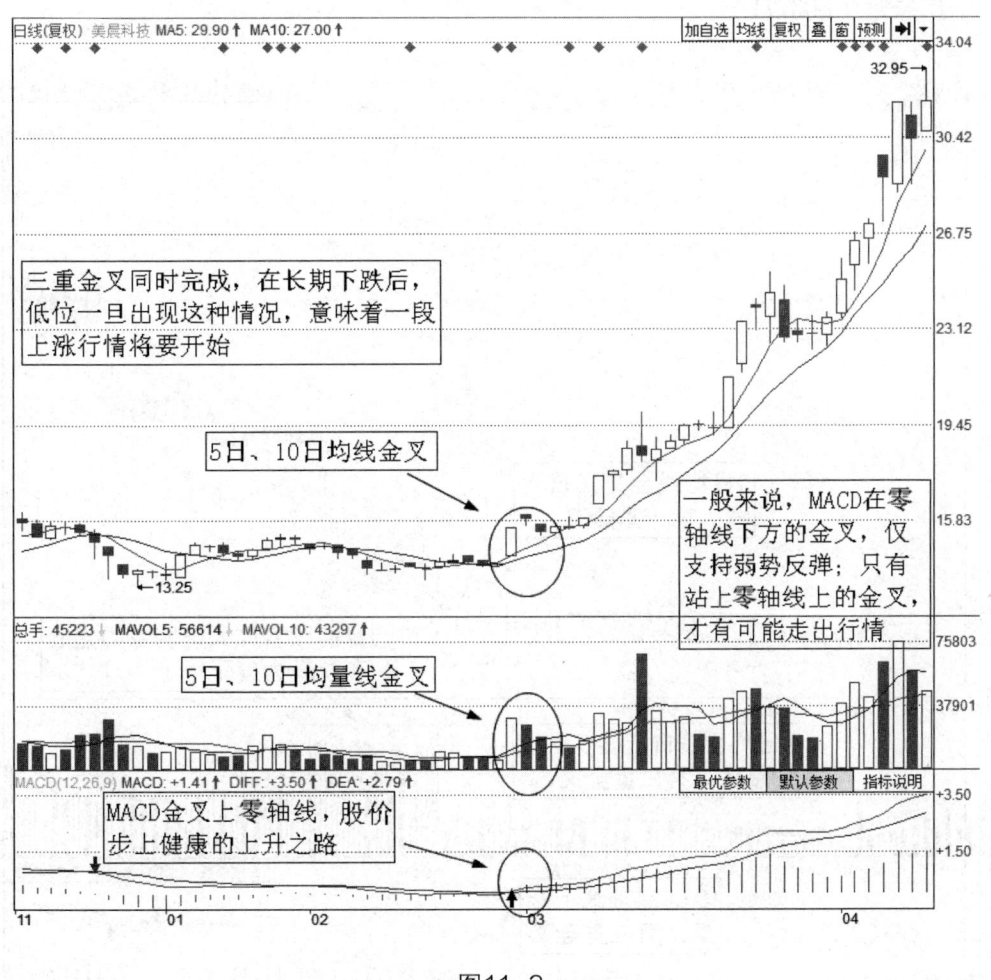

图11-2

如图11-2所示，美晨科技的股价在长期下跌后开始企稳筑底，而后股价缓慢上升，同时出现5日均线金叉10日均线，5日均量线金叉10日均量线和MACD零轴线上的金叉点，这是股价见底回升的信号，买入持有。从图中可以看出，股价在短时间之内就实现了翻番，期间还出现过四个涨停板。

股价在跌无可跌时开始进入底部震荡，随着主力的缓慢建仓，股价终于开始回升，刚开始的价格回升可能是缓慢的，但这种走势最终会造成股价底部抬高。当成交量继续放大推动股价上行时，5日均线会金叉10日均线，5日均量线也会金叉10日均量线和MACD发生金叉点，当出现三重金叉后，投资者可开始买入股票，股价后市会有一段上涨行情。

广誉远（600771）

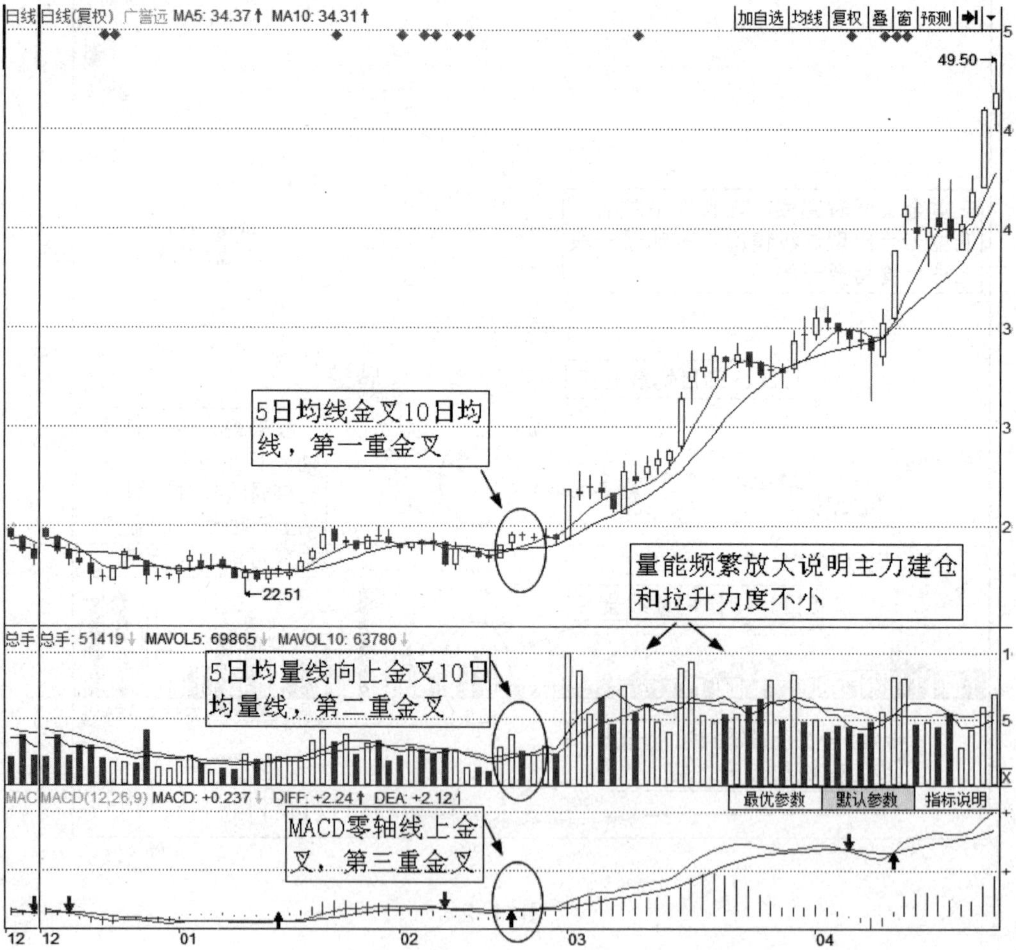

图11-3

图11-3是广誉远（600771）的日K线走势图，该股出现三重金叉共振，条件满足，开始买入股票，该股股价起涨的同时，带动均线向上金叉，且得到成交量放大和MACD零轴线上的支持，当MACD进入了零轴线以上金叉，走势就稳定得多，机会也会较多。随着股价的升高，底部买入的人已有盈利，这种盈利效应被传播后会吸引更多人买入该股，于是股价再度上扬，其后，该股出现拉升和涨停走势，证明了此前判断的准确性。

三丰智能（300276）

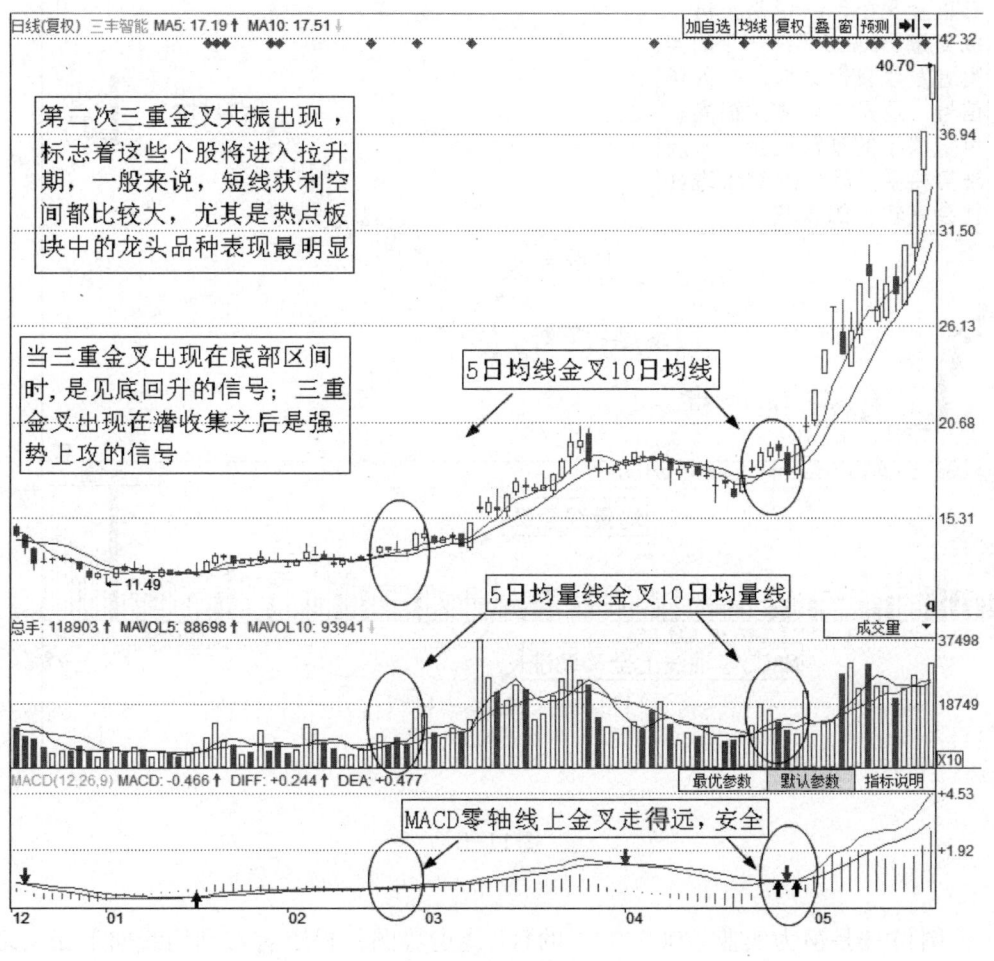

图11-4

如图11-4所示，三丰智能（300276）出现两次三重金叉，都有一波上扬行情，特别是第一次潜收集之后的三重金叉，将再次加快股价的上扬速度，是股价的第二个买点，也是股价强势上攻阶段，途中能捕获更多的涨停板。我们再来看看当时的成交量情况，图中两次三重金叉共振出现之后，成交量都逐渐放大，价格也跟着同步上涨，这就是有主动资金入场的信号。

恒力实业（000622）

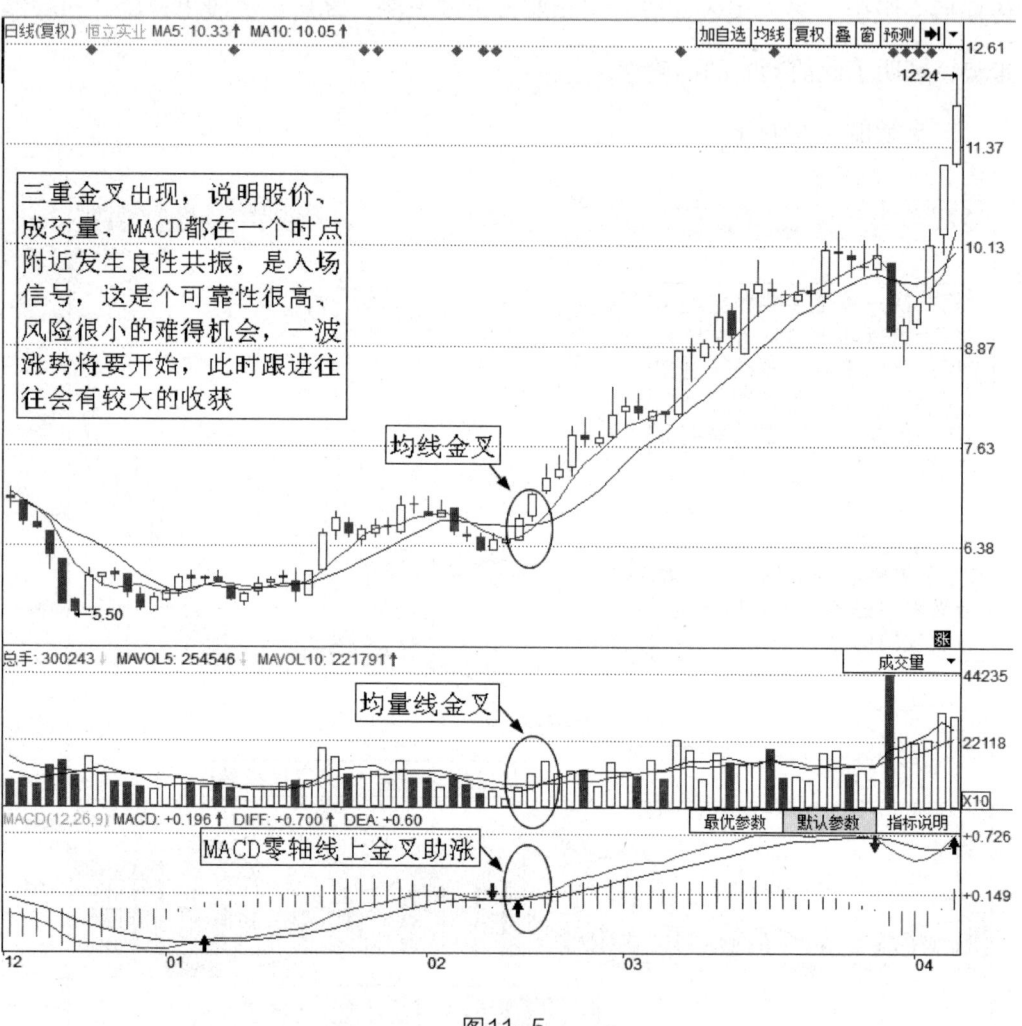

图11-5

图11-5是恒力实业（000622）的日K线走势图，投资者看到均线向上交叉之后，然后看均量线有没有向上交叉，然后再看MACD有没有金叉，三个信号都同时出现之后，就可以买入了。对于一般的股票来说，三重金叉共振的出现意味着不买进就等于踏空，技术上已进入涨升时点。果然该股在三重金叉共振后，步入

升途，这种赚钱示范效应将会吸引更多的场外资金介入，从而全面暴发一轮多头行情。

（2）均线+均量线+MACD同时死叉是下跌信号，短线看跌，卖出。

股价在长期上涨后开始进入头部，股价开始缓慢下跌，有时会同时出现5日和10日均线，5日、10日均量线和MACD的死亡交叉点，这是股价回落的信号，短线客在此应清仓回避。

哈药股份（600664）

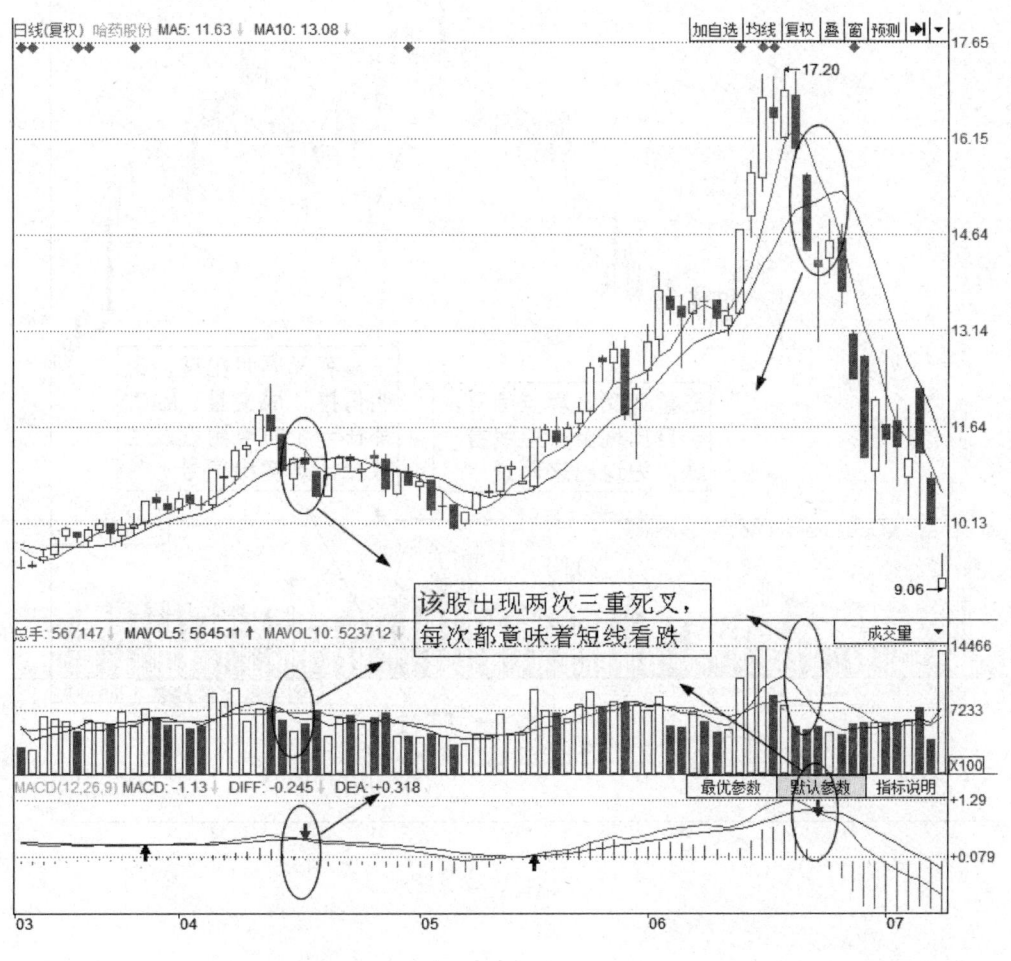

图11-6

如图11-6所示，哈药股份（600664）股价在长期上涨后开始缓慢下跌，该股几乎出现5日、10日均线，5日、10日均量线和MACD的死亡交叉点，这是股价卖出的信号。刚开始的价格回落可能是缓慢的，但这种走势最终会造成股价加速滑跌。随着股价的下跌，顶部买入的人已有亏损，这种亏损效应被传播后会带动更多人卖出该股，于是股价再度下跌。当股价滑跌时，5日、10日均线，均量线和MACD自然发生死亡交叉。

彩虹股份（600707）

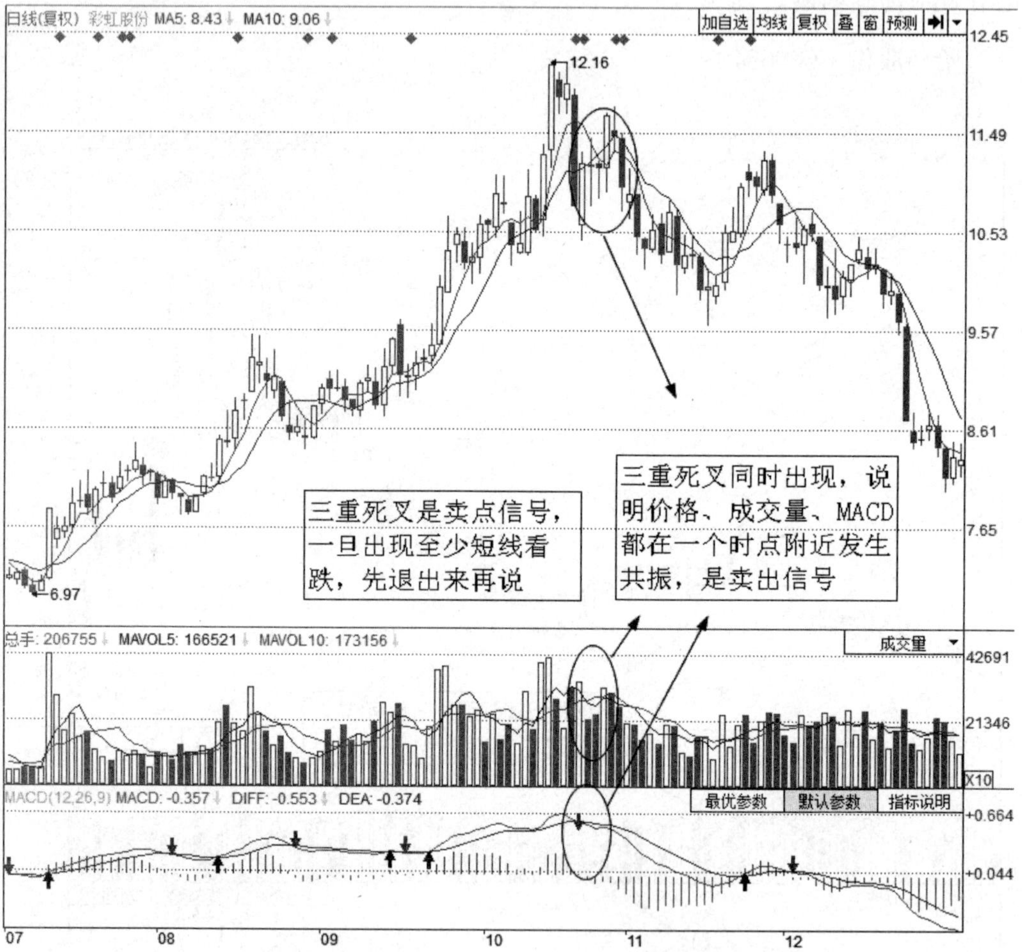

图11-7

如图11-7所示，彩虹股份（600707）同时出现5日均线死叉10日均线，5日均量线死叉10日均量线和MACD的死叉点，这意味着后市不妙，此时投资者应坚决卖出股票。

第十二章

金叉涨停技法

一、基本原理

本章的金叉涨停是根据低位涨停和均线金叉这两种买进信号组合运用,因此操作简单,成功率更高。

当个股的均线系统在低位形成金叉后,股票出现强势涨停行情时,可积极买入。均线金叉涨停是选择均线系统出现有利局面才介入,从而把握行情。

股价站上均线之上是买入股票的好机会,投资者选择股票应选择均线呈多头排列的买入,这种类型上涨的个股,途中抓住涨停的可能性很大。

当均线呈黏合状态开始向上发散,股价站上几条均线之上,是很好的向上突破空间的时机,从均线原理上看,各路成本汇集在一处,买入股票的平均成本是同样的,且形态向多,是暴发行情的时机之一。

例如:奋达科技(002681)在2015年1月20日出现涨停,涨停是市场极为看好,主力积极做多的表现,是短线买进的信号,随后该股启动大幅上涨行情,见图12-1和图12-2。

个股的上涨或者下跌,均线是一个非常重要的趋势参考,特别是对于技术操作派而言。股价短期均线向上突破长期均线,形成金叉,说明多方力量增强,有效突破空方的压力,后市上涨的可能性大,是买入股票的机会,如果成交量能够随之同步放大,这将进一步增加股票上涨的概率,途中抓住几个涨停板的可能性很大。

运行中的均线相互交叉,预示着不同周期的投资者持仓成本相重合。均线产生交叉,我们可以利用均线交叉组成一个交易系统,当均线金叉的时候,投资者可以买入,并持股,直到均线产生死叉时卖出股票。

当短期均线从下往上交叉比其周期更长的均线时,称为"金叉";反之,则称为"死叉"。从字面上就可以看出,金叉能让我们挖掘金矿赚钱,死叉能让我们亏损,金叉往往助涨,死叉则助跌,在实际操作中我们就可以利用均线之间的金叉和死叉来进行相应的买入和卖出操作。当出现金叉时，个股上涨的概率总是要大于下跌的概率。

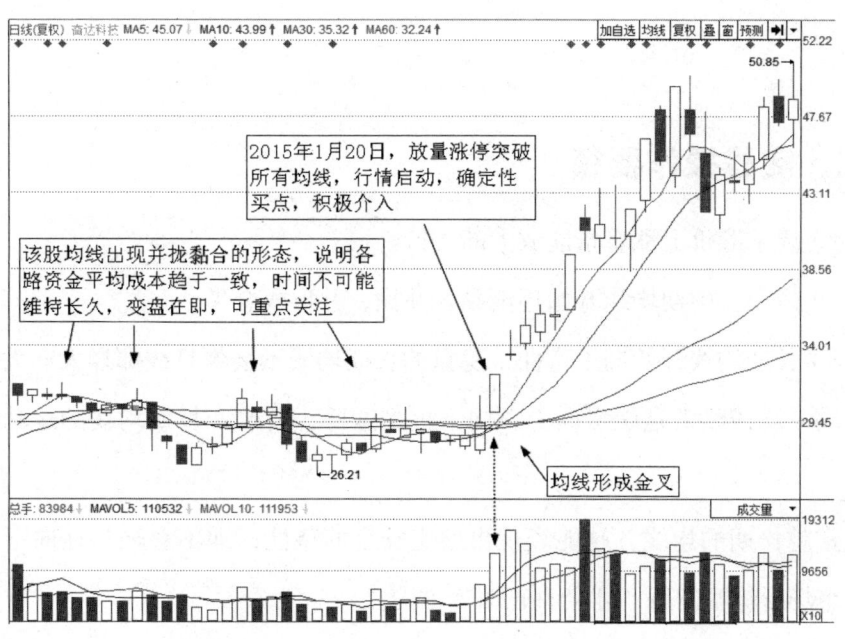

图12-1

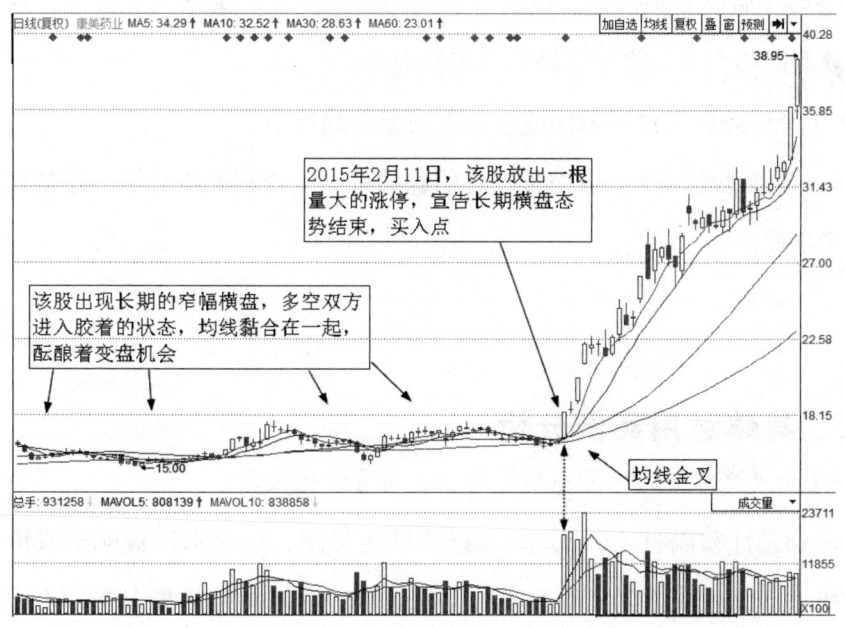

图12-2

标准的金叉应该是：周期长的均线走平，周期短的均线由下而上穿越周期长的均线。

二、实战操作要领

（1）要求股价上涨有量能放大的支持。

（2）短期、中期均线开始逐渐黏合并拢，并形成金叉。

（3）长期均线开始向上弯曲，稳重的长期均线不会像日线那样大起大落，向上的移动平均线经常是缓慢向上，向下也是这样，要改变长期均线的运动趋势不容易。

通常越长期的均线，越能表现出稳定安全的特性，即不会轻易地向下向上，必须等市场形势明朗后，才会真正改变方向。

（4）行业和公司的基本面向好。

（5）股价以涨停板向上突破，突破原来缓慢上升的趋势，进入加速上升趋势，多条均线形成多头排列。选股应选择均线系统呈多头排列的股票，这些股呈强势，获利的机会大，途中涨停的可能性很高。

（6）个股处在低价区域中或者处在向上的趋势中。

（7）金叉涨停的操作适用于趋势明确的单边上涨和下跌行情，在整理调整行情中很难把握。

三、具体运用实例分析

（1）金叉涨停买入，注意量能配合，可靠性更大。

图12-3是江粉磁材（002600）的日K线走势图，一个涨停板就把股价拉升至60日均线上，此后依托60日均线不断上涨，该股后市持续放量上涨，主力动用真金白银进入该股，拉升股价时的成交量明显大于横盘震荡时期的成交量。

江粉磁材（002600）

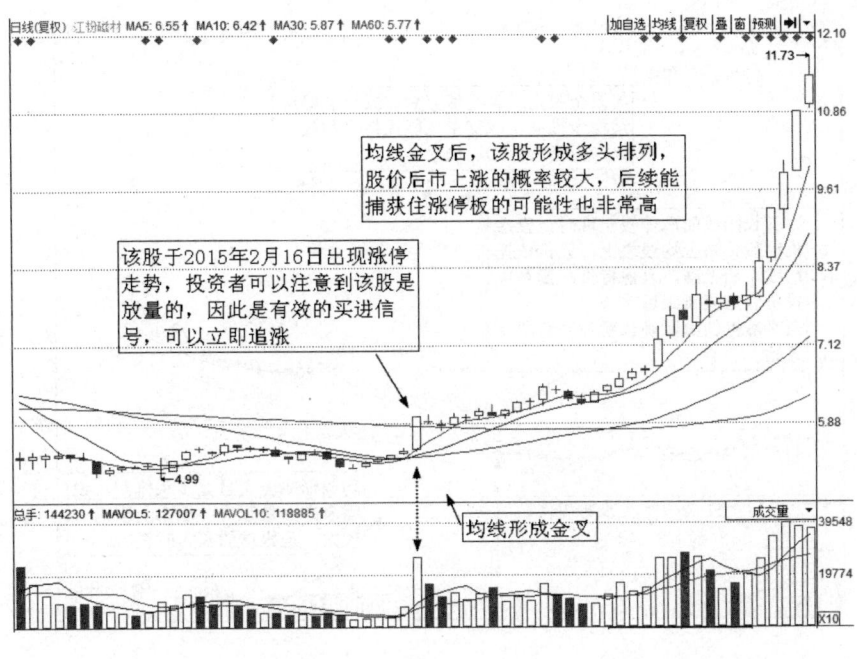

图12-3

重庆钢铁（601005）

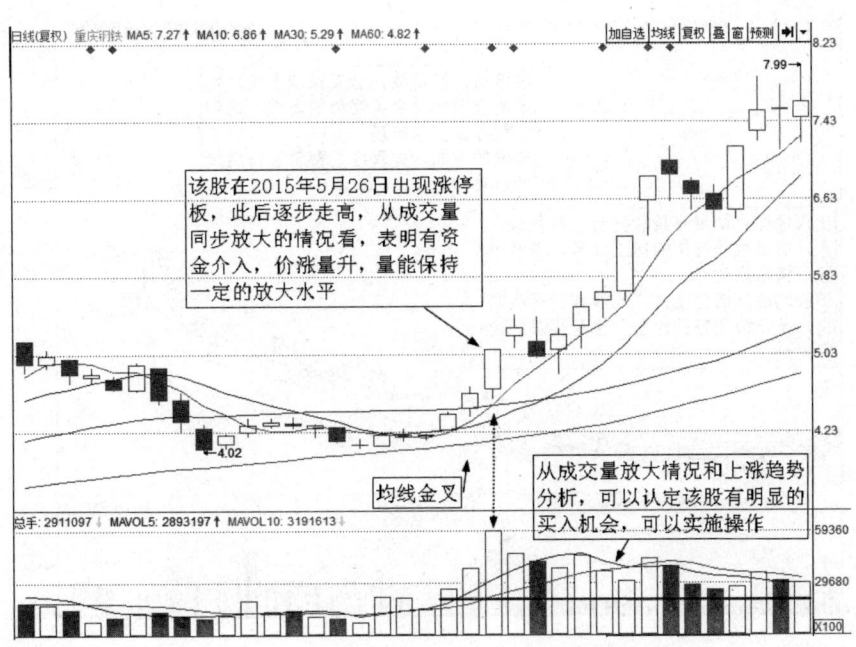

图12-4

上海石化（600688）

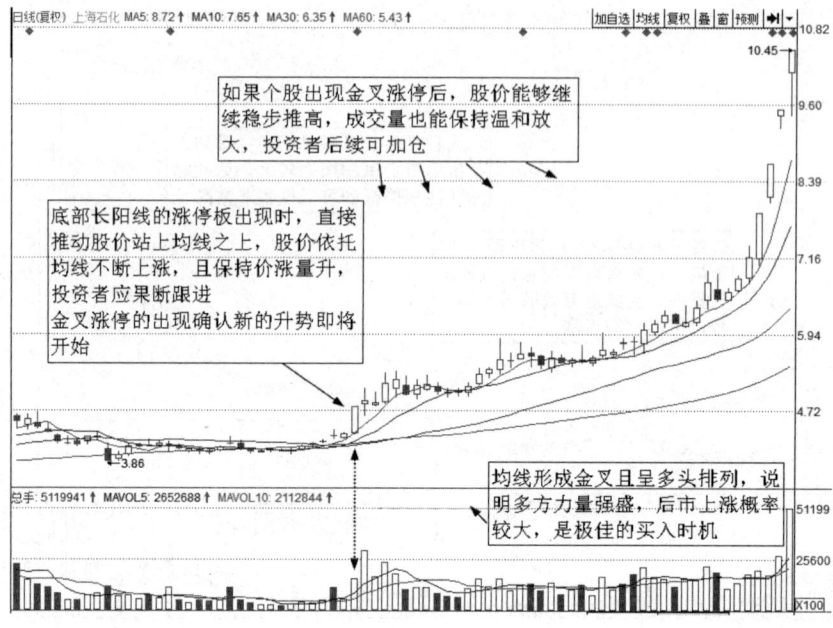

图12-5

浙江震元（000705）

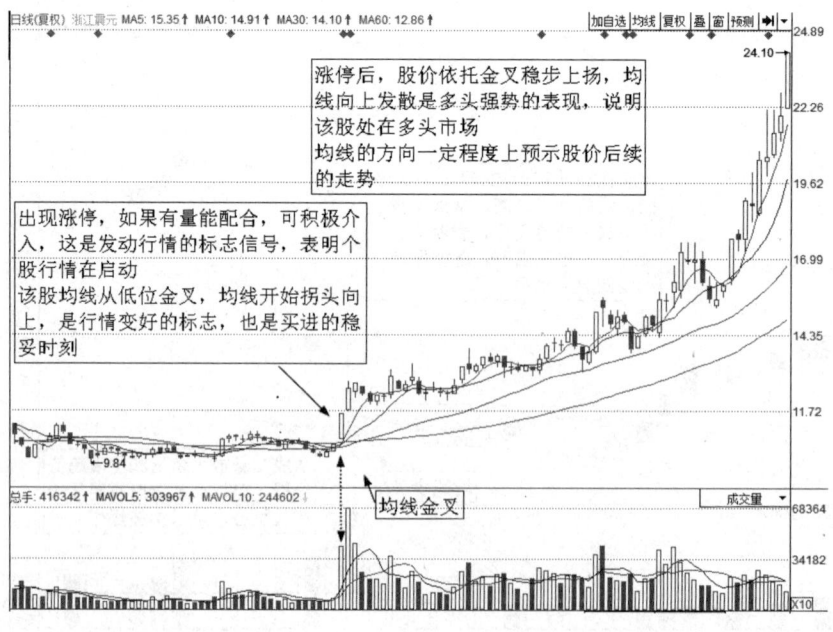

图12-6

万丰奥威（002085）

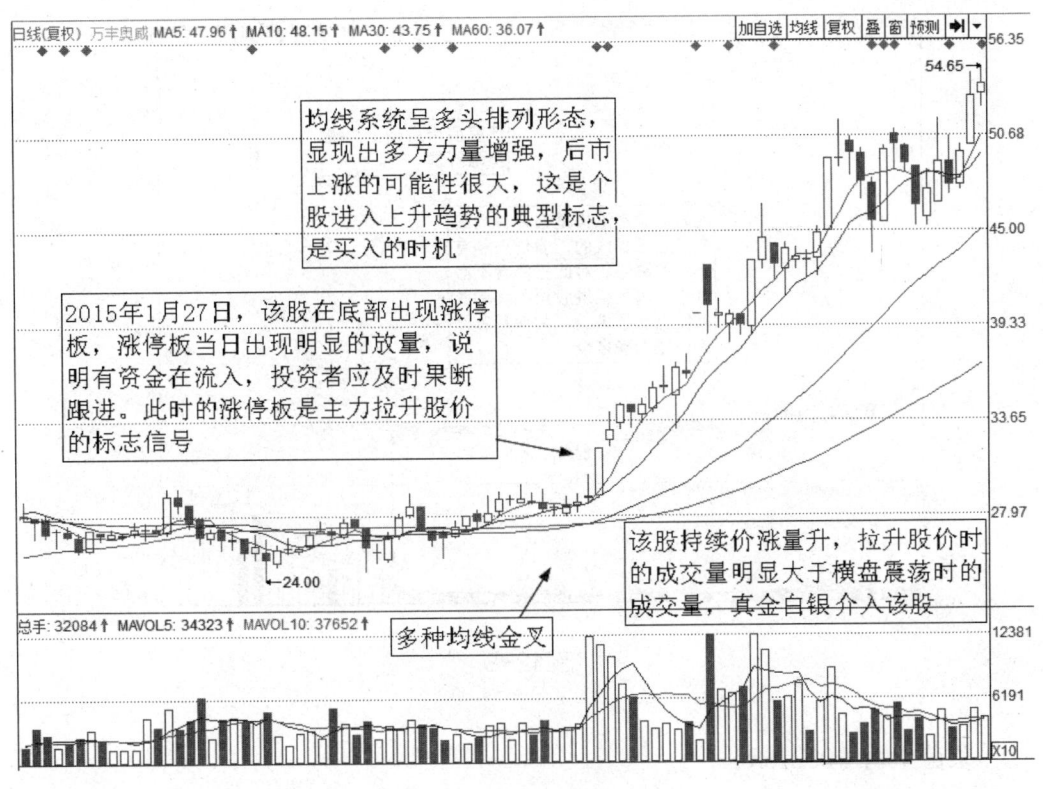

图12-7

虽然股价已上涨一定幅度，但升势只是刚刚开始，未买进的投资者可继续适当追高买入，后市仍有较大获利空间。

如图12-8，广电网络（600831）在2015年2月5日出现金叉涨停，相比前期低价位已经上涨有一定的幅度，如果投资者在此位置果断买进，此后也能获取较大的收益。

广电网络（600831）

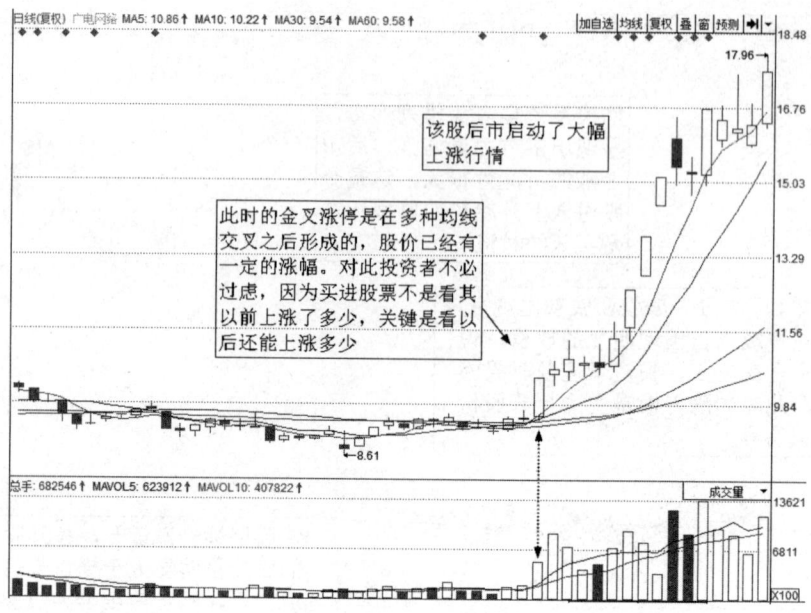

图12-8

莱茵生物（002166）

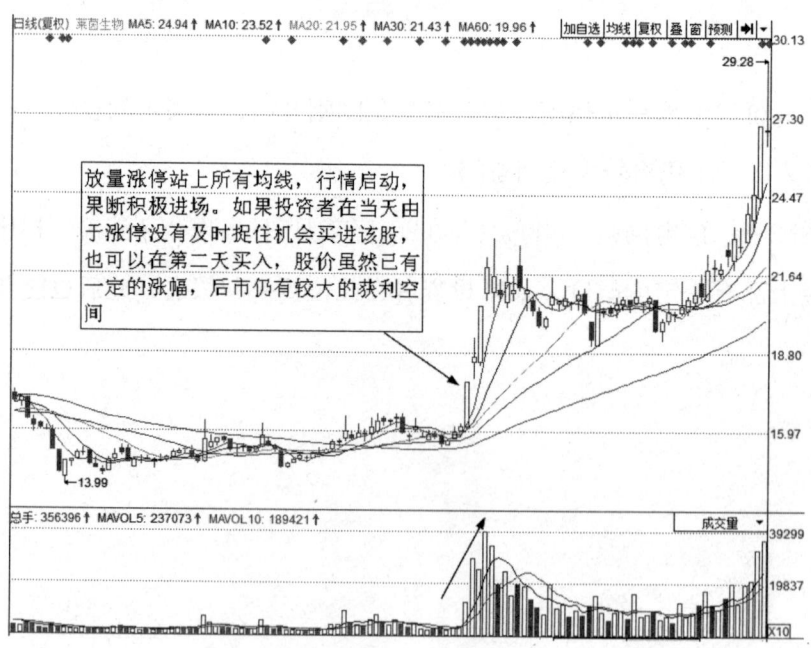

图12-9

图12-9是莱茵生物（002166）的日K线走势图，该股箭头处是买入信号，虽然股价和最低点比较，已经上升了一定幅度，但升势只是刚刚开始，尚未买入的投资者应该继续追入，此后不久该股又上涨了不少幅度。

精伦电子（600355）

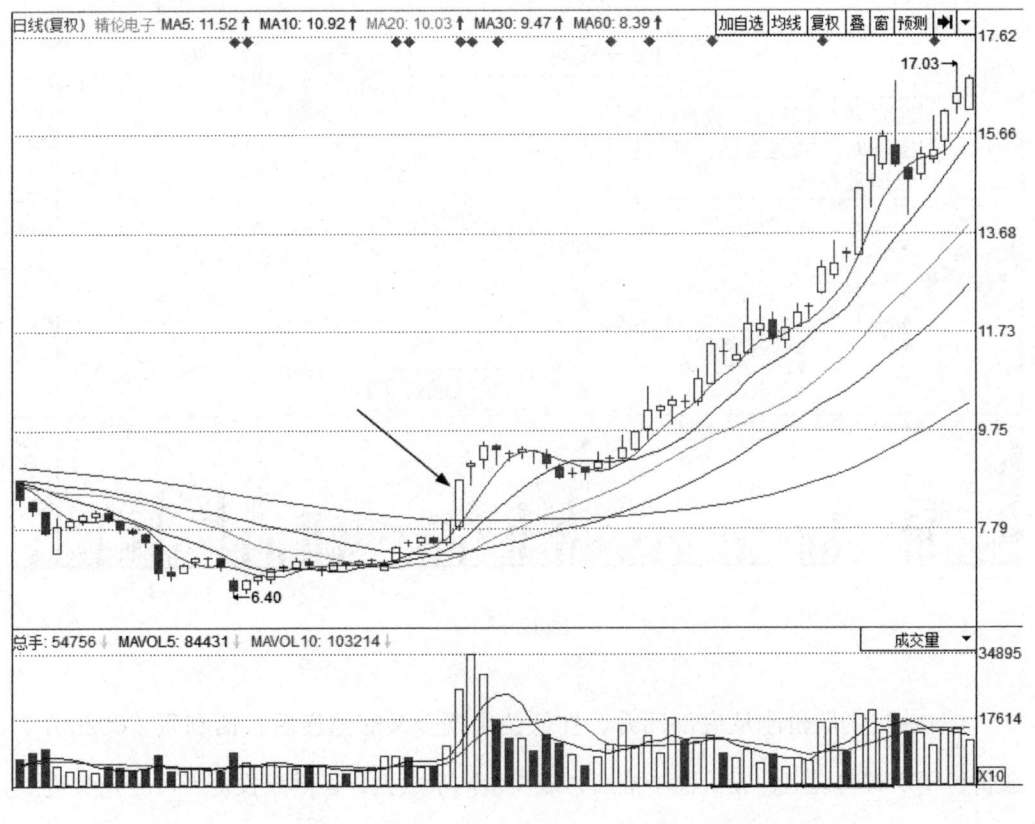

图12-10

图12-10是精伦电子（600355）的日K线走势图，图中箭头处投资者要敢于介入追涨，就算其股价已上升了一段距离，不要因为该股已有一定的升幅就不敢介入，因为其股价后市还会有较大涨幅和获利空间。

涨停出现时，稳健型投资者也可以先适量分仓参与，在涨停后的几天内等待上升趋势形成，再逐渐增加仓位，然后等待主力的拉升，坐收后市上涨利润，见图12-11所示。

佰利联（002601）

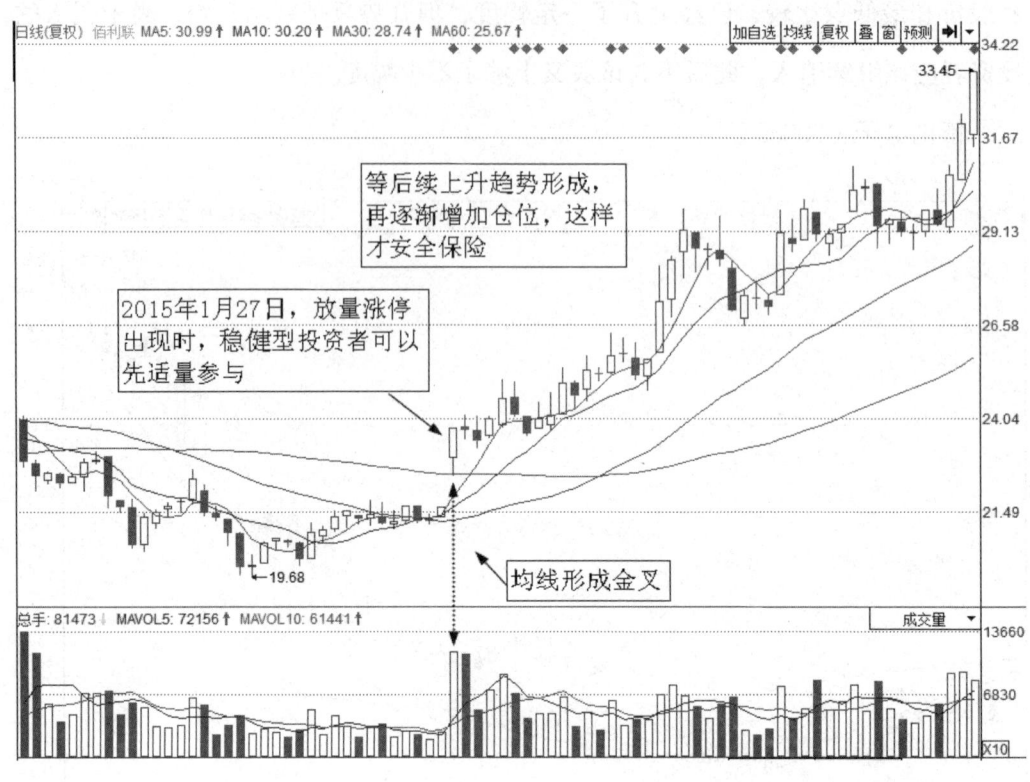

图12-11

图12-11的股价刚从底部回升，在低位出现金叉涨停板后，佰利联（002601）股价位于所有均线上，股价稳步推高，成交量同步放大，稳健型投资者可分仓买进。

（2）部分个股金叉涨停后，会出现回调整理，量缩逢低买入。

个股出现均线金叉涨停后，有部分股票出现回调行情，此时投资者要分析成交量是否减少。缩量代表主力资金没有退出，回调仅仅是发动上涨行情前一次洗盘蓄力过程，该股此后还会再次爆发。

例如：金卡股份（300349）在2015年3月2日出现均线金叉涨停后缩量回调，投资者可逢低吸纳，随后该股的上涨动力比较强，上涨了1倍多，如图12-12所示。

出现均线金叉涨停走势，并不意味着股价能够在第二天或后续几天立即上涨，有时也会出现缩量回调走势，这有可能是主力震荡洗盘的过程，在股价缩量调整期间，是投资者逢低买进时机，可以在地量附近买进该股，如图12-13所示。

金卡股份（300349）

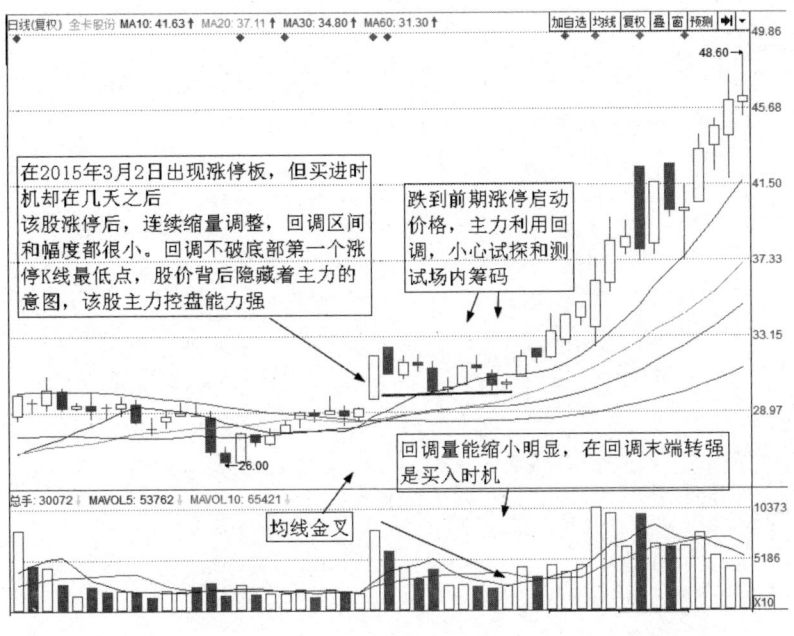

图12-12

舒泰神（300204）

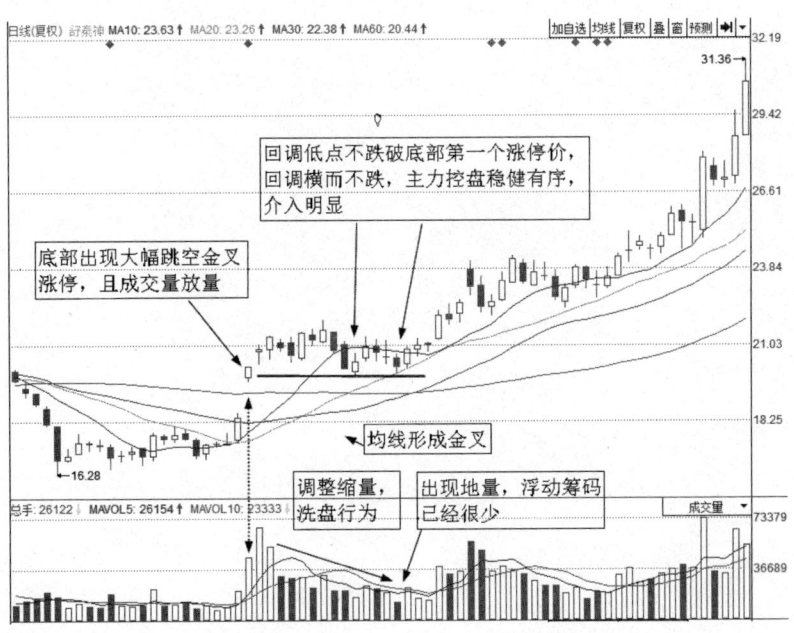

图12-13